"十三五"江苏省高等学校重点教材（编号：2017-

学术规范与学科方法论研究和教育丛书
主编　叶继元

南京大学双一流建设"百层次"科研项目

语言学
学术规范与方法论研究

顾　黔　著

南京大学出版社

学术规范与学科方法论研究和教育丛书

《学术规范与学科方法论研究和教育丛书》总序

叶继元

“学术规范是什么”是每个从事学术研究和即将从事学术研究的学人都希望了解的问题，如同从事任何工作一样，要做好一件事情，首先必须要掌握“应知应会”，何况是学术研究这项人类高级、复杂的脑力劳动和精神活动，更需要有扎实的学术训练和基本功。学术规范，通俗地讲，就是治学的“应知应会”，就是学术的基本功。了解和遵守学术规范，所进行的学术研究才有价值，才能与国内外同行进行有效的交流，才能体现出学者对学术的贡献，才能促进学术创新和知识增长。

一、学术规范研究背景及其内容

“学术规范是什么，如何构建”是近20多年来中国学术界讨论时间较久、内容涉及较深、讨论者来源较广、影响面较大的一个论题。从讨论内容看，探讨的问题涉及多个方面，从规范的界定，规范与规则、规范与范式的关系，规范化与本土化、规范化与专业化的关系，“思想”与“学术”的关系、规范化与“文化霸权”，规范的张力与限度、学术规则中传统的自律到他律，建立规则与超越规则等，既有学术自由、学术道德、学术共同体自主性和自律性等所有学科均面临的共性的宏观规范问题，也有文献引注、学术注释、参考文献著录格式、编排方式规范等形式化、技术性、底线性的微观规范问题；既有学术管理体制、机制，“知识生产”、知识增长方式、社会科学研究的质量评价、程序正义与评审制度、学术批评等“外部”规范问题，也有研究选题的选择、研究综述的撰写、知识产权的尊重、理论和方法的应用、研究结果、结论的说明等“内部”规范问题。从讨论者所属学科看，既有法学、经济学等社会科学，也有文学、史学、哲学等人文学科。从发表的文章类型看，既有研究性文章，也有商榷性的批评文章，还有综述各家观点的综述性文章。从发表文章的期刊看，既有正式连续出版物号的期刊，也有正式书号但无正式CN的“学术集刊”。尽管在讨论前期，学界对“学术规范”的定义、包含的内容尚未达成共识，对采用何种引文注释规范等仍有争议，但对学术规范达到的目的、所起的作用或功能、所包含的最基本内容等的认识还是大同小异。许多观点虽然已有学人提出，尚不够系统，但却具有重要的启发意义。例如，有的论者明确指出，学术规范最基本的四条："第一，为探索知识而为。第二，承上启下，将过去的知识同未来的知识联系起来。第三，人己有别……需将人之贡献与己之贡献分开，一一引注说明。第四，研究程序虽不必拘同，但报告出来至少需包括要解决的问题；所针对的理论；所使用的方法；资料来源；解析过程；已所发现；结论。"[①]可见，尽管所论未必全面，但文中已涉及规范的目的、引文规范、研究程序规范等一些内容，这些内容与笔者和笔者团队以后概括出的学术基本规范、研究综述规范、引文规范和研究程序规范等有许多相通之处。又如，有的学者认为："在中国国情下，学术规范可先由学界进行理论性探讨，最后恐怕还得由权力机构予以颁布实施，方能有效。这些由权力机构颁布的规范，还要在实践中继续接受学界的批评，逐步改进与完善。这个过程愈快愈好，因为它不仅关系到目前学术界能否健康动作，而且关系到新一代学人的成长。"[②]尽管作者在这里没有阐述学术界与权力机构的区别及学术共同体具有自主性、自律性、专业性等特点，但强调"在中国国情下（高校等学术机构正在进行但尚未完成去行政化的改革），为了学术新人的成长，主张探讨学界与管理部门良性互动的可能性"，是值得深入思考的。

二、《规范（试行）》的颁布及其反响

2004 年 8 月 26 日，《高等学校哲学社会科学研究学术规范（试行）》（以下简称《规范》）的正式发布，应该说是具有重要意义的事件。《规范》从起草到颁布，历时 3 年，是由多个学者起草、多家高校反复讨论修改、教育部学术机构——社会科学委员会讨论通过、教育部颁布的。《规范》共有七部分二十五条款，这七部分为总则、基本规范、学术引文规范、学术成果规范、学术评价规范、学术批评规范和附则。《规范》全文文字虽不长，仅 2000 余字，但蕴涵的内容丰富，象征意义显著，它不仅为学者及准学者们的自律提供了"准则"，而且为他律提供了依据，创造了拓展的条件。《规范》甫一发布，就引起了学界、教育界及舆论界的广泛注意，尽管有一些学者对管理部门的介入抱有疑虑，对权力部门是否能对造成学术失范、学术不端和学术腐败的制度性原因进行实质性反思和有所作为持保留意见，但绝大多数学者对《规范》的发布及其象征性意义给予了充分肯定。在笔者看来，《规范》及时吸收了论者各种意见中的合理成分，总结了众多学者的研究成果，明确了一些重要的学术理念和广大学者公认的一些规范。比如《规范》明确提出了学术规范的目的是保障"学术自由"、"学术积累与学术创新"，这就很好地解释了学术规范与学术创新的关系。学术规范的目的之一是倡导做真学问，真学问的精髓是创新，创新又必须有规矩（或规则或规范），必须建立在前人和他人成果的基础上。当需要突破原有规范才能创新时，新的规范就应运而生了，因此科学、合理的学术规范不仅不会阻碍学术创新，而且某种意义上能更好地促进创新。显然，《规范》中的这种归纳不仅是对西方学术界推崇的 R·K·默顿提出的普遍性、公有性、无私利性、有条件的怀疑等学术基本规范的吸

① 张静.规范化与专业化[M]//邓正来.中国学术规范化讨论文选.北京：中国政法大学出版社，2010：21.

② 鲁品越.利益驱动与科学规范[M]//邓正来.中国学术规范化讨论文选.北京：中国政法大学出版社，2010：35.

取，而且是对中国学术研究中“求真”、百花齐放、百家争鸣、自由之思想、独立之精神的传承和整合。又如，《规范》概括的学术引文规范、学术成果规范、学术评价规范、学术批评规范是大家公认的最重要、最基本的一些规范，但有关这些规范的内容散见于各种文献之中，尚未集中系统阐述。《规范》不仅是自律的准则，为学者在研究中自觉遵守提供了帮助，而且提供了他律的依据，为制定具体实施办法和惩处规定创造了条件。因为一旦一个学人知道了哪些做法是规范的，哪些是不规范的，那么他就能有章可循，也可据此规范，为识别他人的失范或不端的学术行为提供助益，从而形成舆论压力，达到他律的一些效果。《规范》还特别强调“各高校可根据本规范，结合具体情况，制订相应的学术规范及其实施办法，并对侵犯知识产权或违反学术道德的学术不端行为加以监督和惩处”。这就为他律创造了良好的条件。如果说自律对于大多数所知不多或根本不知学术规范为何物的学人有作用的话，那么值得注意的是，“广大专家学者广泛讨论、共同参与制订”的“游戏规则”，就为学者自己遵守规则、规范奠定了良好的基础。《规范》起草、修改和正式出台的过程从一个侧面反映出，为了促进学术健康发展的共同目的，学术界与管理部门应该建立一种良性的互动关系，在解决学术问题时，应以学术共同体为主体，管理部门遵从学术发展规律进行引导管理，学术就能够繁荣发展起来。

《规范》是面向人文社会科学所属各个学科而制定的，特别注明是“试行”，并强调“将根据哲学社会科学研究事业发展的需要不断修订和完善”，这就表明《规范》的出台只是一个起点，今后将在更大的范围内吸取更多学者的合理建议。人文社会科学所属各个学科、不同领域的有关规范都应由学者逐步研究和制定。

三、学术规范论著、译本的出版及其意义与深化

在《规范》出台的前后，一批建设性成果问世，诸如《学术规范读本》、《中国学术规范化讨论文选》、《学术规范与学风建设论坛》、《学术规范导论》、《学术规范通论》等。同时一批翻译国外的有关科学伦理、学术责任的图书出版，诸如《科研伦理入门》、《学会引用》、《诚实做学问》、《科研道德：倡导负责行为》、《规则与潜规则：学术界的生存智慧》等。2009 年 6 月教育部社会科学委员会学风建设委员会组织编写了《高校人文社会科学学术规范指南》（以下简称《指南》）一书，在《规范》的基础上详加解说。《指南》正文共八节，第一节说明与学术研究相关的基本概念；第二节阐述学术伦理；第三节至第七节以学术研究的环节为纲，介绍和解释相关的学术规范，即选题与资料规范、引用与注释规范、成果呈现规范、学术批评规范、学术评价规范；第八节着重介绍了学术资源获得与权益自我保护的知识。正文之后附有教育部颁发的相关文件。《指南》既是高校教学和研究人员关于学术规范的共同约定，也是进行学术规范教育的指导性用书，适用于教师和学生。同年 11 月，科技部科研诚信建设办公室组织专家、学者编写了《科研活动诚信指南》和《科研诚信知识读本》两本书。2010 年 6 月，教育部科学技术委员会学风建设委员会组织编写了《高等学校科学技术学术规范指南》一书。

纵观以上这些著述，可以看出有关学术规范的研究取得了显著进展。例如，学术规

范有了明确的、较为公认的定义；学术规范的作用或功能、目的的观点渐趋一致，一些核心术语、概念渐渐清晰，有关规范或规则或要求日益被认同，其内容体系框架已初步形成。然而，也应清醒看到，当下对于学术规范的研究仍处在引进、吸收、消化阶段，且对国外学术规范建设的机制、状况的研究还不大深入、系统；现有成果有待于进一步系统化和增强公信力，对抄袭、剽窃、引用及其格式等核心概念及其应用仍须进一步扩大共识；尚未对中国本土有关学术规范建设的实际情况加以系统概括和总结，反抄袭查重系统仅从技术角度监测学术不端绝非杜绝学术不端之根本途径，尤其缺乏特定学科指向的、更具有操作性、系列性的学术规范研究指南或培训教材。因为《学术规范通论》所论述的内容涵盖人文社科和自然科学，是所有学科共性规范的"通论"。《学术规范导论》、《高校人文社会科学学术规范指南》的学科范围是人文社科。而《高等学校科学技术学术规范指南》、《科研活动诚信指南》和《科研诚信知识读本》则面对自然科学。对于人文社科而言，在人文社会科学共性规范下，概括出文史哲、政经法等各个学科个性规范，并用通俗、简明的语言撰写出系列性研究和教育丛书，应是当务之急。

教育部有关科研管理部门及时顺应学界这一要求，于 2011 年 3 月首次设立人文社科研究科研诚信和学风建设专项任务重大课题"学术规范和学科方法论研究"，明确要求精选和翻译研究主要国家相关资料，系统介绍国外学术规范建设的机制、状况。结合中国科研及其管理实际，总结符合国情的文科学术规范和方法论体系，编写面向青年研究人员及未有基础学术训练学者的包括哲学、经济学、文学等 16 个学科在内的《学术规范与学科方法论研究和教育丛书》(以下简称《丛书》)。

四、《丛书》编写的思路、内容与希望

编写文科各学科学术规范与方法论研究和教育方面的系列丛书，在我国还是首次。尽管近期笔者已见到几本有关中国古代史、文艺学研究的规范和方法的单独著作，其内容主要讲述学者自己治学、研究的经验及其总结，也包括"学界已经约定俗成的一些必须遵守的规则"，或学术研究的"通理常则"、"公例"，对学术新人自然有很大的助益，但这些书毕竟涵盖仅一两个学科或领域，且未形成较有共识的、大体统一的内容框架和叙述方式，因此，如何系统集成国内外有关学术规范和学科方法论研究成果，整体呈现阶段性知识积累，全面转化成果为系列教育培训资料；如何与各高校学者密切合作，力邀学术造诣深且对学术规范和方法论有兴趣、有成果的学者，根据统一大纲分工合作编写各分册，以便发挥规模效应和整体效应，就显得十分必要。

由于现代学术产生于国外，其研究历史较长，因此总体看来，国外有关学术规范和学科方法论的研究水平也高于国内，尤其是各种技术性规范文本的编写，很具特色。例如，美国既有适用于文理各科、已有 110 年历史的《芝加哥文体手册：作者、编者和出版者必备指南(第 16 版)》(*The Chicago Manual of Style: The Essential Guide for Writers, Editors, and Publishers*. 16th ed.)，也有专门用于单一学科的《美国现代语言学会(MLA)文体手册和学术出版指南(第 3 版)》(*MLA Style Manual and Guide to*

Scholarly Publishing. 3rd ed.)、《美国心理学会出版物手册(第 6 版)》(*Publication Manual of American Psychological Association*. 6th ed.)、哈佛法律学会编著的《蓝皮书:引文统一标注体系(第 18 版)》(*The Bluebook: A Uniform System of Citation*. 18th ed.)、《音乐写作:文体样式表(第 2 版)》(*Writing about Music: A Style Sheet*. 2nd ed.)、《政治学文体手册(修订版)》(*Style Manual for Political Science*. Rev. ed.)等,当然也有物理学、化学、微生物等自然学科写作文体规范。不过,国外这些各学科规范主要是写作、用词、引文等技术性规范,其规定详细而具体。同时,为了大学生、研究生等初学者或特定者的需求,还专门出版简写本。这是值得借鉴的,但切不可盲目全盘照搬国外的成果。西方有悠久的文化历史、道德精神,中华文化亦如此,其中有很多优良的道德精神,如"富贵不能淫,贫贱不能移,威武不能屈","究天人之际,通古今之变,成一家之言"的史识和"实录"精神等,这些与默顿提出的学术四大规范等一样,能直接导引出学术研究的基本规范和写作规范。有鉴于此,一方面我们应该继续学习发达国家的研究成果,另一方面应当更加注意回归本土化的探索,许多有价值的传统、惯例值得我们挖掘、整理和发扬。当然,我国现代学术研究历史不长,人文社会科学在发展中更是屡经曲折,相当多的学人的学术规范意识不强,这方面的系统教育缺失,学术失范、学术不端和学术腐败现象较之于国外为多,这有着深刻的社会原因、历史原因和研究者个体心理原因。从他律和自律两大方面看,他律方面的原因包括学术评价体系、学术批评制度的不完善、科研管理的简单化、片面化以及失范处理的软化等,这些外部环境确实在有意无意"逼"人不严谨。但为什么同处一个环境,有人失范,有人却有抵抗力呢? 显然还有自律的原因。有人确实是明知故犯,即学术不端,但的确有更多的人,尤其是中青年学人确实不大清楚有关规范,或规范本身不明确而造成学术失范。因此,在吸收国外有益的经验和做法的同时,必须紧密结合中国本土学术规范化的实际情况,进行针对性研究,从自律与他律两个方面提出相应的对策。正如习近平同志最近指出:"要大力弘扬优良学风,把软约束和硬措施结合起来,推动形成崇尚精品、严谨治学、注重诚信、讲求责任的优良学风,营造风清气正、互学互鉴、积极向上的学术生态。广大哲学社会科学工作者要树立良好学术道德,自觉遵守学术规范……在为祖国、为人民立德立言中成就自我、实现价值。"[①]可见,研究学术规范,普及学术规范知识,遵守学术规范,树立良好学术道德,对于治学创新、为国利民、实现自我价值具有重大意义。

近日教育部正式颁布《高等学校预防和处理学术不端行为办法》(以下简称《办法》)。《办法》对预防与处理学术不端行为的工作机制、工作原则、预防措施、学术不端行为的类型、学术不端案件的受理、调查、认定、处理、救济与监督等内容做了全面规定,提出了许多重要的制度举措。诸如明确了预防与处理的主体是各高校,高校应当建立集教育、预防、监督、惩治于一体的学术诚信体系;突出了预防为主、教育与惩戒相结合的原则。《办法》单列"教育与预防"一章,突出预防为主的要求;明确了学术不端的类型。学术不端是

① 习近平.在哲学社会科学工作座谈会上的讲话[N].光明日报,2016-05-19(7).

不遵守学术规范的行为，或曰“失范”，且是“失范”中故意为之的一些行为，包括：剽窃、抄袭、侵占他人学术成果，篡改他人研究成果，伪造数据或捏造事实，不当署名，提供虚假学术信息，买卖或代写论文等。《办法》侧重于对学术不端行为的处理，这与学术规范及其教育相辅相成，是一个问题的两个方面，“教育”与“处理”就是一软一硬，也就是习近平同志所讲的“软约束和硬措施”，只有两手都要硬，才能收到良好效果。

《丛书》题名中的“学术规范”是一个核心概念。笔者在《学术规范通论》中曾对学术规范下过定义：“学术规范是指学术共同体根据学术发展规律参与制定的有关各方共同遵守的有利于学术积累和创新的各种准则和要求，是整个学术共同体在长期学术活动中的经验总结和概括。”[①]2009年出版的《科研诚信知识读本》直接引用了该定义。《高校人文社会科学学术规范指南》所给出的定义也与该定义接近。现在看来，为了突出学术共同体的主体地位，精简文字，该定义可以被适当修改为：“学术规范是指学术共同体根据学术发展规律制定的有利于学术积累和创新的各种准则和要求，是学术活动中的经验总结和概括。”

从上述定义可以看出，一个学科的发展，依赖于该学科学术共同体的努力，只有通过共同体的讨论和认可，才能形成规范。规范不是哪个人、哪个机构单独“制定”的，而是源于和发展于学术共同体。且这种规范是有利于学科发展的，是“经验总结和概括”，这种总结和概括又是动态的，是随着研究经验的不断积累而变化的。当已有的规范“不利于学术积累与创新”时，新的规范就将取而代之。这里的研究“规范”，与库恩的研究“范式”，含义有些许相似、交叉，但亦有不同。范式是指某学科共同体认可的一套解释系统，诸如术语、理论等，而规范不仅指术语、理论等的认同，而且涉及研究活动的全过程，包含丰富的内容。规范既不同于法律，也不同于道德，但又与它们有些许交叉。没有规范是万万不行的，但一切依赖于规范也是不明智的，规范再细，也不能杜绝失范、不端等现象，必须要有“法”和“道德”的补充。从目前研究看，学术规范中的研究规范，其内容大体包括基本规范、研究程序规范、研究方法规范、学术成果呈现规范、引文规范、署名及著作方式标注规范、学术评价和批评规范等。这里既包含研究形式的技术规范，又包括内容的技术规范，包括科研的基本价值观或科学精神，包括研究工作中的应知应会的要求，应贯穿学术活动的全过程。

《丛书》题名中的“学科方法论”，既指某一学科一般方法及方法论（各学科共有的方法论），也指某一学科具体的方法及方法论。方法不是方法论，方法论是有关方法的理论，这与学术规范中“研究方法的规范”，即有关方法的使用原则、原理、规则、要求等有密切联系，从这个角度看，学术规范可以涵盖学科方法论。它们都要对如何开展学术研究的底线要求（构成性规范）、对如何进行好的研究的准则（范导性规范）提供帮助。由于方法论对提高研究的质量具有重要作用，因此将它从规范中抽出并与规范并列，加以强调，也是完全可以理解和可行的。如果说这里的“学术规范”主要是讲如何进行“真的”、“好的”

① 叶继元.学术规范通论[M].上海：华东师范大学出版社，2005：5.

科研的话，那么“学科方法论”则是如何提高科研质量的高要求。总之，在内容布局上，研究方法论应在总体上服务于学术规范，学术规范是大前提和大目标。

中国文科学术规范和学科方法论具有“特殊性与本土性”。政经法、文史哲等学科不同的研究对象、不同的研究目的、不同的研究视角、不同的术语系统和言说方式使不同的学科各具特点，从而使不同学科在发展过程中形成了自己的有别于其他学科的规范和方法论。

《丛书》题名中之所以有“教育”二字，是因为《丛书》主要是为人文社会科学各学科大学生、研究生、青年教师及未接受过系统学术训练的各级研究人员、编辑、出版者、信息管理学者、科研管理工作者等而撰写的，力求由浅入深、深入浅出地系统介绍文史哲、政经法等各学科研究的基本规范知识和最新进展，试图达到“普及读物”、“教辅书”的发行量和影响力。

学术规范和学科方法论是伴随着现代科学的发展而形成的关于学术研究应该遵循的价值观、规章制度和技术方法。《丛书》的着重点是为刚入行的各学科的新人及未接受学术规范系统训练的研究人员提供一个简洁、科学和实用的研究规则指南。具体说来，各分册内容大体包括：

1. 概述本学科的术语规范、主要理论、学科基本建制等。包括本学科的基本概念、基本命题与定律、核心内容、学科性质、学科体系、学科边界、主要学派、代表性学者、经典著作、相关院系、专业期刊、学会协会、学科基本价值与研究操守等。

2. 阐述学术研究规范。按照学术研究和不同学科的学术研究过程和特点，从研究计划的设计、实施、评价等各个环节，重点阐述本学科独特的研究规范。包括学术研究基本规范、研究程序规范、研究方法规范、学术成果呈现规范、引文规范、署名及著作方式标注规范、学术评价和批评规范。着重厘清规范与创新的关系。

3. 探讨学科方法论。从本学科一般方法再到本学科具体方法，从研究方法到方法论的顺序展开。

4. 结合学科自身研究领域的经典案例，介绍本学科的规范和研究方法、伦理、规则与政策要求。

在《丛书》编写期间，课题组在国内外学术期刊及《中国社会科学报》等媒体上发表了20多篇论文和文章，撰写咨询报告5篇，翻译了英文、德文、日文等有关学术规范研究资料一百余万字，建立了专门的学术规范网站。课题组主要成员应邀参加有关的学术会议，并做专题报告。课题组还组织了三次专题研讨会，邀请国内著名专家针对所遇到的难题进行研讨，诸如如何充分吸收国外学界的先进的有关成果，如何发掘继承中国固有的学术规范传统，如何平衡文科通用规范和各学科独特规范，如何平衡学术规范与研究方法及方法论的关系，如何将深奥的学术问题进行深入浅出的阐释等，专家们的合理建议给了课题组许多实质性的支持与帮助。课题组在充分吸收国内外先进知识的基础上，结合国内实际，规范有关术语，抽象相关命题和原理，拟定了“丛书”各分册统一的编写大纲，与来自清华大学、中央民族大学、武汉大学、陕西师范大学、东南大学、南京艺术学院和南京大学等相关学科的学者，签署了科研合同，南京大学出版社和东南大学出版社同时将《丛书》申报到江苏省“十二五”重点出版规划项目。

经过各位作者和编者的努力，现在《丛书》开始出版了，我作为主编，看到多年的策划、与作者反复的交谈、研讨、多次的审稿终于有了成果，心情非常愉悦，希望本套丛书的出版，能对我国人文社科研究的发展，对培养学术新人起到一些作用，为学术规范和学科建设做出一点贡献。

《丛书》在编写之初，曾希望在内容上既能有理论深度及丰富的内涵，同时在形式上也能活泼多样；在保证质量的情况下加快撰写及出版；力争做到丛书各分册“三个统一”（统一编写提纲、统一文字语言风格、统一出版）。但现在看来，由于时间和水平所限，各位作者的行文特点不一，只能部分达到这些要求了。书中差错难免，热诚希望广大读者不吝赐教，以匡不逮。

感谢“教育部人文社会科学研究专项任务项目（科研诚信和学风建设）重大课题《学术规范和学科方法论研究》”的资助（项目号“11JDXF001”），感谢南京大学校领导张异宾、朱庆葆、杨忠、社科处王月清和文科各院系的支持和帮助，感谢《学术规范与学科方法论研究》开题专家组专家张岂之、秦惠民、魏贻恒、孙平等提出的宝贵意见，感谢课题组专家许钧、刘志彪、风笑天、朱剑、孙建军、徐雁、袁培国、郑德俊、袁曦临、李刚、成颖等提出的建议，感谢我的研究生陈铭、王雅戈、徐美凤、郭春侠、谢欢、杨柳、睢颖、臧莉娟及刘利等在书后索引、编务、会务等方面所做的工作，感谢本书引用文献的作者，感谢南京大学出版社社长、总编辑金鑫荣、施敏以及东南大学出版社总编辑张新建、史建农等编辑的辛勤劳动。

2016年7月31日

前　言

人类对世界的一切认识，都要通过语言。人有语言，会说话，是区别于其他动物的最重要的标志。人们的日常生活中，语言像饮食起居一样不可或缺，“缺了语言，人类所经历的从音乐到战争的每一件事也都不可能发生”①。

中国、印度和希腊-罗马是语言学的三大发源地。中国先秦时期的思想家、古希腊的哲学家、古印度的思想家等，都对语言提出了看法，产生了深远影响。

语言学是研究人类语言的学科。包括语言的本质、发展和起源，以及语言的结构、功能、类型等。传统的语言学以研究古代文献和书面语为主，现代语言学以当代语言和口语为主。从不同的角度，可以划分为不同的门类或分支，如理论语言学和应用语言学、历时语言学和共时语言学等②。

中国语言学的历史源远流长，早在两千年以前就取得了辉煌的成就。汉代扬雄的《方言》、许慎的《说文解字》和刘熙的《释名》，是中国语言学的开山之作。此后“小学”迅速发展，形成“文字”、“音韵”、“训诂”三大分支，成为古代中国语言学的主流。

1898 年，马建忠的《马氏文通》将拉丁语语法用于汉语语法研究，是我国第一部系统的语法著作，标志着现代中国语言学的建立，其发展可以分为两个阶段③。

1898 年至 1949 年为第一阶段，语言学研究取得长足的发展。随着考古资料的发现，古文字研究达到新的高峰。受到西方语言学的启示，语音研究的成绩超过了乾嘉时期的学者。语法方面，更多地吸收了西方现代语法学研究的理论成果，同时着力探索汉语自身特有的规律。

1949 年至今为第二个阶段，这个阶段的语言研究有两个方面的突出成就：

一是注重将语言研究的成果用于指导人们的言语活动，为社会服务。如制定语言政策，公布汉语拼音方案，简化汉字，推广普通话，广泛调查汉语方言和少数民族语言，编纂大型字典、词典等。

二是注重语言学学科体系的建设，初步建立起既具有现代语言学意义又符合汉语实际的汉语语言学及其分支学科，如语音学、词汇学、语法学、方言学等。研究重点从古代转向现代，从文字转向语言。研究范围不断扩大，从书面语扩大到口语，从民族共同语扩

---

① ［英］R. L. 特拉斯克：《语言》，丁东兴译，南京大学出版社，2014 年，第 1 页。

② 参见全国科学技术名词审定委员会：《语言学名词》，商务印书馆，2011 年，第 1 页。

③ 参见吴怀仁、徐治堂：《语言文学专业学术论文写作导引》，甘肃人民出版社，2009 年，第 220—221 页。

大到方言，从汉语扩大到汉藏语系和其他少数民族语言。

语言学兼具社会科学和自然科学的属性，与哲学、历史学、文学、社会学、考古学、民族学、法学、经济学等关系紧密，与物理学、生理学、数学、医学等亦有密切联系。随着现代科技的发展，语言学与计算机科学、统计学、信息学等学科的联系越来越紧密。

本书围绕语言学研究的基本要求、方法和程序，详细说明语言学的学术规范，具体包括以下内容：

第 1 章语言学学术规范概述。说明语言学学术规范的内容、作用等，便于语言学新人了解何谓学术、学术规范、语言学学术规范等。

第 2 章中国语言学简史。介绍各个时期中国语言学的发展情况，包括先秦、两汉、魏晋南北朝、隋唐宋、元明、清代、现代等。

第 3 章语言学基本内容及学科体系。阐述语言学学科的基本概念，包括语音、词汇、语法、语义、语用等。介绍语言学主要分支学科、交叉学科及语言学学科建制（含中国语言学的专业设置、语言学教育，中国语言学主要研究机构与专业学会）。

第 4 章语言学研究程序规范，包括选题、文献调研、研究设计。指出常见问题并分析成因，简述常用的文献检索途径、研究设计的基本框架，以期对学术新人有所裨益。

第 5 章语言学研究方法论，介绍语言学研究的一般方法和专门方法。一般方法包括文献法、观察法、对比法和统计法，专门方法包括历史比较法、共时描写法、田野调查法、地理图示法、语料库分析法和语音实验法等。

第 6 章语言学写作规范。说明语言学写作规范涉及的内容及注意事项，包括标题、摘要、关键词、责任者、目录、文献综述、章节、文本、结语、参考文献和致谢等。

第 7 章语言学引文规范。辨析引文、注释、参考文献的基本概念，归纳语言学的引文类型和使用要求、参考文献的著录和格式要求、注释的类型和格式要求等，以便读者了解、掌握引文规范。

第 8 章语言学成果发表规范。从期刊、图书、网络和学术交流四个方面，归纳语言学成果发表规范，供语言学者参考。

第 9 章语言学学术批评与评价规范。厘清语言学学术批评、学术评价的概念，归纳学术批评和学术评价的类型、基本原则，明确学术批评的基本要求，介绍语言学书评，为建立语言学学术批评与评价体系提供参考。

第 10 章语言学学术规范与创新。界定学术创新的概念，说明语言学学术创新的原则和要求、创新与规范的关系等。

需要说明的是，书中“研究规范”即为“学术规范”，为行文方便，统一为“学术规范”。如无特别说明，本书提到的“学术规范”均包含方法论。

蔡爱娟、汪莹、李露瑶、刘彦哲、许巧枝、崔艳蓉、常蓉、杨洁、杨静、任安慈、陈建林、耿丽君、顾海洋、刘启琴、程涵、李华琛等参与了本书的资料搜集和校对等工作。南京大学出版社郭艳娟老师在编辑出版过程中付出了辛勤的劳动。在此一并致谢！

顾　黔

2018 年 3 月

目 录 Contents

第1章

语言学学术规范概述

本章概述语言学学术规范的内容、作用等，旨在使语言学新人明确何谓学术、学术规范、语言学学术规范等。

1.1 语言学学术规范的界定

1.1.1 学术与学术研究

“学术”一词内涵丰富，我国古代即有“学术”的解释。《说文》：“学，觉悟也。”[①]《广雅释诂》：“学，效也。”《说文》：“术，邑中道也，邑也，引申为技术。从行，术声。”[②]具体有以下几个义项：

1. 指教化。《后汉书・盖勋传》：“凉州寡于学术，故屡致反暴。今欲多写《考经》，令家家习之，庶或使人知义。”[③]

2. 指学问、学识。宋苏轼《十八阿罗汉颂》：“梵相奇古，学术渊博。”[④]

3. 指观点、主张、学说。宋吴曾《能改斋漫录・神仙鬼怪》：“士大夫以嗜欲杀身，以财利杀子孙，以政事杀人，以学术杀天下后世。”[⑤]

4. 指学风。清邓显鹤《例授修职郎岁贡生训导邹君墓志铭》：“近时儒硕，又厌薄程朱，务争胜于一名一物，拾其末而遗其本，语其细而昧其大，学术所关，非细故也。”[⑥]

5. 指较为专门、有系统的学问。《旧唐书・杜暹传》：“素无学术，每当朝谈议，涉于浅近。”[⑦]

---

① [汉] 许慎撰，[清] 段玉裁注：《说文解字注》，上海古籍出版社，1988年，第127页。

② [汉] 许慎撰，[清] 段玉裁注：《说文解字注》，上海古籍出版社，1988年，第78页。

③ [南朝宋] 范晔撰，[唐] 李贤等注：《二十四史・后汉书》，中华书局，2000年，第1269页。

④ [宋] 苏轼：《苏轼文集》(全六册)，中华书局，1986年，第587页。

⑤ [宋] 吴曾：《能改斋漫录》(下)，上海古籍出版社，1960年，第503页。

⑥ [清] 邓显鹤撰，弘征点校：《南村草堂文钞》，岳麓书社，2008年，第257页。

⑦ [后晋] 刘昫等撰：《旧唐书》，中华书局，1975年，第3077页。

现代意义上的“学术”，一般指“有系统的、较专门的学问”①，包括人文社会科学和自然科学。在我国学术界，“学术”有时特指人文社会科学。人文社会科学史称为“学术史”，而自然科学史则被称为“科学史”(叶继元等，2014)。梁启超先生著《中国近三百年学术史》，不仅涉及人文社会科学，也包含“历算学”等其他自然科学。

在英语里，学术(academic)一词含有在高校探索哲理的意思。美国著名学者、卡内基教学促进基金会前主席博耶，提出四种既有区别又有联系的学术形式——发现的学术、综合的学术、应用的学术和教学的学术。这也是当今西方学术界比较认同的理解和分类。(叶继元等，2014)

学术研究指借助已有理论、知识、经验等，对研究问题进行假设、分析、探讨并得出结论。在大多数情况下，“学术研究”和“科学研究”可视为同义词。学术研究一般有三种类型：第一，在现有成果之外，取得新的成果；第二，对现有成果提出疑问，指出存在的问题，发现或纠正现有成果中的错误；第三，对现有成果进行鉴定、评价、综述或总结。(杨玉圣、张保生主编，2004)

1.1.2 学术规范

所谓规范，即约定俗成或明文规定的标准。20 世纪 90 年代以来，我国学界开始重视学术规范问题，对“学术规范”的定义也有一些探讨。《中国书评》从 1995 年开始设立“社会科学规范化与本土化”专栏及连续性专题讨论；1999 年，《中国社会科学》和《历史研究》在北京举办“学术对话与学术规范”专题研讨会，之后发表了以“遵守学术规范推进学术对话”为题的相关笔谈。

葛剑雄(1999)指出：“学术规范包含两方面的含义。一是学术研究中的具体规则，比如引文出处，对引用成果的说明，重要的文章应对学术史有所交代，等等。如果你参加学术交流，就要遵守这一规则，就像遵守足球比赛的规则一样。这种具体的规则比较容易建立。另一方面是高层次的规范，包括学术制度和学风。学术制度包括的内容很多，如职称评定制度、各种评奖制度、课题申报制度、成果评审制度，等等。如果没有这种高层次的规范，具体的规范再好也没用。”②

俞吾金(2004)认为：“学术规范的灵魂是学术创新。换言之，只有把学术创新理解为学术规范的本质内涵，这样的学术规范才值得我们加以肯定。”③

叶继元《学术规范通论》(2005)定义为：“所谓学术规范，是指学术共同体根据学术发展规律参与制定的有关各方共同遵守而有利于学术积累和创新的各种准则和要求，是整个学术共同体在长期学术活动中的经验总结和概括。这个定义包含四层含义：一是学术规范的目的或精髓是要求学术积累和学术创新；二是学术规范必须是学术共同体的产物；三是学术规范的表现形式是条文化的、简明扼要的各种要求、规则等；四是学术规范

① 中国社会科学院语言研究所词典编辑室编：《现代汉语词典》(第 6 版)，2013 年，第 1479 页。

② 李向军：《关于“学术研究规范”的思考——访葛剑雄》，《光明日报》，1999 年 4 月 20 日。

③ 俞吾金：《学术规范的灵魂是学术创新》，《中华读书报》，2004 年 11 月 24 日。

的研究对象是学术活动的全过程，即研究活动的产生、结果、评价等。"[①]

语言学学术规范，指语言学者讨论、参与、制定的，有关各方共同遵守的，有利于学术积累和创新的各种准则和要求，是长期学术活动中经验的总结和概括。这些准则和要求告诉语言学研究者应该做什么，不应该做什么，有哪些选择性做法，可对研究者的学术行为起到引领、纠偏的作用。（叶继元，2005）

1.1.3 学术共同体

德国学者斐迪南·滕尼斯最早提出了"共同体"（community）的概念，认为共同体是基于自然意志如情感、习惯、血缘、地缘关系等，形成的一种社会有机体。（叶继元等，2014）德国社会学家马克斯·韦伯（2005）认为："在个别场合内，平均状况下或者在纯粹模式里，如果而且只要社会行为取向的基础，是参与者主观感受到的（感情的或传统的）共同属于一个整体的感觉，这时的社会关系，就应当称为'共同体'。"[②]

学术共同体也称"科学共同体"。叶继元（2014）指出："学术共同体亦称科学共同体（scientific community），是指有着共同学术目标、旨趣，有着专门学术训练、以学术研究为志业、大体自治的学者组成的群体。即一群志同道合的学者，遵守共同的道德规范，相互尊重、相互联系、相互影响，推动学术的发展，从而形成的群体，是有科学精神的同行，而不是急功近利的同行。"[③]

学术共同体由组织、制度和精神三个层面构成。组织层面，主要包括学术期刊系统和专业学会系统，是学者进入、参与和建立学术交流的关键，对学者的学术生涯和学术共同体的运行至关重要。精神层面，学术共同体拥有一套不同于其他社会活动的道德规范和价值系统。即韦伯所倡导的"以学术为业"的学者之"为学术而学术"的人格，默顿从宏观上为学术活动所提出的精神规范，以及库恩从微观上归纳出来的共同信念、价值和范例等。（张斌，2012）

学术共同体是学术研究的重要组成部分。中国古代，早在春秋战国，"百家争鸣"中的儒家、道家、法家等学派，即是中国最早的学术共同体。清代"乾嘉学派"的惠栋、戴震、钱大昕、段玉裁、王念孙、王引之等，以古音学为主要研究对象，对传统的经史文献进行了大量的考订、校勘、辑佚、辨伪和注解工作。他们从事学术研究的形式，就是语言学"学术共同体"。

现代语言学学术共同体包括高校教师，研究部门的研究者，语言学专业博士、硕士研究生等。蔡元培曾经按照研究机构的不同，将学术共同体分为三类：政府创办的研究机关；私人组织的团体；各大学研究所。[④] 他们在大量实践的基础上，针对各种问题，形成了诸多研究成果、经验、要求等。这些成果、经验等总结而成的规则，就是语言学学术规范

① 叶继元等编著：《学术规范通论》，华东师范大学出版社，2005年，第5页。

② ［德］马克斯·韦伯：《社会学的基本概念》，胡景北译，上海人民出版社，2005年，第65页。

③ 叶继元等：《图书馆学学术规范与方法论研究》，科学出版社，2014年，第3页。

④ 蔡元培：《中央研究院与中国科学研究概况》，载《蔡元培全集》第八卷，中华书局，1984年，第164页。

和研究规范。其中，有的是其他学科共有的、适用于所有学科的共同规范，如学术自由、合理质疑等；有的是语言学特有的规范，如语言学的基本概念、研究程序、术语规范等。

1.2 语言学学术规范的内容

语言学学术规范的内容十分广泛，大体包括语言学基本规范、程序规范、研究方法规范、学术成果呈现规范、引文规范、署名及著作方式标注规范等。具体如下：

一、语言学基本核心内容规范。如语言学科的概念、性质、体系、边界等。

二、语言学学科基本建制规范。主要包括语言学学术史、主要学派、不同时期的代表学者、高校的语言学专业、语言学学术团体和机构等的规范。

三、语言学科基本价值和研究操守规范。主要包括语言学在人文社科领域的地位，语言学者应具有的学术精神，语言学的学术积累、学术创新等。

四、语言学研究成果规范。主要包括语言学论著的注释、引文、摘要、综述、投稿等技术性规范。

1.3 语言学学术规范的作用

对语言学研究进行“规范”，总结、提炼语言学的研究经验，形成规则、方法、传统等，对促进语言学的发展有重要作用，主要体现在以下几方面①：

1.3.1 有利于推动学术积累

学术研究需要长期的积累。学术创新必须以现有成果为基础。因此，了解语言学学术传统、尊重前人研究成果，是必备的学术素养。“熟悉学术传统是正规的学术训练中不可缺少的内容。了解本研究领域的学术史，阅读专家的著作和经典文献，不仅可以知道什么问题被提出，被解决，什么问题研究到什么程度，还可以掌握问题被提出的方式和解决的方式。只有当学者进入到这样一个学术传统中后，他才能判定什么是问题，什么不是，自己提出问题的方式和解决的办法是否有意义。”②

学术积累是学术研究的前提。研究成果，不论大小巨细，都应该为整个学术大厦添砖加瓦。(叶继元等，2014)但是，没有学术规范，就不可能有学术积累。比如，不遵守关于选题应有意义的规范，就不能产生有价值的成果，也就没有了学术积累；低水平重复的研究也不能促进学术积累。

---

① 叶继元等编著：《学术规范通论》，华东师范大学出版社，2005 年，第 7—11 页。

② 蒋寅：《学术的年轮》，凤凰出版社，2010 年，第 19 页。

1.3.2 有利于提高学术研究水平和效率

近年来，无论是自然科学还是人文社会科学，中国发表的论著数量都有显著增长，但研究成果被引用率与发达国家仍有较大差距，低于世界平均水平。提倡学术规范，要求语言学者在高起点上精选课题，讲求研究方法、研究思路、研究材料等的创新，多出精品，提高中国语言学研究的整体水平。

遵守学术规范，有利于提高研究效率。学术研究应将有限的时间和资源用在最关键的事情上，讲究合理配置。同时，应善于借鉴、吸收他人经验和教训，少走"弯路"，节省时间。例如，若作者、编者、出版者等均遵守统一的引文规范，不仅方便了读者阅读、查证，而且节约了作者根据不同出版者的要求，调整引文格式多花的时间。统一学术规范，作者不必"为非本质的事物而焦虑"①，可以将精力集中于真正的写作。

1.3.3 有利于促进学术交流

语言学研究者通过交流，共享研究经验、成果，互相启迪、补充，促进学术进步。交流越有效，进步越快。而学术交流内容的真实性、信息的可靠性，与是否遵守学术规范和遵守的程度有关。如果研究成果不遵守有关规范，提供的内容或信息没有价值，读者也不能核查或验证，那么这种学术交流是没有实际意义的。

学术交流的前提条件是遵守学术规范，即学术共同体认可的规范、可靠的基本概念、基本范畴等，否则就容易"自说自话"，无法进行有效的交流。目前，一些论文不遵守规范：题目大而空、不交代他人研究情况、不提供必要的文献注释、没有详细的论证、研究方法不科学、结论陈旧或无意义等，无法达到预期的交流效果。

学术乃天下之公器，其成果应该能与国际学者交流，得到国际学术界认可并与其合理竞争。讲究学术规范，不仅要求论著格式、引文注释、署名方式、文摘、关键词等，符合或大体符合国际标准或惯例，而且要求论著的内容具有国际水准。否则，容易因内容或形式不合规范而受到质疑。因此，重视学术规范，直接关系到中国学术在国际学术界的地位和影响力。

1.3.4 有利于形成健康的学术生态

语言学人应有严谨求实的学风。书中立论，务求言必有据，不逞臆说，不为无根之谈。当今有的学者急功近利，心态浮躁，往往"于不疑处生疑"，不做周密思考和推敲，缺乏令人信服的证据。急于用"短平快"的方式推出新解，希冀一鸣惊人，产生轰动效应，这种倾向值得注意。（祝鸿杰，2004）

贯彻学术规范，可以防止学术失范、学术不端和学术腐败现象，有利于改善学术环境，提升学者的精神品格，形成良好的学术风气和健康的学术生态。

① 蒋寅：《学术的年轮》，凤凰出版社，2010年，第19页。

1.3.5 有利于培养学术新人

初入学界的青年学者和学生，对什么是学术规范，怎样做学问，如何有原创，如何做注释、引文等所知不多，容易出现学术失范的行为。因此，将零碎、表述不一、最重要和最基本的规范，以简明扼要、易于理解的形式表述出来，对培养学术新人至关重要。先要有比较明确、完整的规范，才便于研究者们执行。

各高校应为本科生和研究生开设相关课程，普及语言学学术规范知识，避免日后出现做假注、篡改文献和数据、断章取义等学术不端行为，敦促学术新人加强学术自律，尊重他人研究成果。

1.3.6 有利于实现学术创新

学术积累离不开学术规范，同理，学术创新亦如此。如果没有规范，学术共同体甚至都不能辨别某种研究是创新还是非创新。创新有大有小，既有重大的原始创新，也有各种各样的小创新。我们要熟悉规范、遵守规范，不排斥小创新；在各种小创新的基础上，突破不合时宜的旧规范，实现重大创新，建立新的规范。学术规范的目的之一就是要实现多样性的学术创新，促进学科发展。(叶继元等，2014)

强调学术规范，并不妨碍创新，相反的，提倡学术规范，更有利于创新。俞吾金(2000)指出“谁都不会否认，制订学术规范的最根本的目的是鼓励学术创新，促使有学术才华的人脱颖而出。如果单纯地从形式上来强调学术规范的重要性和完整性，把它与学术创新尖锐地对立起来，那岂不是在做‘买椟还珠’的蠢事吗”，“在某种意义上，创新是一切学术活动尤其是学术研究的灵魂……把鼓励学术创新和促进学术新人的成长看作是学术规范所要确保的最根本的东西”。[1]

① 俞吾金:《也谈学术规范》,《文汇报》,2000 年 8 月 26 日第 12 版。

第 2 章

中国语言学简史

2.1 先秦时期

语言研究有四个传统：古希腊语言学传统、古印度语言学传统、古代阿拉伯语言学传统和古代中国语言学传统。无论哪个传统，研究语言大多以阐释古代经典为主，注重音、义和文字研究。（陆俭明、沈阳，2004）先秦时期，去古未远，书籍很少，没有产生语文学，但是零星的语文学知识已经萌芽。（王力，2014）它们大多散见于先秦诸子对政治、经济、哲学、逻辑等问题的论述中，虽然只是零珠碎玉，但不乏真知灼见。

2.1.1 声训的萌芽

先秦时期就开始用音同、音近字或双声叠韵字解释字义，即后代所谓的“声训”。例如，《论语・颜渊》记载季康子问政于孔子，孔子答：“政者，正也。”《孟子・滕文公上》关于夏、商、周田赋和学校名称的记载：“庠者，养也；校者，教也；序者，射也。”《庄子・齐物论》：“庸也者，用也；用也者，通也；通也者，得也。”《礼记・中庸》：“仁者，人也，亲亲为大；义者，宜也，尊贤为大。”孔子、孟子等用声训解释字义，主要是为了阐明自己的政治主张，而不是出于语文学的目的，人们还没有自觉、普遍地使用声训这种方法。（王力，2014）

2.1.2 文字起源问题

关于文字起源问题，最早见于《易・系辞》：“上古结绳而治，后世圣人易之以书契，百官以治，万民以察。”这段话中，有两点值得我们注意。其一，文字的产生需要经历一个过程，而不是突然就创造出来的。其二，创造文字的是众人，而不是某一个人。（濮之珍，2002）“我国民间流传一句话：‘众人即圣人’，文字是人民群众创造的。”①

此外，我国古代有“仓颉造字”的传说。许慎《说文解字・序》：“黄帝之史仓颉，见鸟

① 濮之珍：《中国语言学史》，上海古籍出版社，2002 年，第 41 页。

兽蹄迒之迹，知分理不可相别异，初造书契。”认为文字是由仓颉创造的。荀子《解蔽篇》“好书者众矣，仓颉独传者一也”，认为文字是由众人创造的，只是独有仓颉被文献记载。“文字是由人民群众创造，你造我造，有时不免混乱，影响交际。因此，文字发展到一定阶段，就需要有人加以研究整理，进行规范化工作。仓颉也有可能是古代参加整理文字的人。荀子的看法比较科学。”①

2.1.3 名、实问题

名、实问题，即名称与客观事物之间的关系问题；老子、孔子、公孙龙子、荀子等，在讨论政治、哲学、逻辑等时，都注意到了这一点。

(1) 老子

老子最早谈及名实问题。《道德经》：“道可道，非常道。名可名，非常名。无名，天地之始。有名，万物之母。”第一个“名”和第三个“名”是名称，第二个“名”表示一种动作，就是取名字。在老子看来，名称与它所表示的事物没有必然的联系，这就是“无名，天地之始”。但是他并不否定“名”的作用，“有名，万物之母”。(赵振铎，2000)

(2) 孔子

孔子提出“正名”。正名学说是孔子语言观的核心。《论语・子路》：“名不正，则言不顺；言不顺，则事不成。”孔子主张的正名，主要是正君臣父子之名，“君君、臣臣、父父、子子”。(赵振铎，2001)从孔子对政治的看法中，透露出他对客观事物(实)与概念(名)之间关系的认识。他认为“现实世界的‘实’违反了周公所制定的‘名’才引起许多反常现象，他为了挽救周礼崩坏的残局，强调对于‘名’要有正确的认识”②。

(3) 尹文子、公孙龙

战国中后期名家的代表人物尹文和他的学生公孙龙，对名实的论述又进了一步。《尹文子・大道上》：“名者，名形者也；形者，应名者也。然形非正名也，名非正形也，则形之与名，居然别矣。”不仅说明了“形”、“名”的关系，更重要的是认识到它们各自具有独立性，即“形”不依赖于“名”而存在，“名”也不能改变客观存在的“形”。(何九盈，2013)

公孙龙《名实论》：“夫名，实谓也。知此之非此也，知此之不在此也，则不谓也；知彼之非彼也，知彼之不在彼也，则不谓也。”指出名称是对客观事物的一种称谓，但客观事物是发展的，语言也不可能一成不变。(何九盈，2013)

(4) 荀子

荀子对名实问题的论争做了很好的总结，“彻底地、科学地解决了这个问题”③，是名实问题的集大成者。《正名篇》：“名无固宜，约之以命，约定俗成谓之宜，异于约则谓之不宜。”指出名称和它表示的事物之间没有必然的联系，受到社会的制约。约定俗成就是适合的，违反了约定俗成，就是不适合的。(赵振铎，2000)他提出的“约定俗成”论，第一次

① 濮之珍：《中国语言学史》，上海古籍出版社，2002年，第41页。

② 濮之珍：《中国语言学史》，上海古籍出版社，2002年，第42页。

③ 何九盈：《中国古代语言学史》，商务印书馆，2013年，第47页。

阐明了语言的本质属性为社会性，在中国语言学史上具有非常重要的意义。（何九盈，2013）

2.2 秦汉时期

秦汉时期，政府重视语言文化事业。秦朝颁布“书同文”政策，统一文字。秦汉之际，编纂了一系列童蒙识字课本，如李斯《仓颉篇》、赵高《爰历篇》、胡母敬《博学篇》、司马相如《凡将篇》、史游《急就篇》、李长《元尚篇》、扬雄《训纂篇》等。自《说文解字》问世后，这些童蒙识字课本的参考价值就不大了。但“它们标志着中国语言学史的一个阶段，就是童蒙识字课本阶段”[①]。

汉代崇尚经学，设立群经博士，讲授经书。（赵振铎，2000）经学发展，“训诂”由此兴起。古文经的发现，以及今文经学派与古文经学派的论争，有力推动了汉代文字学的发展，出现《尔雅》、《说文解字》等重要的语言学著作。此外，声训在汉代成为一种风尚。声训导源于先秦，盛行于两汉，集大成于《释名》。（何九盈，2013）

这一时期，方言学兴起。秦统一天下后，“同书文字”，统一书面语。但州郡之间“方言的分歧不是一下子可以消灭的”[②]。方言采集受到重视，在《刘歆与扬雄书》中“今圣朝留心典诰，发精于殊语，欲以验考四方之事，不劳戎马高车之使，坐知傜俗”[③]，政府希望通过采集风俗民语了解各地情况。（濮之珍，2002）当时做过方言收集工作的，有蜀人严君平、临邛林间翁孺、刘向、刘歆、扬雄等人。其中最具代表性的是扬雄《方言》。

2.2.1 《尔雅》

《尔雅》是我国最早的一部训解词义的书，是训诂学的第一部专著。它不是一手所成，而是经过不同时代许多人的增补[④]，是一种故训汇编。

《汉书·艺文志》著录《尔雅》三卷二十篇，今本十九篇。全书按义类分为“释诂”、“释言”、“释训”、“释亲”、“释宫”、“释器”、“释乐”、“释天”、“释地”、“释丘”、“释山”、“释水”、“释草”、“释木”、“释虫”、“释鱼”、“释鸟”、“释兽”、“释畜”。前三篇解释一般语辞，后十六篇解释名物术语。其中，“释亲”、“释宫”、“释器”、“释乐”四篇解释亲属称谓和宫室器物。

《尔雅》是我国古代典籍词汇的总汇，是考证词义和古代名物的重要资料，在训诂学、音韵学、词源学、方言学、文字学方面均有重要影响。后世经学家都是根据《尔雅》来解释儒家经典的。南宋朱熹将《尔雅》列为“十三经”之一。后代注释《尔雅》的，有郭璞《尔雅注》、郑樵《尔雅注》、邢昺《尔雅疏》、邵晋涵《尔雅正义》和郝懿行《尔雅义疏》等。

---

① 王力：《中国语言学史》，中华书局，2013 年，第 10 页。

② 王力：《中国语言学史》，中华书局，2013 年，第 20—21 页。

③ ［汉］扬雄著，张震泽校注：《扬雄集校注》，上海古籍出版社，1993 年，第 273 页。

④ 关于《尔雅》的作者，有各种不同的说法。参考王力《中国语言学史》，中华书局，2013 年，第 11 页。

2.2.2 《方言》

《方言》西汉扬雄著,全名《輶轩使者绝代语释别国方言》,是第一部汉语方言学著作。原为十五卷,今存十三卷,收录词条658个[①]。分"释语词"、"释服制"、"释器物"、"释兽"、"释兵器"、"释草虫"等。

《方言》仿《尔雅》而作,但《方言》不仅把意义相同或相近的词列在一起,用通用词解释,还指出这些词的地理分布,注明"通语"、"某地语"、"某地某地之间语",有时还说明这些词的细微差别。如《方言》卷一:"党,晓,哲,知也。楚谓之党,或曰晓,齐宋之间谓之哲。""党"、"晓"、"哲"都是方言词,"知"则是通用的词语,然后阐明各地说法。《方言》记载了不同地区的词汇,掺杂一些当时少数民族的语言,还记载了古今词汇的不同,"考九服之逸言,标六代之绝语"[②]。郭璞《方言注》、戴震《方言疏证》、钱绎《方言笺疏》、杭世骏《续方言》,对原书均有增补和阐发。

《方言》在中国语言学史上有重要意义,大致反映了汉代方言的分布轮廓,是研究中国古代方言的一部重要著作,为方言、词汇等研究提供了宝贵资料,使人"不出户庭,而坐照四表;不劳畴咨,而物来能名","真洽见之奇书,不刊之硕记也"。[③] 此外,《方言》注重实地调查的方法,记录各地活的方言,即使今天看来,也是值得提倡的。

2.2.3 《说文解字》与文字学的创立

西汉时,担任"史"、"尚书史"须背诵讲解九千字,掌握八种字体,单凭童蒙识字课本已不能满足需要。东汉时,国家语文教育松弛,人们"胡乱解说字形,如说'马头人为长,人持十为斗,蟲者屈中也'"[④]。在这种情况下,字书成为迫切需要。《说文解字》的问世,顺应了时代的要求,是两汉文字学发展的总结。自此,中国的文字学、字典学真正成为独立的学科。

《说文解字》,东汉许慎撰,是我国第一部详解字典。全书15卷,每卷分上下,实为30卷。收字9353个,加上重文1163个,共计10516字。

首创部首编排法,并确立了"六书"的理论和体系。根据文字的形体,创立540个部首,始"一"终"亥"。部首与部首之间、字与字之间,采取"据形系联"、"共理相贯"的排列方法。以六书理论系统地分析字形、解释字义。释义时,先解释字的本义,而后分析字的形体构造,部分字用"读若某"的方式注音。

《说文》不仅保留了篆文的写法系统,而且保存了汉以前的古训古音,是研究古代典籍和研究古文字必读之书,集中反映了汉代学者对文字形音义的研究成果。后代对本书

---

① 据何九盈《中国古代语言学史》,商务印书馆,2013年,第94页。该书第104页注7"若依周祖谟先生的《方言校笺》统计,则为674条。还有人统计为669条。各家所得结论不同,是因为对词条的划分不同而产生差异",对词条数目有相关说明。

② [晋]郭璞:《方言注序》,引自[清]钱绎撰集《方言笺疏》,上海古籍出版社,1984年第1版,第10页。

③ [晋]郭璞:《方言注序》,引自[清]钱绎撰集《方言笺疏》,上海古籍出版社,1984年第1版,第9—10页。

④ 王力:《中国语言学史》,商务印书馆,2013年,第30页。

注释、考订的著作很多,著名的有清段玉裁的《说文解字注》、桂馥的《说文义证》、王筠的《说文释例》和《说文句读》、朱骏声的《说文通训定声》等。

2.2.4 《释名》

汉末刘熙作,是一部解释词义的书。全书8卷,27篇。所释为天、地、山、水、丘、道、州国、形体、姿容、长幼、亲属、言语、饮食、彩帛、首饰、衣服、宫室、床帐、书契、典艺、用器、乐器、兵、车、船、疾病、丧制。

《释名》收词范围比《尔雅》广泛,且解释完全从声训出发,考求语词音义之间的关系,如:"景,竟也,所照之处有竟限也。"书中记录很多汉代通用的语词,可以与《尔雅》、《说文》等书相参证,对了解东汉的词汇面貌有参考价值。全书以声为训,对了解汉末语音有重要的参考价值,对后代学者提倡因声以求义的训诂方法有很大影响。

2.3 魏晋南北朝时期

魏晋南北朝是我国古代语言学发展的关键时期。"反切"的产生和盛行、"四声"的发现,促进了汉语音韵学的兴起和发展。系统的语音研究开始了,一批韵书涌现,如李登《声类》、吕静《韵集》等。受《说文》影响,大批字书出现了,如张揖《古今字诂》、葛洪《要用字苑》、吕忱《字林》、何承天《纂文》、阳承庆《字统》、江式《古今文字》、顾野王《玉篇》等。

2.3.1 反切的起源

反切是一种注音方法,利用双声、叠韵,用两个字拼出另一个字的读音。反切上字与被切字的声母相同,反切下字与被切字的韵母和声调相同,上下拼合就是被切字的读音。例如,《广韵》"同,徒红切",就是用"徒"的声母、"红"的韵母和声调为"同"注音。反切的产生,弥补了读若、直音等注音法的不足,是汉字注音方法的巨大进步。

关于反切的产生,有以下几种观点①:

(1) 认为反切产生于汉末。北齐颜之推《颜氏家训·音辞篇》:"孙叔言创《尔雅音义》,是汉末人独知反语,至于魏世,此事大行。"②历代持这一观点的学者有唐陆德明、张守节,宋王应麟,清江永、戴震、段玉裁、钱大昕等。近代章太炎根据《汉书·地理志》,考证出"应劭时已有反语"③。景审序慧琳《一切经音义》:"古来音反,多以旁纽为双声,始自服虔。"④应劭和服虔都是汉末人。

(2) 认为反切由西域传入,受梵文字母的影响产生。宋沈括、郑樵、陈振孙乃至清姚

---

① 何九盈:《中国古代语言学史》,商务印书馆,2013年,第141—142页。
② [南北朝]颜之推著,王利器集解:《颜氏家训集解》,中华书局,1993年,第529页。
③ [清]章太炎:《国故论衡》,商务印书馆,2010年,第22页。
④ [清]阮元辑:《一切经音义》,江苏古籍出版社,1988年。

鼐、纪昀等均支持这种说法。[①]

(3) 认为反切产生的时期早于东汉末年，不是从西域传入，周秦早已有之。陈澧认为“何不”为“盍”、“不可”为“叵”、“如是”为“尔”，“之乎”为“诸”就是切语，“皆出于周秦时”。但王力认为“何不”为“盍”等是“实际语言里无意识的运用，并非像后来那样当作一种正式的注音方法”[②]。

以上观点的分歧在于反切产生的时间及其起源。一般认为，反切产生于汉末，受到梵文字母的影响。佛教徒们翻译经书时，所传进的拼音法是反切产生的外在条件。反切法的本质是双声叠韵，是汉语所固有的特点，也是反切法产生的内因。

反切是韵书的基础，有了反切，人们就能把切下字联系起来归纳韵部，韵部的建立就有了可靠的根据。反切的使用使汉字注音更为准确，为后世研究古代汉语语音保存了可贵的资料。依据汉字在不同时期的反切，可以确定它在一定历史时期的音韵地位，建立一定历史时期的语音系统，也为编纂字典、辞书的审音、订音工作提供了参考。

2.3.2 声调与四声

南北朝齐梁时期，出现“四声”一词。《梁书·沈约传》载沈约撰《四声谱》，《南史·周颙传》载周颙编《四声切韵》，今皆亡佚。《南史·陆厥传》云：“时盛为文章，吴兴沈约、陈郡谢朓、琅邪王融以气类相推毂，汝南周颙善识声韵。约等文皆用宫商，将平上去入四声，以此制韵，有平头、上尾、蜂腰、鹤膝。”[③]四声发现后，“声调成为韵的组成部分，不同声调的字不能同属一个韵部”[④]。唐以后以诗赋取士，官定韵书通行，四声遂得到广泛运用。

2.3.3 韵书的产生

一般认为，最早的韵书是三国李登的《声类》。根据唐封演《封氏闻见记》的记载：“魏时有李登者，撰《声类》十卷，凡一万一千五百二十字，以五声命字，不立诸部。”[⑤]继李登之后，有晋吕静的《韵集》。《魏书·江式传》记载：“忱弟静别放故左校令李登声类之法，作韵集五卷，宫商角徵羽各为一篇。”[⑥]可见，《韵集》是《声类》的仿作，与《声类》体例基本一致。唐王仁昫在《刊谬补缺切韵》的韵目附注中，将《切韵》的分韵情况与《韵集》进行了比较，以附注形式逐一标出不同之处。

《声类》、《韵集》均已亡佚，只有若干逸文散见于古文献中。清代陈鳣从群书摘出，辑成今本《声类》和《韵集》。

---

① 王力：《中国语言学史》，中华书局，2013年，第58页。

② 王力：《中国语言学史》，中华书局，2013年，第58页。

③ [唐] 李延寿撰，《南史》卷四十八《陆厥传》，中华书局，1975年，第1195页。

④ 王力：《中国语言学史》，中华书局，2013年，第65页。

⑤ [唐] 封演撰：《封氏闻见记》，中华书局，1985年，第8页。

⑥ [北齐] 魏收撰：《魏书》卷八十九《江式传》，中华书局，2011年，第1963页。

2.3.4 文字训诂的发展

魏晋南北朝时期社会动荡，人民流离播迁，语言发生了很大变化。古书词义晦涩难懂，注释古书的风气日盛。不仅《易》、《书》、《诗》、《左传》、《谷梁》、《论语》等儒家经典有注，其他古书如《史记》、《汉书》、《老子》、《庄子》以及辞赋之类也有人注释。这一时期，最著名的训诂学家是张揖和郭璞。张揖作《广雅》，郭璞有《尔雅注》、《方言注》。宋齐以后，兼释经注的“义疏”体出现，如梁代国子助教皇侃著有《礼记义疏》、《论语义疏》。

魏晋时期，语言文字发展，字书也多起来。如晋吕忱《字林》，宋何承天《纂文》，北魏阳承庆《字统》，梁阮孝绪《文字集略》、顾野王《玉篇》等。

(1)《广雅》

《广雅》，魏张揖撰。体例完全依照《尔雅》，补充《尔雅》所不备，故名《广雅》。隋代，因避隋炀帝杨广讳，更名《博雅》，今二名并称。原三卷，共 18150 字，收 2345 个条目，“盖周秦两汉古义之存者，可据以证其得失，其散逸不传者，可借以窥其端绪，则其书之为功于训诂也大矣”①。该书不仅“训故言”也“解今语”，反映了汉魏词汇面貌，是研究古汉语词汇和训诂的重要著作。其书屡经传刻，错漏较多。清王念孙撰《广雅疏证》订讹补缺。

(2)《尔雅注》、《方言注》

《尔雅注》是我国现存最早的《尔雅》注本，东晋郭璞撰。以今语释古语，以方言释雅言，征引古籍、《尔雅》旧注、当时的律法、史料、掌故、谚语、习俗等，为《尔雅》作注。该书注解《尔雅》释例中的词语，分析部分词语的词性、构词特点和读音，批评《尔雅》旧注，总结《尔雅》训诂条例，具有断代语言史料价值，是研究汉语史和汉语方言的重要著作。

《方言注》是《方言》的第一个注本。郭璞继承和发扬了以活的方言口语作为调查对象的传统，在给《方言》作注时，采用晋代活的语言与扬雄所记汉代方言相比较，可以看出某些词语古今意义的变化。并且联系语音，提出音有通转，为训诂研究提供了新的方法。

(3)《玉篇》

梁顾野王撰，是一部按汉字形体分部编排的字书。今本三十卷，五百四十二部。原本宋代已亡佚，只有日本还保留一部分传写本。唐封演《封氏闻见记》称《玉篇》“凡一万六千九百一十七字”②，现存《玉篇》共 22561 字，大约是宋陈彭年等重修。

《玉篇》和《说文》同属字书，但类型不同。《说文》以说明字形为主，《玉篇》以说明字义为主。《玉篇》释字，先反切注音；释义时，尽可能地举出例证，有时加按语对例子加以解释；注意到一词多义现象，把一个字的多个义项排列在一起。与《说文》相比，《玉篇》更接近现代字典的形式。

---

① [清]王念孙：《广雅疏证》序，中华书局，1983 年，第 2 页。

② [唐]封演撰：《封氏闻见记》，中华书局，1985 年，第 8 页。

2.4 隋唐宋时期

隋朝首创科举制度，唐代开始实行诗赋取士，格律诗及词、赋的发展日臻成熟，佛教发展到极盛阶段，这些文化特点促进了语言学发展。隋陆法言著《切韵》，其后一系列韵书几乎都在它的基础上进行。等韵学兴起，《韵镜》、《四声等子》等，对汉语语音的分析已经相当精细而系统了。唐宋文字学有"正字形之学"、"《说文》之学"、"右文说"、"金石之学"四个主要内容。（何九盈，2013）本节主要介绍前两方面内容。古书注释成果丰硕，如唐孔颖达等人作《五经正义》，贾公彦为《周礼》、《仪礼》作"疏"，李善作《文选注》，司马贞作《史记索隐》等。

2.4.1 《切韵》系韵书

（1）《切韵》

《切韵》，隋陆法言著，是一部承前启后的重要韵书，在汉语语音史上有重要地位，是研究中古汉语语音的重要资料。王仁昫《刊谬补缺切韵序》称其"时俗共重，以为典范"。

《切韵》原书散佚，现仅存陆法言写的《切韵序》。自 20 世纪初以来，陆续发现了不少唐五代的写本和刻本，大都是《切韵》的增订本，借此可了解该书的基本体制和内容。《切韵》全书共五卷，平声分上、下两卷，其余三卷分别为上、去、入。平声 54 韵，上声 51 韵，去声 56 韵，入声 32 韵，共计 193 韵。（何九盈，2013）分韵的标准除了韵母本身的差别以外，还考虑到声调因素，同一个韵母，声调不同也分成不同的韵。平上去三声各韵都按一定的次序排列，只入声有一部分韵出现了参差。

《切韵》在中国语言学史上产生了深远影响。隋以后的各种韵书，如唐孙愐《唐韵》、宋陈彭年《广韵》等韵书均未脱离《切韵》的框架，"处于韵书的支配地位达一千年之久"[①]。

（2）《唐韵》

《唐韵》是《切韵》的一个增修本，唐孙愐作，原书已佚。虽是私人著述，却有官书性质，在当时影响很大，"自孙愐集为《唐韵》，诸书遂废"[②]。据清代卞永誉《式古堂书画汇考》所录唐元和年间《唐韵》写本的序文和各卷韵书的记载，全书共五卷，195 韵。《唐韵》对字义的训释，既繁密又有出处，对字体的偏旁点画也极考究，更加具有字典的性质，这也是《唐韵》受到重视的原因。

（3）《广韵》

《广韵》全称《大宋重修广韵》，宋代陈彭年、丘雍等奉诏根据《切韵》、《唐韵》等前代韵书增广而成，是我国第一部官修韵书。《广韵》继承了《切韵》、《唐韵》的音系和反切，是研究汉语古音的重要材料，可据此上推古音，下证今音。正如黄侃《与友人论治小学书》云：

---

① 何九盈：《中国古代语言学史》（第 4 版），商务印书馆，2013 年，第 235 页。

② [宋] 范镇撰，汝沛点校：《东斋记事》，中华书局，1980 年 9 月。

"音韵之学，必以《广韵》为宗。"可见《广韵》在中国语言学史中的地位和影响。

《广韵》共五卷，平声分上、下两卷，上、去、入各一卷。共收字26194个，字下注反切、义训。全书共206韵，平声57韵，上声55韵，去声60韵，入声34韵。《广韵》对《切韵》的增订以增字加注为主，韵数和韵目次序虽然有所调整，但反切系统基本未动。《广韵》每卷都有一些韵目加注"独用"，或与某韵"同用"的字样，对研究《广韵》音系和唐宋的实际语音，以及后来韵书韵目的归并有重要的参考价值。

(4)《集韵》

《集韵》是继《广韵》之后的又一部大型官修韵书，宋代丁度、李淑等在《广韵》基础上增订而成。与《广韵》相比，韵部仍为206个，只韵目用字、部分韵目的次序和韵目下所注的同用、独用的规定稍有不同。《集韵》收字多达五万以上，大大超过了《广韵》，字义的解释也比较丰富。《集韵》是研究词义、异体字和宋代语音的重要资料。

2.4.2　等韵学的兴起

等韵学是研究汉语发音原理、发音方法和韵母结构的一门学科，以等韵图，即声韵调配合图表为主要方式对汉语语音进行分析，是汉语音韵学的一个分支。等韵学的兴起与"悉昙"[①]的传入有关。《康熙字典》前头载的《明显四声等韵图》的说明："夫等韵者，梵语悉昙。"著名的有宋佚名《韵镜》、郑樵《七音略》、佚名《四声等子》、旧题司马光《切韵指掌图》、元刘鉴《切韵指南》。等韵学的出现，"表明我国古代的汉语音系学已经发展到相当成熟的阶段"[②]。

(1)《韵镜》、《七音略》

《韵镜》和《七音略》是现存最早的两部韵图。《韵镜》又称《韵鉴》[③]，作者不详。《七音略》为南宋郑樵所撰。这两部韵图依据《切韵》系韵书，将206韵分列于四十三图内，把字音分为开合二呼，每呼四等。但韵目排列次序上，《韵镜》将覃谈等韵排在侵韵后；《七音略》则把覃谈列于阳唐之前，与《切韵》相近。两书都将蒸登韵列于最后一图，与《广韵》相异。

《韵镜》每个图前有"内(外)转第××开(合)"字样，标明图的序次、内外转及其开合。各转横分四声与四等，纵列二十三行以统摄三十六字母，声母分为"唇、舌、牙、齿、喉、半舌、半齿"七音，每音又分"清、次清、浊、次浊"诸类，未标明三十六字母。

《七音略》标明三十六字母，以"羽、徵、角、商、宫、半徵、半商"分类；无开合之名，以重轻为别，每转后有"重中重、轻中轻、重中轻、轻中重"等字样。《韵镜》一个声调内包括四个等，《七音略》一个等之内包括四个声调。《韵镜》和《七音略》是同源、同性质的书，在一

---

① 悉昙是印度孩童识字用的拼音表，以元音为经，辅音为纬，一个一个元音轮流跟辅音相拼，组成拼音字表，故中国和尚就以"悉昙"二字来称呼梵文拼音表。唐代和尚义净《南海寄归内法传》说："六岁童子学之六月方了。"(《大正藏》2125号，第228页)

② 何九盈：《中国古代语言学史》，商务印书馆，2013年，第264页。

③ 据张麟之《韵镜·序》"旧以翼祖讳'敬'，故为《韵鉴》。今迁祧庙，复从本名"。

些重要问题上，可以互相比较，彼此矫正。

(2)《四声等子》、《切韵指掌图》

《韵镜》之后，又出现了《四声等子》和《切韵指掌图》，作者均不可考。《四声等子》列十六摄（通、江、止、遇、蟹、臻、山、效、果、假、宕、梗、曾、流、深、咸），共二十图，首次提出“韵摄”的观念。与《韵镜》一样标明“开合”，又与《七音略》一样标明“重轻”。

《切韵指掌图》也列二十图，分为“独、开、合”三类。“独”指没有开合对立的图，图一至六为“独”，其余十四图分别属于“开”和“合”；不立“韵摄”名目，但具体内容基本与《四声等子》相符，并江于宕、并假于果、并梗于曾，是彻底的十三摄。

两书都采用三十六字母，同时标注字母名称。《四声等子》在图式上沿袭了《韵镜》、《七音略》，仍纵列二十三行，只在个别声母的次序上有改动；《切韵指掌图》则为三十六行，三十六字母每个一列，帮非两组分列、端知两组分列、精照两组分列。《四声等子》每图横分四层表四等，每层横四行表四声，一等包含四声；《切韵指掌图》每图横分四层表四声，每层横分四行表四等，一声包含四等。两书均以入声兼承阴阳。

从汉语音韵学的发展史看，这两部书最大的贡献是把二百零六韵概括为十六个摄或十三个摄，使语音系统脉络更加分明。

2.4.3 唐宋文字学

《说文解字》一类的字书，虽具有正字法的作用，但不能算作正字法的专书。唐宋时期，“汉字形体渐渐混乱失真，于是不断地有正字法的专书出现”[①]，影响较大的有唐颜元孙《干禄字书》、宋郭忠恕《佩觿》、张有《复古编》等。这些书大多正体、俗体并列，辨别形似字，对汉字规范化做出了一定的贡献。（王力，2013）

《说文》方面，李阳冰、徐铉、徐锴等对《说文》进行校勘、研究，尤以大小徐贡献为大。徐铉奉诏与句中正、葛湍等校定《说文》，即现在通行的大徐本《说文解字》。徐锴作《说文解字系传》，注重引古书以证词义，注意辨析词义，有自己的创见。

(1)《干禄字书》

唐颜元孙撰，是勘正字形的书。辨别楷书笔画写法的正俗，专为官吏书写公文时辨别字体而作，关乎士人求取禄位，故曰“干禄”。

该书收字按平、上、去、入四声编排，同属一声的字按唐本《切韵》系韵书的韵次排列。所收之字，一般分为俗、通、正三体，有的字列举三体，有的字列举两体，一一加以说明。其自序云：“所谓俗者，例皆浅近，惟藉帐、文案、券契、药方，非涉雅言，用亦无爽，倘能改革，善不可加；所谓通者，相承久远，可以施表奏、笺、尺牍、判状，固免诋诃；所谓正者，并有凭据，可以施著述、文章、对策、碑碣，将为允当。”[②]

《干禄字书》是现存最早的辨正楷书字体的书，对后来楷书的规范化有一定的作用。

---

① 王力：《中国语言学史》，复旦大学出版社，2014年，第84页。

② 颜元孙撰：《干禄字书》，北京：中华书局，1985年，第3—4页。

(2)《类篇》

《类篇》旧题宋司马光奉敕撰，实为王洙等人修撰，由司马光奏进。宋仁宗宝元二年(1039)丁度等奏称："今修《集韵》，添字既多，与顾野王《玉篇》不相参协，欲乞委修韵官将新韵添入，别为《类篇》，与《集韵》相副施行。"[①]遂命王洙等另撰《类篇》，最后由司马光等整理而成，与《集韵》相辅而行。

全书共15篇，正文14篇，目录1篇。每篇又各分上中下，合为45卷。部首的设置和次序仍依《说文》，部首内的字按韵排列，方便查检。该书探讨字音、古训等，阐明古今字形的演变。每字下先列反切，后出训解，有的还标明音读的训诂来源。如果字有异音异义，则分别举出，可与《集韵》相印证，是研究文字发展的重要参考。

2.4.4 训诂学

隋唐初年，战乱方定，典籍散佚，卷篇散乱。朝廷致力于经籍图书的搜集整理，至唐太宗时期，"秘府图籍，粲然毕备"[②]。贞观四年(630)，唐太宗"以经籍去圣久远，文字讹谬"[③]，诏令颜师古考订"五经"文字，孔颖达等人作《五经正义》，经学从文字到义疏都确定了规范。

此外，承接魏晋南北朝注释古书的风气，隋朝陆善经有《昭明文选注》，唐李善作《文选注》。

(1)《经典释文》

唐陆德明撰，是为《周易》等十四部[④]经典著作注音释义的音义书，共30卷。《经典释文》采纳汉魏六朝三百三十多家的音切，记载各家的训诂，对各个版本的异同之处进行考证，正如其序所言"古今并录，括其枢要，经注毕详，训义兼辨"，集汉魏古注、六朝音义之大成。既注经文读音，又给注文加音，一改前人旧章。采录读音时，凡是典籍常用，他又认为合理合时的写在前面，其他音读，苟有可取，一并登录，标明氏姓，以免相乱。这种做法，成为后来作音义书的楷式。

(2)《五经正义》

孔颖达等奉诏编纂。编辑过程中，曾用过"义训"、"义疏"、"义赞"等名称。经唐太宗钦定，正式定名为《五经正义》，作为唐代官书颁行于世。

《五经正义》即《周易正义》、《尚书正义》、《毛诗正义》、《礼记正义》、《春秋左传正义》，对五经传注作疏解。体例大体一致，先用"正义曰"标目，总括章节经文义旨，再随文解释，阐发义理，然后诠释注文。《五经正义》不仅解释经文，而且解释注文，对虚词和文法也有不少说明，在以往的古书注释中是少见的。孔颖达作疏的长处是融会五经，善于以

---

① [北宋]司马光等编:《类篇·跋》，中华书局，1984年，第564页。

② [后晋]刘昫等撰:《旧唐书·卷七十一·魏征传》，中华书局，1975年，第2548页。

③ [后晋]刘昫等撰:《旧唐书·卷七十三·颜师古传》，中华书局，1975年，第2594页。

④ 《周易》、《尚书》、《毛诗》、《周礼》、《仪礼》、《礼记》、《春秋左传》、《公羊传》、《谷梁传》、《孝经》、《论语》、《老子》、《庄子》、《尔雅》十四部经书。

本书证本书，互相印证。后世作正义的人常常仿效这种方法。

2.5 元明时期

元明时期，语音的变化、戏曲文学的繁荣，推动了音韵学的发展，产生了一批韵书，如《古今韵会举要》、《中原音韵》、《洪武正韵》、《中州音韵》等，以周德清《中原音韵》为代表。

元明的等韵图与宋代有很大不同，宋代韵图尤其是早期的韵图多半是分析《切韵》语音系统，而元明时期虽用旧韵标目，但多半是根据当时的语音改造、归并《切韵》音系，体现了对实际语音的分析。（李开，1993）出现了《切韵指南》、《交泰韵》等著作，标志着等韵学的发展进入了一个新的阶段。

古音学是研究上古音的一门学科。六朝人已察觉到先秦古音不同于"今音"，用"叶音"、"协韵"的方法，临时改变音读以协韵。南宋初年，吴棫著《毛诗叶韵补音》、《楚辞释音》、《韵补》等，开始把上古音作为专门学科来进行研究，有开源之功。而古音学的建立，则应归功于明代陈第。其《毛诗古音考》、《屈宋古音义》、《读诗拙言》等著作，批判宋人《诗经》叶音说，提出"时有古今，地有南北，字有更革，音有转移，亦势所必至"[①]的观点，表达了鲜明的语言历史发展观，为古音学奠定了基础，对清代古音学影响深远。

文字学方面，出现一批研究"六书"的著作。元戴侗著《六书故》，第一个将《说文》九千余字按六书系统进行整理。明代《字汇》和《正字通》两部字书，对后世影响很大。

此外，元代卢以纬的《语助》，是我国第一部研究文言虚字的专著，该书既是研究古代汉语的重要资料，也是研究汉语语法学的历史文献，对后世的汉语研究有深远影响。

2.5.1 《中原音韵》

《中原音韵》，元周德清撰，是我国最早的一部曲韵论著。元时，北曲的创作和演唱很混乱，不太讲究格律，"不遵其律，衬垫字多于本文，开合韵与之同押，平仄不一，句法亦粗"[②]。周德清认为有必要对其体制、音律、语言作明确规范，于是结合亲身经验，进行理论总结，完成《中原音韵》，试图为北曲创作祛弊振衰。

现在传世的全本《中原音韵》，包括韵谱和《中原音韵正语作词起例》两部分。韵谱主要供曲作者检韵用，共 19 韵：东钟、江阳、支思、齐微、鱼模、皆来、真文、寒山、桓欢、先天、萧豪、歌戈、家麻、车遮、庚青、尤侯、侵寻、监咸、廉纤。每韵按声调平、上、去的次序编列韵字。《正语作词起例》主要讲述北曲的创作问题，共有 27 条例说。第 1 至 25 条解说韵谱部分（其中第 22 条无关韵谱，是四首令曲），主要说明韵谱的收字、体例、审音情况，论述北曲体制、音律、语言以及曲词的创作方法等。（张玉来，2013）

《中原音韵》一改长期以来韵书因袭《广韵》体制的传统，以当时活的语言为研究对

① ［明］陈第著，康瑞琮点校：《毛诗古音考 · 自序》，中华书局，1988 年，第 7 页。

② 张玉来、耿军：《中原音韵校本 · 罗宗信序》，中华书局，2013 年，第 13 页。

象，书中韵谱和辨音材料是 13 至 14 世纪汉语共同语口语语音的系统描述，显示了入声的消失和平声的分化，以及浊上变去的语音演变。从 20 世纪开始，以《中原音韵》为重要依据的北音学成了汉语语言学的显学，其价值从曲学进入到语言学，成为汉语史研究的经典文献。

2.5.2 《中州音韵》

又名《增订中州音韵》、《重订中原音韵》，明王文璧编撰。《中州音韵》“是一部适应南曲需要而编撰的韵书”[①]，有 29 个声母，声母系统接近《洪武正韵》；韵母 44 个，韵母系统接近《中原音韵》。该书的一大特点是有切语和训释，该书音韵系统基本与《中原音韵》相同，所以它的切语对《中原音韵》的研究很有价值。

《中州音韵》承袭了《中原音韵》的原有体制，传承传统的戏曲演唱方法，更重要的是以实际语音为基础，在一定程度上反映了明代中叶吴方言的语言事实。

2.5.3 《切韵指南》

全称《经史正音切韵指南》，元刘鉴著。从文字审音看，继承了韩道昭的《五音集韵》；从韵图编制的体式看，它参用了《四声等子》和《切韵指掌图》。该书分十六摄，各注“内外”，与《四声等子》一致，但各摄次序不同；有二十四图，比《四声等子》多四图。《切韵指南》反映了当时一些语音实际，是研究宋元间语音变化的重要资料。

2.5.4 《字汇》和《正字通》

明代梅膺祚所作《字汇》，是明末清初之际最通行的字典之一。该书按部首编排，将《说文》540 部和《篇海》440 部合并为 214 部，按地支分为 12 集。全书部首和各部首内的字按笔画数目排列，检字方便。该检字法后来被《康熙字典》承用，为中国字典的编纂法奠定了基础。此外，梅膺祚还提出“从古”、“遵时”、“古今通用”三个原则，为正字法做出贡献。

《正字通》，明张自烈撰，是为补正《字汇》而作，所以该书的部首和排列法完全依照《字汇》，而例证比《字汇》丰富，广征博引。清代修《康熙字典》以之为蓝本，在我国字典史上有一定地位。

2.6 清代

清代是中国传统语言学发展的鼎盛时期，音韵、文字、训诂各个领域都取得了卓著的成就，尤以古音学最为突出。顾炎武、江永、戴震、段玉裁等人建立了一个科学的古音体

---

① 何九盈:《〈中州音韵〉述评》,《中国语文》,1988 年第 5 期,第 374 页。

系，将古音研究引上科学道路。这不仅使音韵学发生了深刻变化，而且有力地促进了文字、训诂深入发展，“引发了整个清代语言学的变革”①。

2.6.1 音韵学的发展

古音学是清代语言学的一个重要方面，人才辈出，乾嘉时期极盛。清初顾炎武为古韵研究奠定基础；江永、戴震、段玉裁、孔广森、王念孙、江有诰、钱大昕等不断深入，大体完成了古韵分部工作。

顾炎武是清代古音学的奠基人。他批判明人空谈“心”、“性”，倡导经世致用之学。认为“读九经自考文始，考文自知音始”，经学研究首先要建立在古音古义的研究基础上。顾氏继承了明代陈第语音变化的时地理论，“潜心声韵几五十年”，作《音学五音》(《音论》、《诗本音》、《易音》、《唐韵正》、《古音表》)。根据《诗经》等先秦两汉韵文的用韵情况和形声字等材料，离析《唐韵》，分古韵为十部，并以入声配阴声(第十部收闭口韵除外)。《音学五书》从理论和实践上彻底否定了叶韵说，开拓了音韵学研究的新领域。

江永推崇顾炎武，但批判其“考古之功多，审音之功浅”。江氏长于审音，讲究音理，运用等韵学、今音学的原理研究上古韵部，区别侈弇，以入声兼配阴阳，分古韵为十三部。著有《古韵标准》、《四声切韵表》、《音学辨微》等。《古韵标准》是其上古音研究的代表作。

戴震是江永的弟子，著有《声韵考》和《声类表》等。最初分古韵为七类二十部，后又改为九类二十五部，若入声附而不列，则为十六部。每一类之中又分阴声、阳声和入声，进一步确立了阴阳入三分的上古韵部系统。这对以后古音学的研究产生很大影响，他的弟子孔广森据此明确提出阴阳对转的理论。

段玉裁师从戴震，古音研究方面著有《六书音均表》。分古韵为六类十七部，其中特别是将支、脂、之分别立为三部，侯部独立，真文分立，是段玉裁的创见。此外，段氏建立了“同谐声者必同部”的理论，把声韵研究和汉字形声、假借的理论结合起来，推进了古音研究。后来朱骏声依照这个原则编《说文通训定声》，以声符为小韵部。最后，段玉裁认为古无去声。“把去声字和入声字的读音完全混同起来是不对的；但是，指出中古大部分去声字来自入声(按：即收音于- p、- t、- k)，则是正确的。”②

孔广森也是戴震的弟子，著有《诗声类》、《诗声分例》等，分古韵为十八部。他在古音学上的贡献有二：一是主张东、冬分部。资料证明，这个看法是符合古音实际的。二是明确提出阴阳对转的学说，指出入声是对转的枢纽，揭示了汉语语音变化的一种规律。

古韵划分，王念孙、江有诰是集大成者，至此，古韵分部基本明晰。王念孙受业于戴震，他的最大成就在训诂学方面(详见下文“《广雅疏证》”条)。古音研究方面，以“同谐声者必同部”的原则为标准，认为至部、祭部、缉部、盍部都应该独立，是一大贡献。分古韵为二十一部，晚年新增冬韵，重定为二十二部。江有诰集音学之成，撰《音学十书》，将先秦古韵分为二十一部。江氏的独特贡献在于对入声各部的离析，同时很好地处理了入声

① 何九盈：《中国古代语言学史》，商务印书馆，2013年，第431页。

② 王力：《中国语言学史》，中华书局，2013年，第151—152页。

与阴声的相配关系。王力先生称其为“清代古音学的巨星”[①]。

古声母方面，取得卓越成就的是钱大昕。他根据大量古籍异文、古注、声训、反切、又音等例证，参证梵音、方言，提出“古无轻唇音”、“古无舌上音”。这两项重要发现，已被学术界广泛接受。

乾嘉时代，音韵学家的注意力主要集中在古音学，今音学的成就远没有古音学那么显著，但为近代中古音研究奠定了坚实的基础。江永《四声切韵表》、戴震《考定广韵独用同用四声表》、陈澧《切韵考》等是今音学的代表。陈澧提出“系联法”，利用《广韵》的反切用语，考察《切韵》的本来面貌。“系联法”有两条原则，一是正例，一是变例。所谓正例，即凡是反切用字同用、互用、递用的，必属同类。所谓变例，指实际同类而不能直接系联，由别的字可以推求同类。反切系联法成为考证古代音系的一种基本方法。

清代等韵学有马自援《等音》、潘耒《类音》、江永《音学辨微》、李汝珍《音鉴》、刘熙载《四音定切》和劳乃宣《等韵一得》等。

清末劳乃宣作《等韵一得》，包括内外二篇。内篇列声韵系表，外篇论音理。民国二年(1913)又作补篇，补正内外篇之不足。该书以“戛透轹捺”称述和区分声母发音方法，提出语音分析“三大纲”观点，已接近现代语音学理论。声调方面，劳乃宣明确指出调类和调值的区别，“四声之辨，可各以方音求之，其音不必强同，其理自无不同也”[②]，各地四声调值不同，但其体系是一致的。

2.6.2 训诂学

清代的训诂学以古音学为基础，段玉裁《广雅疏证·序》“治经莫重于得义，得义莫切于得音”，根据声音探求词义，成为清代训诂研究的原则。清代成就远超前代，主要表现在三个方面：一是辨析字义，疏通古训；二是沟通语言与文字的关系；三是建立研究字义的理论和方法。[③] 清代著名的训诂学家有邵晋涵、王念孙、郝懿行、王引之等。

(1)《尔雅正义》、《尔雅义疏》

《尔雅正义》，邵晋涵撰。共20卷，注重采集《尔雅》古注和汉人诸书，注解注释《尔雅》，博引群书，兼释名物，补郭注所不备。

《尔雅义疏》，郝懿行撰。共20卷，在疏解字义方面因声求义，遵守“凡声同之字，古多通用”的原则，注释精确。

(2)《广雅疏证》

王念孙撰，为魏张揖的《广雅》作注解。援引经典，校正了书中许多讹误错乱之处，凡字义脱漏者，特别标出；容易懂的字义，不加解释；不懂的字义，不强加解释。该书“就古

---

① 何九盈：《中国古代语言学史》，商务印书馆，2013年，第455页。

② 罗常培：《唐五代西北方音》，商务印书馆，2012年，第166页。

③ 周祖谟：《周祖谟语言文史论集》，浙江古籍出版社，1988年，第343页。

音以求古义"[①]，把古书中有关的声近义通的字都联系起来解释，"引申触类，不限形体"[②]，着重从语言的角度说明其间的音义相通和声音相转的关系，考证精确，众口交誉。

(3)《经义述闻》

王引之撰，对《周易》、《尚书》、《毛诗》、《周礼》、《仪礼》、《大戴礼记》、《礼记》、《左传》、《公羊传》、《谷梁传》、《国语》、《尔雅》诸书加以考释，凡古人所误解者，加以纠正。善于以声求义，发前人所未发。字有假借，则求其本字，以正其解，因此成就很大。书中多引其父王念孙语，再加按语，故以"述闻"为题。引王念孙的话，则称"家大人曰"；自己的话，则称"引之谨案"；不称"引之谨案"的，也是他自己的话。

2.6.3 文字学

清代文字学的主要内容是《说文》之学。关于说文的著作知名的不下百余种，其中最重要的是段玉裁《说文解字注》、桂馥《说文解字义证》、王筠《说文句读》和朱骏声《说文通训定声》，对文字学和训诂学都有极大的贡献。段玉裁、桂馥、王筠、朱骏声，被称为"说文四大家"。"四大家各有特色，以段《注》地位最高，最见重于学林。"[③]

(1)《说文解字注》

共540卷。

原名《说文解字读》，段玉裁著。该书从校勘刻本文字、考究许书体例入手，对全书详加注解。引据经传诠释许说，颇多阐发。如，《说文》只讲本义，不讲引申义，而段注兼讲引申义和假借义，使多义词的主要意义都有着落。此外，在注中实际上为许氏作了一些凡例，补充说明许慎的解说，便于读者理解。

段氏有历史发展的观点，注意到词义的变迁，重视后起的词义。他的小学修养很高，敢于批评许慎，批评往往很中肯。寓"作"于"述"，考证详明，博大精深，创见极多。王念孙盛赞"盖千七百年来无此作矣"[④]，王力先生亦认为"在《说文》研究中，段氏应坐第一把交椅"[⑤]：他不仅贯穿全书，详加注释，把《说文》在考订文字、声音、训诂三方面的真实价值阐发无遗，而且创通许多研究词义的方法，对汉语训诂学的发展开拓了新的内容和新的门径。尽管书中不免有偏执武断之处，可是其中精粹之处终不可没。《说文解字注》的价值是多方面的，主要有以下四点：

一、阐明许书体例。以许注许，定讹正误，使读者能正确理解《说文》，领悟作者意图。

二、语言、文字学理论上的贡献。《说文》是形书，但段氏作注，并不只着眼于形，就字论字，而是力求用语言学的观点分析文字的形音义，以音韵为骨干进行训诂。……段氏不仅将《六书音均表》附于全书之后，而且在分析字形字义和过录徐铉本切音之外，逐字

---

① 王力：《中国语言学史》，复旦大学出版社，2014年，第131页。

② 王力：《中国语言学史》，复旦大学出版社，2014年，第131页。

③ 何九盈：《中国古代语言学史》，商务印书馆，2013年，第541—543页。

④ [汉]许慎撰，[清]段玉裁注：《说文解字注・王念孙序》，上海古籍出版社，1988年，第1页。

⑤ 王力：《中国语言学史》，复旦大学出版社，2014年，第98页。

注明古音在第几部，或直言在第几部，“俾形声相表里，因耑推究，于古形、古音、古义可互求焉”。尤为可贵的，是段氏此书除分别注明各自的形音义外，还能提高到语言学理论的高度加以阐说和概括。如“禛”下提出的“声与义同源，古谐声之偏旁多与字义相近”，便是从错综复杂的现象中提炼出来的精辟见解。又如，“象”下论“于声得义”，“缇”下谓“凡古语词皆取诸字音，不取字本义”等，也都是他语言训诂、因声求义的理论结晶、对汉语语言学的贡献。

三、能提出许多新的看法修订前说。特别令人钦佩的，是段氏虽未精研金石文字，更不可能见到甲骨文，但他的许多见解能暗与甲骨文、金文相契。

四、在词汇学、词义学上，段注也有不少独到的见解，最显著的是它关于同义词的辨析。例如，《说文》对“讽”、“诵”两字没有加以辨析，段注却把它们分离出来了。

(2)《说文解字义证》

桂馥著，50卷。包括两部分。第一部分，举例证明《说文》中某字的本义，博引群书训诂，依次序列，兼收详载，不加案断，供学者参订。第二部分，讨论许慎的说解，或引别书说解以证实许慎的观点，或引别书所引许书以相参证，或引别书来补充许书。《义证》述而不作，最大的优点是材料丰富，例证取材甚广，条理秩如，极便参考，至今仍为研究古汉语的重要参考书。

(3)《说文句读》

王筠著，凡30卷。博采众说，在段玉裁《说文解字注》、桂馥《说文解字义证》、严可均《说文校议》三家书的基础上，斟酌损益，取长截短，疏解许说，订讹补漏。同时增加了自己的意见，书中加有句读，简约易读，适于初学者入门。王氏说文研究，主要在于整理，有述有作，在字形字义方面多所创见。

(4)《说文通训定声》

朱骏声著，凡18卷。全书由“说文”、“通训”、“定声”三部分组成。“说文”以许慎《说文解字》内容为基础，加以补充并举例。主要说明字形与字义、字音的关系，以字形为主。“通训”主要讲“转注”和 “假借”，是朱书最重要、最精彩的部分。“定声”，将文字按古韵分类。将许氏《说文》540部拆散，得1137个声符，分古韵为18部。每字下先释本义，次以转注假借别义，以经籍训诂为证。朱氏认识到引申义和假借义的重要性，突破了许氏专讲本义的框子，全面解释词义，对研究词义的发展和转变很有帮助。

2.6.4 辞书编纂

清代辞书数量颇为可观，但质量高的不多。字典方面，《康熙字典》是一部官修的大型汉语字典，另有三部资料性质的辞书，《佩文韵府》、《骈字类编》、《经籍籑诂》。

(1)《康熙字典》

清代官修字典，张玉书、陈廷敬等编撰。成书于康熙五十五年(1716)，故名《康熙字典》，共收47035字(外附古文字1995字)。在《中华大字典》出版之前，它是我国收字最多的字典。

《康熙字典》参照明代梅膺祚《字汇》、张烈《正字通》编纂而成。分12集，按214个部首排列，与《正字通》体例相同。书首列《字母切韵要法》和《等韵切音指南》，以便读者了解切音。又有《检字》和《辨似》，《检字》为检查疑难字而设，《辨似》辨别笔画相近的字。每字下均先列《广韵》、《集韵》、《古今韵会》等的反切，后释字义。字义之下引经史子集文句为证，并列出篇名，极有条理。其序云："至诸书引证未备者，则自经史百子，以及汉唐宋元明以来，诗人文士所述，莫不旁罗博证，使有依据。"对音义有疑的加按辨析，查检方便，直到今天仍有参考价值。但该书所列音义多堆砌引文，不加抉择，引书错误较多，体例也不完善。清王引之著《字典考证》，改正该书引书讹误2588条。

(2)《佩文韵府》、《骈字类编》、《经籍籑诂》

《佩文韵府》，张玉书等编。收10257字，按106韵编排。所收词条以最后一字归韵，注明出处，不加解释。资料丰富，但引书错误较多。在清代，这本书对文人写诗作文、选择辞藻、查阅典故和某些词语的出处，都有一定的帮助。对今人来说，可作为词汇资料书或查询古诗文词语的工具书。

《骈字类编》，张廷玉等编定于雍正年间，凡240卷。专收双音节词语，除虚字不采外，将天地、时令、山水、居处、珍宝、数目、方隅、采色、器物、草木、鸟兽、虫鱼分为一十二门。此外，又增添"人事"门作为"补遗"。所收词语采自古代典籍，专为提供辞藻、词章对偶之用。

《经籍籑诂》，阮元撰集，是一部为训诂服务的资料书。共106卷，每卷后均有补遗。采经、子、史诸书唐以前人的训诂注释集于每一字下，按照《佩文韵府》分韵编字。《韵府》没有的字，就根据《广韵》、《集韵》增补。王引之序云："展一韵而众字毕备，检一字而诸训皆存，寻一训而原书可识。"①是研究经籍的重要工具书。

2.7 现代中国语言学

1898年，《马氏文通》出版，标志着中国现代语言学的诞生。语言学理论研究兴起，研究方法改进，研究范围进一步扩大。传统研究领域焕发出新的生机，文字学、音韵学、训诂学等面貌大为改变；语言调查、描写和解释取得重大成就，方言和民族语言调查研究成果丰硕；语言研究的领域不断扩大，产生了社会语言学、计算语言学、心理语言学、地理语言学等语言学交叉学科。

19世纪末，随着甲骨卜辞出土、新的文字资料的发现、西方语言学的影响、文字观念的改变、研究方法的革新，20世纪的汉字学面貌大为改变，取得了前所未有的成就。出现了一批"导论"、"概论"性质的文字学著作，标志着这门学科在系统化理论化方面已大大超越前人。代表作品有唐兰《古文学导论》、《中国文字学》，蒋善国《中国文字之原始及其

① [清]阮元：《经籍籑诂·序》，中华书局，1982年，第2页。

构造》等。

随着西学东渐，20 世纪音韵学研究逐步走上现代化道路。译介海外汉语音韵学的成果，涌现如高本汉的《中国音韵学研究》、雅洪托夫的《汉语史论集》等。利用汉语方言、亲属语言、梵汉对音等新材料，运用历史比较语言学的理论和方法，对上古音、中古音、近代音进行了深入细致的研究，成果丰硕。如李方桂《上古音研究》、王力《汉语语音史》、邵荣芬《切韵研究》、李荣《切韵音系》、杨耐思《中原音韵音系》等，推动了现代汉语音韵学的研究。

训诂学方面，20 世纪初，章太炎在日本东京举办国学讲习会。黄侃开设训诂学课程，初步建立训诂学理论。30—40 年代，学界就训诂学的性质、范围、方法、原则等进行探讨，如沈兼士《研究文字学"形"和"义"的几个方法》、黄侃《训诂述略》、张世禄《中国训诂学概要》、胡朴安《中国训诂学史》等。20 世纪 80 年代以后，将现代语义学的理论、方法引入训诂学，主要围绕以今语释古语、古书的阅读和注释等问题展开研究。

汉语语法学的建立，以马建忠《马氏文通》的出版为标志，这是第一部古代汉语语法专著。第一部白话文语法著作，是黎锦熙的《新著国语文法》。20 世纪 30 年代末 40 年代初开展"中国文法革新"大讨论，现代汉语语法研究进入鼎盛时期。80 年代以后，在口语语法、动词、句法歧义、虚词、汉语句型、复句、句群、方言语法、双语语法对比研究等方面均有突破。(陆俭明，1999)

现代汉语方言调查研究始于 20 世纪 20 年代，调查活的方言口语，用音标记录方言事实，运用现代语言学原理，分析它们的特点和结构系统。20 世纪 20—40 年代的方言学研究注重语音的细致描写和分析，兼顾古今音韵的对比。这一时期出版、发表的论著涉及全国汉语方言的县、市近 200 个，为汉语方言学的建立打下了坚实的基础，汉语方言学从语文学的附庸发展成为现代语言学领域一门独立的学科。赵元任的《现代吴语的研究》是第一部研究现代汉语方言的代表性著作，影响很大。其后的方言研究，无不受其影响。80 年代后，汉语方言调查研究更趋全面，注重方言研究的学术性、系统性与实用性的统一，区域方言的综合研究跟单点方言的深入研究相结合，从语音研究逐渐向词汇、语法方面扩展并开拓其他新的研究领域，注意更好地介绍、借鉴国外语言学者研究汉语方言的新方法和新成果。(大百科全书，1988)政府、学界和社会大众开始认识到方言研究的价值。2015 年，教育部、国家语委联合印发《关于启动中国语言资源保护工程的通知》，成立"中国语言资源保护研究中心"，全面展开汉语方言和少数民族语言的调查，这是自 1956 年方言普查后，在全国范围内开展的又一次特大型语言文化国家工程。

20 世纪 80 年代以来，出现了一些新的交叉性的语言学学科，如社会语言学、心理语言学、神经语言学、计算语言学等，详见第 3 章。

第 3 章

语言学基本内容及学科体系

了解一门学科的研究规范，首先须对该学科有所了解，对这门学科的基本概念、分支学科、交叉学科、学科建制等有所掌握。这是遵守学科规范的基本要求。

3.1 语言学学科基本概念

学科一般有两层含义。一是按照学术性质划分的门类，既可以指一定科学领域的总称，如自然科学、社会科学、人文科学等；也可以指自然科学中的物理学、化学，人文社会科学中的语言学、历史学、法学等。二是指学校教学的科目，如语文、数学等。教学科目是根据学科门类，综合社会需求、产业结构和人才培养等因素划分而来的。学科与科目密切相关，学科是科目的基础，科目是学科的验证。本章所说的"学科"是第一层含义。

语言学是研究语言的科学，探讨语言的性质、结构和发展演变规律。汉语语言学是研究汉语现象及其规律的科学，与社会科学和自然科学都有密切联系。了解汉语语言学学科的基本概念，是学习汉语语言学的基础。

3.1.1 语言 language

语言是一种极为复杂的现象，对语言本质的认识总是在不断深化。不同时代、不同学派的语言学家，对语言有不同的看法。综合古今语言研究的成果和各派的学术观点，《中国大百科全书》对语言的定义为："人类特有的一种符号系统。当作用于人与人的关系的时候，它是表达相互反应的中介；当作用于人和客观世界的关系的时候，它是认知事物的工具；当作用于文化的时候，它是文化信息的载体。"[①]语言具有生理、心理和社会多重属性，有可分离性、可组织性、理智性和可继承性四个特点。

语言是人类最重要的思维和交际工具，具有传达信息功能、人际功能、行事功能、表情功能、寒暄功能和元语言功能等功能。语言系统包括语音、词汇、语法等子系统。

---

① 中国大百科全书总编辑委员会《语言文字》编辑委员会：《中国大百科全书·语言文字卷》，北京、上海：中国大百科全书出版社，1988 年 2 月第 1 版，4 月第 2 次印刷，第 475 页。

1. 言语 speech

言语是语言体系在实际运用中的体现，“是说话的个人在实际情景中所说出的具体话段”[①]，是人们所说的话的总和，由瑞士语言学家费尔迪南·德·索绪尔(Ferdinand de Saussure)首次提出。

语言研究要注意区分语言和言语。语言是社会的，言语是个人的；语言是抽象的，言语是具体的；语言具有全民性，言语具有阶级性。语言存在于言语之中，言语也离不开语言，它们相互依存。语言规则及词语是言语活动的基础，言语是运用语言的行为和结果。要研究和认识语言，往往要从观察言语入手。

2. 任意性 arbitrariness

语言具有任意性，语言符号的语音与语义或概念之间没有必然的联系。换言之，语言形式与其所指的事物之间没有必然联系。这就是为什么同一概念在不同的语言中有不同的表达方式，如“马”，英语是“horse”，法语是“cheval”，日语是“馬”(うま)，韩语是“말”。索绪尔称语言符号的任意性为“第一原则”[②]。

3. 组合关系 syntagmatic relations

指符号和符号组合起来的关系，又称“句段关系”、“结合关系”，与“聚合关系”相对。例如，“蓝”和“天”这两个符号，可以组成“蓝天”和“天蓝”，它们在两个组合中的关系不同，整个组合的性质也不同。组合关系在语音、语法等层面都存在。

4. 聚合关系 paradigmatic relations

又称“联想关系”，与“组合关系”相对。处在相同组合位置上的语言单位，彼此可以互相替换，它们可以聚合成类，彼此的关系叫“聚合关系”。聚合关系在语音、语法等层面都存在。句法中的词类，就是词在句法层面聚合关系的产物。

5. 语言的普遍特征

指所有语言都具有的特征，如所有语言都依靠各层单位的聚合关系和组合关系运转；也指语言结构中各个组成部分(语音、词汇、语法)的共同特点，如(叶蜚声、徐通锵，1997)：

(1) 所有语言都有由名词性词语和动词性词语构成的句子(鸟儿飞。)。

(2) 所有语言都有形容词性词语修饰名词性词语(小鸟儿)，副词性词语修饰形容词性词语(很小)。

(3) 所有语言都有办法把动词性词语全部或一部分转成名词性词语(调查〔农村〕→农村〔调查〕，飞→飞的，写→写的、所写的)；把动词性词语转成形容词性词语(飞→飞鸟，烧→烧杯)。

(4) 所有语言都有办法把几个名词性词语连在一起(鸟儿和虫子)，把几个动词性词语连在一起(试试，适应和改造〔环境〕)。

---

① [英]戴维·克里斯特尔：《现代语言学词典》，沈家煊译，商务印书馆，2000年第1版，第257页。

② [瑞士]费尔迪南·德·索绪尔：《普通语言学教程》，高名凯译，商务印书馆，1980年第1版，第102页。

(5) 所有语言都有否定句(鸟儿不飞了。)和疑问句(这只鸟儿还能飞吗?),都能够把某些句子变成祈使句(快飞吧!)。

(6) 所有语言的名词性词语和动词性词语都至少有两种发生关系的方式(鸟儿飞〔自动〕,鸟儿吃虫子〔他动〕)。

普遍特征反映语言结构的一般原理,对它的研究已经成为语言学的一个专门课题。

6. 语言类型

语言类型是比较语言学根据语言的结构特征和词语形态等标准所建立的,主要有:

(1) 孤立语(isolating language),又称“分析语”。特点是缺乏词形变化,语法意义主要靠词序表现。虚词的作用也很重要。词与词之间的语法关系,除了词序,很多都由虚词表达。汉语、彝语、壮语、苗语等都属于孤立语。

(2) 屈折语(inflecting language),“屈折”是指词内部的语音形式的变化,所以又叫作“内部屈折”。屈折语的主要特点是有丰富的词形变化,词与词之间的关系、句法关系主要靠词形变化来表示,因而词序没有孤立语那么重要。例如俄语、阿拉伯语。(叶蜚声、徐通锵,1997)

(3) 粘着语(agglutinating language),主要特点是没有内部屈折,有专门表示语法意义的附加成分,每一个附加成分只表示一种语法意义,与词根的结合不紧密。土耳其语、维吾尔语、芬兰语、日语、朝鲜语都属于粘着语。(叶蜚声、徐通锵,1997)

(4) 综合语(synthetic language),又称“复综语”、“编插语”等,是一种特殊类型的粘着语。一个词往往由几个语素编插粘合而成,有的语素不到一个音节。动词谓语的主语、宾语、状语等不以独立句子成分的形式出现,而作为词缀包含在动词谓语之中,一个词往往构成一个句子。这种语言类型多见于美洲印第安人的语言,例如美诺米尼语。

7. 语系 language family

按谱系分类法(又称发生学分类法)划分的语言群。同一语系的语言之间都有亲属关系,不同语系的语言之间没有亲属关系。如汉藏语系的汉语、藏语、羌语、普米语、景颇语等,有亲属关系。

同一语系下的语言,按谱系分类法划出的二级语群为语族(language group)。如汉藏语系分汉语语族、藏缅语族、苗瑶语族、壮侗语族。三级语群为语支(language branch),如藏缅语族分藏语支、景颇语支、彝语支、缅语支、羌语支等。

3.1.2 语音 phonetic

语音是人类发音器官发出的、负载语义信息的声音,是语言的物质外壳。语音的四要素是音高、音强、音长、音色。音高主要取决于声带的振动频率,频率越高,音高越高。音强即语音的强弱,主要取决于发音时声门下压力的大小。音长是发某个音段或语音成分所用的时间,由声波持续的时间长短决定。音色,又称音质,是声音频谱的知觉特性,与发音部位、发音方法和共鸣腔形状有关。

人体参与语音发生的发音器官(vocal organs),包括肺、气管、食道、喉、咽、口、鼻、声带、硬腭、软腭、舌、齿、唇等。

1. 音素 phoneme

音素是从音质角度划分出来的最小的语音单位，具有不可再分性。世界上的语言有好几千种，但用到的音素是有限的，常用的二百个左右。具体到某一种语言，就更有限了。音素可分为元音和辅音两大类。

发元音时，气流通过声门，声带振动，通过咽腔、口腔、鼻腔时，不受任何阻碍。元音的不同是共鸣腔的不同形状造成的，舌位的高低、前后，嘴唇的圆展决定每个元音的音质。按舌位的高低，分为高元音、半高元音、半低元音、低元音。按舌位前后，分为前元音、央元音、后元音。按发音的口唇圆展，分为圆唇元音和不圆唇元音。详见国际音标元音部分。

发辅音时，气流在发音器官的某处受到阻碍或阻塞。受阻的部位就是发音部位，成阻和除阻的方式就是发音方法。根据发音部位的不同，可分为双唇音、唇齿音、齿间音、舌尖齿龈音、舌尖前腭音、舌面中颚音、舌面后颚、舌根音、小舌音、喉壁音、喉音等。根据发音方法的不同，可分为塞音、擦音、塞擦音、鼻音、边音、颤音和闪音等。详见国际音标辅音部分。

2. 音标 phonetic alphabet

记录音素的标写符号叫音标。最通行的是“国际音标”，是为世界上所有语言注音的符号系统。1888 年，由国际语音教师协会[①]制定发表并开始使用，至今已经过多次修订。制定原则严格遵守“一个音素只用一个音标表示，一个音标只表示一个音素”，音素和标写符号一一对应，不会出现混淆或两可现象。

国际音标大多数采用拉丁字母，拉丁字母不够时补充采用希腊字母；此外还用一些字母的大写、倒写、连写或添加附加符号等办法补充，以便准确地标记世界上各种语言的语音。为了与普通字母区别，通常把国际音标放在方括号里，如[a]。国际音标表包括辅音、元音、声调、重调和附加符等音标符号。

3. 音位 phoneme

音位是语音系统中能够区别意义的最小语音单位，是从语言的社会属性划分出来的语言单位。对立、互补、语音相似和系统性是归纳音位的主要原则。具有相同表义作用的一组音素，可归纳成同一个音位。汉语普通话的“甘[kan^{55}]”、“瓜[kuA^{55}]”、“好[xɑu^{214}]”、“健[tɕiɛn^{51}]”四个字的语音形式中，[a] [A] [ɑ] [ɛ] 的读音可归于一个音位形式/a/。

音位可分为音质音位和非音质音位。音质音位由音素构成，是从音质角度划分出来的，又称“音段音位”。非音质音位，指除了音质以外的音高、音重、音长等可以区别意义的语音形式，又称“超音质音位”。

不同语言的音位不同。汉语的声调就是由音高变化区别词义的调位，属于一种非音

① 1897 年改名为“国际语音学协会”。

国际音标（修订至 2005 年）

辅音（肺部气流）

中文版© 2007 中国语言学会语音学分会

	双唇	唇齿	齿	龈	龈后	卷舌	硬腭	软腭	小舌	咽	喉
爆发音	p b			t d		ʈ ɖ	c ɟ	k ɡ	q ɢ		ʔ
鼻音	m	ɱ		n		ɳ	ɲ	ŋ	ɴ		
颤音	ʙ			r					ʀ		
拍音或闪音		ⱱ		ɾ		ɽ					
擦音	ɸ β	f v	θ ð	s z	ʃ ʒ	ʂ ʐ	ç ʝ	x ɣ	χ ʁ	ħ ʕ	h ɦ
边擦音				ɬ ɮ							
近音		ʋ		ɹ		ɻ	j	ɰ			
边近音				l		ɭ	ʎ	ʟ			

成对出现的音标，右边的为浊辅音。阴影区域表示不可能产生的音。

辅音（非肺部气流）

啧音	浊内爆音	喷音
ʘ 双唇音	ɓ 双唇音	ʼ 例如：
ǀ 齿音	ɗ 齿音/龈音	pʼ 双唇音
ǃ 龈（后）音	ʄ 硬腭音	tʼ 齿音/龈音
ǂ 腭龈音	ɠ 软腭音	kʼ 软腭音
ǁ 龈边音	ʛ 小舌音	sʼ 龈擦音

元音

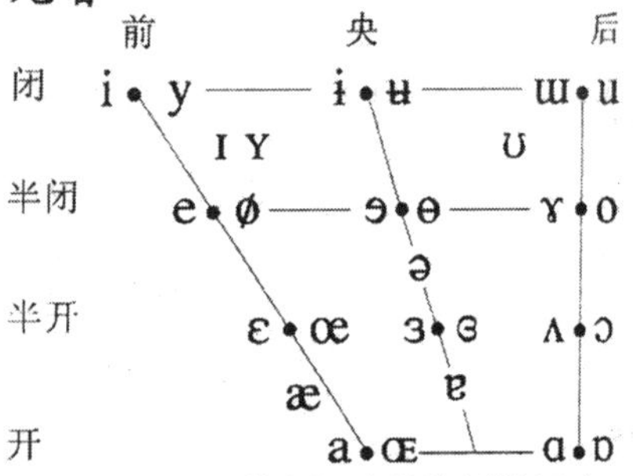

前 央 后

闭 i • y —— ɨ • ʉ —— ɯ • u

ɪ ʏ ʊ

半闭 e • ø —— ɘ • ɵ —— ɤ • o

ə

半开 ɛ • œ ɜ • ɞ ʌ • ɔ

æ ɐ

开 a • ɶ —— ɑ • ɒ

成对出现的音标，右边的为圆唇元音。

其他符号

ʍ 唇-软腭清擦音

w 唇-软腭浊近音

ɥ 唇-硬腭浊近音

ʜ 会厌清擦音

ʢ 会厌浊擦音

ʡ 会厌爆发音

ɕ ʑ 龈-腭擦音

ɺ 龈边浊闪音

ɧ 同时发 ʃ 和 x

若有必要，塞擦音及双重调音可以用连音符连接两个符号，如：k͡p t͜s

超音段

ˈ 主重音

ˌ 次重音

ˌfoʊnəˈtɪʃən

ː 长 eː

ˑ 半长 eˑ

˘ 超短 ĕ

| 小（音步）组块

‖ 大（语调）组块

. 音节间隔 ɹi.ækt

‿ 连接（间隔不出现）

附加符号

如果是下伸符号，附加符号可以加在上方，例如：ŋ̊

̥ 清化	n̥ d̥	̤ 气声性	b̤ a̤	̪ 齿化	t̪ d̪
̬ 浊化	s̬ t̬	̰ 嘎裂声性	b̰ a̰	̺ 舌尖性	t̺ d̺
ʰ 送气	tʰ dʰ	̼ 舌唇	t̼ d̼	̻ 舌叶性	t̻ d̻
̹ 更圆	ɔ̹	ʷ 唇化	tʷ dʷ	̃ 鼻化	ẽ
̜ 略展	ɔ̜	ʲ 腭化	tʲ dʲ	ⁿ 鼻除阻	dⁿ
̟ 偏前	u̟	ˠ 软腭化	tˠ dˠ	ˡ 边除阻	dˡ
̠ 偏后	e̠	ˤ 咽化	tˤ dˤ	̚ 无闻除阻	d̚
̈ 央化	ë	̴ 软腭化或咽化	ɫ		
̽ 中-央化	e̽	̝ 偏高	e̝	（ɹ̝ =龈浊擦音）	
̩ 成音节	n̩	̞ 偏低	e̞	（β̞ =双唇浊近音）	
̯ 不成音节	e̯	̘ 舌根偏前	e̘		
˞ r 音色	ɚ a˞	̙ 舌根偏后	e̙		

声调与词重调

平调		非平调	
e̋ 或 ˥	超高	ě 或 ˩˥	升
é ˦	高	ê ˥˩	降
ē ˧	中	e᷄ ˦˥	高升
è ˨	低	e᷅ ˩˨	低升
ȅ ˩	超低	e᷈ ˧˦˧	升降
↓	降阶	↗	整体上升
↑	升阶	↘	整体下降

质音位:同一个音节,声调不同,语音形式就不同,意义也不同。而英语中声调只表示感情,不能区别语义,所以声调在英语中不属于音位。

4. 音位变体 allophone

音位变体,指一个音位在各类语音环境中,表现出来的两个或多个语音上不同的音素。这些音素就叫该音位的“音位变体”。音位变体是音位的具体表现形式,音位则是从音位变体中概括归纳出来。音位与音位变体的关系是一般和个别的关系。

音位变体通常分为条件变体和自由变体。如果两个音素属于同一个音位,且它们出现的语音环境呈互补分布,则这两个音素为同一个音位的“条件变体”。如果两个音素同属一个音位,且它们可在相同语音环境中自由替换而不影响意义,则称这两个音素为同一个音位的“自由变体”。普通话中[ɿ][ʅ]属于同一音位,[ɿ]只出现在[ts、ts^h、s]后,[ʅ]只出现在[tʂ、tʂ^h、ʂ]后,是条件变体;南京方言中[n][l]可以混读,任意变读,不受限制,是自由变体。

5. 区别特征 distinctive feature

区别特征是用来描写和分析语音系统差异的最小音系单位。音位可以分解和归纳为若干语音特征的对立,这种语音特征就是区别特征。每个语言中起辨义作用的区别特征并不相同。例如,英语中“送气/不送气”是非区别特征;汉语普通话则恰恰相反,“送气/不送气”则是区别特征,如[p^h] ≠[p]。

区别特征具有偶分性。音位的归纳以多项对立为原则,区别特征则是以二项对立为原则,例如“元音性/非元音性”、“辅音性/非辅音性”、“浊音性/非浊音性”等。

6. 音节 syllable

音节是语流里最自然的语音单位,是由一个或几个音素按照一定规则组织起来的最小语音结构单位。以元音结尾的音节是开音节,以辅音结尾的音节是闭音节。

每种语言的音节都有自己的特点。汉语的音节通常由声母、韵母和声调构成,一个汉字通常就代表一个音节。

声母(initial)是音节开头的辅音,可分为清声母(voiceless initial)、浊声母(voiced initial)和零声母(zero initial)。清声母是由清辅音构成的声母;浊声母是由浊辅音构成的声母;零声母是当韵母自成音节时,声母位置上没有音位性的辅音成分,例如普通话音节“阿(ā)”、“亚(yà)”等都是零声母音节。普通话有17个清声母,4个浊声母。具体如下:

清声母:b[p] ,p[p^h] ,f[f] ;
d[t] ,t[t^h] ;
g[k] ,k[k^h] ,h[x] ;
j[tɕ] ,q[tɕ^h] ,x[ɕ] ;
z[ts] ,c[ts^h] ,s[s] ;
zh[tʂ] ,ch[tʂ^h] ,sh[ʂ] 。

浊声母:m[m] ,n[n] ,l[l] ,r[ʐ]

韵母(final)指声母以外的部分,分为韵头、韵腹、韵尾。韵头又叫介音,普通话中能做韵头的有/i/、/u/和/y/三个音位,能做韵尾的有/i/、/u/、/n/和/ŋ/四个音位。韵腹是韵母的核心,每一个韵母必须有韵腹,每个元音音位都可做韵腹。

韵母可分为单韵母(simple final)和复韵母(compound final)。单韵母是由单元音构成的韵母,复合韵母由复合元音或由元音带鼻音韵尾构成。普通话有 9 个单韵母、29 个复合韵母,包括 13 个复合元音韵母和 16 个鼻韵母。具体如下:

单韵母:a[a],o[o],e[ɤ],i[i][ɿ][ʅ],u[u],ü[y],er[ɚ]

复韵母:ɑi[ai],ei[ei];

ɑo[ɑu],ou[ou];

iɑ[ia],ie[iɛ],iɑo[iɑu],iou[iou];

uɑ[uʌ],uo[uo],uɑi[uai],uei[uei];

üe[yɛ];

ɑn[an],en[ən],in[in],uen[uən];

iɑn[iɛn],uɑn[uan],üɑn[yæn];

ün[yn];

ɑng[ɑŋ],eng[əŋ],ing[iŋ],ong[uŋ];

iɑng[iɑŋ],iong[iuŋ];

uɑng[uɑŋ],ueng[uəŋ];

声调是能区别音节意义的音高,贯穿整个音节,是汉语音节结构中不可缺少的成分。调类是声调的类别,例如普通话分阴平、阳平、上声和去声四个调类。调值用来描写声调的高低、升降、曲直、长短等音高特性,以区分调类的数值或数值序列,反映声调的实际读法。通常采用五度标记法描写汉语声调的调值,如普通话四个调类的调值分别为[55]、[35]、[214]和[51]。虽然调值主要由音高决定,但它只反映相对音高,而不是绝对音高。

7. 音系 phonology

音系即语音系统,是某种语言的全部语音成分及其组织规则和相互关系的总和。语音系统中各个音位并不是孤立存在的,它们处在对立和统一的关系中,构成一个系统。各个语言的音位系统不同,一般包括:全部的音质音位和非音质音位、常见的音位变体、音位之间的对立关系和组合规则等。

8. 语流音变 contextual variation

音位和音位组合时,受前后语音环境、轻重、语速等影响,可能发生不同变化,这种变化叫语流音变。常见的语流音变包括同化、异化、弱化、脱落等。

(1) 语音同化:一个音位受相邻音位的影响,发生趋同现象。普通话“羡慕”[ɕian^{51} mu^{51}]连读变为[ɕiam^{51} mu^{51}],前字韵尾[n]被后字声母[m]同化为[m]。

(2) 语音异化:与同化相反的语流音变是异化,两个原本相同或相近的音位相互影响，导致它们变得不相同或不相似。北京话两个上声字相连，第一个上声要变成阳平，如“老板”[lɔ²¹³pan²¹³]变为[lɔ²⁴pan²¹³]，这是调位异化。

(3) 语音弱化：语流中有些发音可能变弱，这种现象叫弱化。汉语的轻音就是弱化音节，其中的元音也往往随之变化，如“妈妈”[ma⁵⁵ma⁰]第二音节的韵腹一般弱化成央元音，读作[ma⁵⁵mə⁰]。

(4) 语音脱落：弱化的音往往会进一步脱落。北京话“你们”[ni²¹³mən⁰]的第二音节发生脱落，读为[nim²¹³]。

9. 韵律 prosody

语音四要素中的音高、音强、音长，统称为韵律特征，又称超音段特征。声调、重音、轻音、停顿、语调等，都是韵律特征在语言中的表现形式。韵律是人类自然语言的一个典型特征，具有许多跨语言的共同特点，如音高下倾、重读、停顿等，是语言和情绪表达的重要形式之一。

重音(stress)是语言中重要的韵律特征之一，指音节的相对突显程度，可分为词重音和句重音。词重音是具有区别词汇意义的重音，根据突显程度不同还可分为主重音、次重音等。句重音指在一个语句中突显程度最高的重音，可分为语法重音、对比重音和强调重音。

3.1.3 词汇 vocabulary

词汇是语言中词的总汇，是语言的建筑材料。一种语言所有的词和成语等固定用语的总汇，就是该语言的词汇，包含的词可以多达几十万个。

1. 基本词汇 basic vocabulary

词汇内容庞杂，门类繁多。基本词汇是词汇的核心，是在历史发展中形成的一种语言词汇的基础部分。基本词汇表达的是与人们的日常生活关系密切的事物，如自然现象、家畜名称、人的肢体和器官、亲属、方位、时令、数目、劳动工具，以及与日常言行有关的现象等。

基本词汇有三个特点：稳固性、能产性、全民常用性。基本词汇是基本词的总和，包含的词比一般词汇中的词少，却很重要，使用频率高，生命力强，为全民所共同理解。例如“天、地、日、月、水、火、人、父母”等。基本词汇里的词虽然稳固，在语言的发展中也有被逐渐替换的。例如古代汉语的基本词汇“目”现已被“眼睛”代替，“舟”已被“船”代替。

2. 一般词汇 common vocabulary

指语言中除基本词汇以外的词汇。与基本词汇相比，普遍性较窄，稳固性和构词能力较弱。一般词汇的数量比基本词汇多，来源广泛。一般词汇包含的词数量大、成分杂、变化快。特点是：它不是全民常用的；不稳固；构词能力比较弱。在词汇的发展中，基本词汇和一般词汇是互相影响的。基本词汇是语言词汇发展的基础，一般词汇能够满足人们日益增长的交际需要。

一般词汇有很大的灵活性，经常变动。依据不同的来源，可以分为：

(1) 古语词，例如“哀矜”、“衣钵”。

(2) 方言词，例如“过细”、“晓得”。

(3) 外来词，例如“的士”、“香槟”。

(4) 行业语，例如“报盘”、“爆破音”。

(5) 隐语，例如商业中的数字隐语，“丁不钩”意为“一”，“示不小”意为“二”。

3.1.4 语法 grammar

语法是语言的结构规律，是组词造句的法则，具有抽象性、递归性、系统性、稳定性等性质。通常所说的“语法”，实际上是指语言学家对客观语法现象和规律的研究及其成果。研究语法首先须确定研究内容：侧重哪些方面，限定什么范围，有何价值等。可分为以下几种类型：传统语法（traditional grammar）、描写语法（descriptive grammar）、理论语法（theoretical grammar）、比较语法（comparative grammar）等。

语法一般分为“词法”和“句法”两大类。词法指词的构成规则和变化规则。构成规则表现为词的结构形式，例如“美景”是由两个语素构成的复合式合成词；变化规则表现为词的形态样式，例如“啰嗦”的变化形态可以是“啰啰嗦嗦”、“啰里啰嗦”。句法指短语和句子的结构方式，表现为词在其中的排列方式及其相互关系。如“涮串”一词在不同的结构里语法关系不同，在“（吃）涮串”中是偏正关系，在“涮串（吃）”中是述宾关系。

1. 语法单位 grammatical unit

语法研究中使用的单位。语法单位有大有小，语素是最小的语法单位，其次是词、词组、句子，句子是最大的语法单位。从语素到句子的各类语法单位构成一个层级系统。凡是能在组合的某一位置上被替换下来的片段，都是“语法单位”。

(1) 语素

语素是语言中最小的音义结合体。汉语里一个汉字一般就是一个语素，如“人”、“日”、“天”、“了”、“啊”。但也有两个或两个以上的汉字表示一个语素，如“玻璃”、“葡萄”、“迪斯科”、“奥林匹克”等。语素通常分为成词语素和不成词语素，前者可单独成词，后者不能单独成词，例如“习”、“民”等和主要用作词缀的“子”、“儿”等。

(2) 词

词是语言中最小的能够独立运用的语法单位，由语素构成。“最小”是说不能扩展，中间不能插入别的成分，在结构上是一个不可分割的整体；“独立运用”是指它在造句中能够作为一个单位出现。

我们可以根据语素在词中的不同作用，把它分成词根、词缀、词尾三类。词根是词的核心部分，词的意义主要是由它体现出来的。它可以单独构成词，也可以彼此组合成词。汉语里绝大多数的词是由词根构成的。

词缀不能单独成词，只能粘附在词根上构成新词。粘附在词根前面的词缀称为前缀，插在词根中间的词缀称为中缀，粘附在词根后面的词缀称为后缀。例如汉语的典型前缀“老、阿、大”，典型后缀“子、儿、头”，中缀比较少见。

此外，还有一种语素叫词尾。它加在词的末尾，只能改变词的形式，而不能构成新词。如英语的 desk 加上 s 以后成为 desks，只是同一个词的不同形式，而不是不同的词。一个词除去词尾，就是它的词干，它们没有词尾也能单独出现。

汉语的绝大部分语素是词根语素，词缀不多，没有词尾，这是汉语的一个特点。

从结构看，词可分为单纯词和合成词。由一个语素构成的词叫单纯词，由两个或两个以上的语素构成的词叫合成词。合成词有复合式、附加式、重叠式三种。

从意义和功能看，词可分为实词和虚词。实词能独立充当句子成分，有实在的意义。语言中绝大多数的词都是实词，如名词、动词、形容词、数词、量词、代词等。虚词不能独立充当句子成分，意义比较虚，如介词、连词、助词、冠词、语气词等。虚词是汉语的一种重要语法手段。

(3) 词组

词组是词和词按照一定的语法关系形成的组合。词组可分为固定词组和自由词组。语言中有些词常常固定地组合在一起，成为一个单位，这样的词组叫固定词组，例如“人民代表大会”、“南京大学”等。成语是固定词组中的一种特殊类型，如“刻舟求剑”等。固定词组最大特点就是它结构稳定，成分一般不能更换、增删，次序不能颠倒。因交际需要，按照语法规则把有关的词临时组织起来的，我们称之为自由词组，如“高铁售票处”、“第五食堂”等。

词组按语法功能可分为名词性词组、动词性词组、形容词性词组；按句法结构关系可分为主谓词组、偏正词组、述宾词组、述补词组、联合词组等；按组成成分特征可分为方位短语、数量短语、介词短语、“的”字短语、“所”字短语等。

(4) 句子

句子是由若干个词或词组按照一定的规则组合成的，具有一定的语调，前后有较大停顿，表示一个相对完整意义的语言片段。句子是最大的语法单位，最小的表达单位。

从形式上看，句子的最大特点是有一个完整的语调。说话中任何带有一个完整语调的片段都是句子。句子按其语气可以分为陈述句、疑问句、祈使句、感叹句等不同句型。从结构上可分为单句和复句。单句可分为主谓句和非主谓句，复句可分为联合复句、条件复句等。

2. 语法意义 grammatical meaning

语法意义，指语法单位在组合和聚合中，通过一定语法手段表现出来的内部关系意义和外部功能意义。语法意义可分为结构意义、功能意义和表述意义。

(1) 结构意义。反映词语之间的结构关系，如主谓关系、动宾关系等。

(2) 功能意义。反映词语的组合功能，如名词、动词，名词性短语、动词性短语等。

(3) 表述意义。反映语法形式与所指事物以及语言使用者的关系，可分为范畴意义和情态意义。范畴意义反映语法形式与所指事物的关系，如名词是表示事物的，动词是表示行为动作的等。数、性、人称、时体等的意义，也是一种范畴意义。情态意义反映语法形式与说话人的感情态度及表述意图的关系，包括句子的各种语气、语态。如陈述、疑

问、感叹、祈使等语气，与说话人的感情态度和表述意图相关。（叶蜚声，徐通锵，1997）

3. *语法形式* grammatical form

语法形式是反映词语的组合规则和语法类别的形式标志，是表示语法意义的形式手段，又称语法手段。主要的语法形式有：

（1）语序，又称“词序”，是区别不同语法意义的重要语法形式。在汉语、英语、法语、日语等语言中，语序非常重要。这些语言的语序都比较固定，一般不能随意改变，否则便不成话，或者会改变语法结构或语法意义。汉语缺少形态变化，依靠语序来确定结构关系。

（2）辅助词，是表示语法意义的词。在现代汉语表现为虚词，虚词是汉语中除了语序以外的重要语法形式，如助词“着、了、过”是表示时体范畴的标志。冠词在英语、德语、法语等语言里有标明名词的作用。

（3）内部屈折，是通过改变词中语素的部分语音来表示语法意义的一种方式，又称“语音交替”或“音位交替”。英语中的不规则动词大多用语音交替来表示形态变化，如 break—broke、give—gave、do—did 等；一些名词的复数也采用这种方式，如 foot—feet 等。

（4）重叠，是用重复整个词或一部分词的方式表示某种语法意义。汉语的动词重叠表示短暂、尝试义，如“看看”。量词和少数名词重叠表示遍指，如“天天、家家”。重叠部分的语音形式有时会发生一些变化，如“看看”第二个语素“看”变为轻声。（叶蜚声、徐通锵，1997）

（5）语调和重音。语调，又称句调，主要作用是区别不同的句类，表示各种语气和情态，如陈述、疑问、祈使、感叹等。语调的主要形式是音高变化，但与音强、音长也有关系，主要表现在句末。各语言都有语调，但有的语言只用语调表示各种语气，如汉语；有的语言要用语调与其他形式一起表示某种语气，如英语表达疑问语气时，一般还要加助动词 do 或改变主语和谓语动词的语序。

重音是指多音节词中的重读位置，又称“词重音”。有些语言用不同的重音位置表示不同的语法意义。英语可用重音区别词类，如 export [ˈekspɔːt] 是名词，意为“输出品、出口商品”；export[ɪkˈspɔːt] 是动词，意为“输出、传播”。

3.1.5 语义 semanteme

语义是语言形式表达的意义，既有一定的客观性，又有一定的主观性。语义作为人们对词语所指事物现象的认识，最终来源于客观世界，因此，语义具有一定的客观性。但人们对客观事物的认识，并不等于客观事物本身，语义只能在一定程度上反映客观事物的特征，因此具有主观性。（叶蜚声、徐通锵，1997）

语义既有概括性，又有具体性。语义是一种概括的认识，词语的意义概括了它所指的各个具体对象的共同特征。但是，语义作为人们言语交际的内容，在具体话语中又是具体的。

语义既有稳固性，又有变异性。为了保证交际顺利进行，语义必须具有一定的稳固性。如果语义任意改变就会妨碍交际，因此在使用词语时不能随意改变其意义。另一方面，语义又具有一定的变异性。因为客观事物总在不断变化，人们的认识也随之改变，这些都会造成语义的变化。

语义包括词义和句义。词义具有概括性、社会性和模糊性的特点，包括概念义、附加义和语法义三个部分。句义包括句子的语言义和语境义。

1. 语义单位 semantic unit

(1) 义位 sememe

词义系统中能独立运用的最小语义单位。一个词究竟有几个义位是由词反映对象的多少决定的，通常一个词只有一个义位，例如“收音机”只用来表示接收无线电广播的装置，只有一个义位。如果一个词反映多个类别的事物，这个词就有多个义位，例如，“博士”一词有三个义位：① 学位的最高一级；② 古时指专精某种技艺的人；③ 古代教授经学的一种官职。

(2) 义素 semantic component

最小的语义单位，也叫区别性语义特征，是构成义位的语义成分，不与任何特定的语音形式相联系。义素用方括号“[ ]”标记。如“男人”这个义项包括[男性]、[成年]、[人]这三个义素。

(3) 语义场 semantic field

语义场是由具有某个共同类属义素的若干个词语构成的系统。凡是属于同一个语义场的词语都具有共同的类属义素。例如“白菜、芹菜、香菜、茼蒿”都具有类属义素“蔬菜”，它们构成了一个语义场，而各自不同的区别义素又使其相互区别。

语义场最重要的特点是系统性。语义场的系统性是不平衡的，越封闭、成员越少的语义场系统性越强；反之则越弱。语义场的另一个特点是层级性，若干较小的语义场可以集合成较大的语义场。

2. 蕴涵 implication

指两个命题之间的一种语义关系：若第一个命题为真，那么第二个命题肯定为真，而且不可能同时肯定第一个命题又否定第二个命题。例如“我看到一只猫”和“我看到一个动物”两个命题之间就是一种蕴涵关系，后者就是前者的蕴涵信息。

3. 预设 presupposition

法国语言学家 Keenan 把预设分为语义预设和语用预设两种类型。

语义预设着眼于命题之间的关系以及真值条件的照应关系，是语言内部语义关系的一种本质属性。语义预设固定不变，不受其他因素干扰。如“小张的妹妹在上学”，语义预设是“小张有妹妹”。

语用预设是能使言语行为成立或实现的前提条件，是在言语交际活动因素的干预下产生的预设，往往受到发话人、受话人认知经验的制约，与语境以及语言之外的因素有密切联系。如“别唠叨了，快吃吧！”这句话的语用预设是交际双方关系亲密或受话人地位低于发话人,如果不符合这个条件,这句话在交际中就不被接受。因此,语用预设可以透露出交际双方言语之外的信息。

3.1.6 语用 pragmatics

语用即语言运用,是人们在一定的交际环境下对语言的实际运用。语用最基本的特征是不能脱离语境。语言的实际运用都是在一定语境中发生的,出于一定目的,针对一定的对象,在一定的知识背景下,为表达特定内容而进行的,这些交际情景因素都会对语言运用产生影响。不仅如此,在说话和写作过程中,上下文因素对语言运用也有显著影响。

1. 语境 context

语境指言语交际活动的环境。从言语交际活动的符号性和社会性两个方面来分析,语境的构成涉及语言要素和非语言要素。与话语内部语言要素相关的语境可以称为言内语境,指语言表达中的前言后语或上下文;与话语外部非语言要素相关的语境可以称为言外语境,指与言语交际活动相关的时间、空间、场景等交际情景和社会情景,与交际主体相关的人际环境和与话题相关的知识背景等。

语境有广义和狭义之分。广义语境既包括言内语境,又包括言外语境;狭义语境指的是言内语境。语用学对语境的认识采用的是广义的语境观,关注表达中的各种语境因素。

2. 指示语 deictic words

指示语是必须借助语境才能表示确切指示信息的语言形式,主要包括人称指示、社交指示、时间指示、方位指示。指示语传递的指示信息涉及交际关系、话语表达的时间和话语表达的空间,这三个因素正是言外语境的构成要素。

指示语在人类语言中普遍存在,不同语言在表现形式上存在某些差异。汉语主要通过词汇手段表达指示信息,主要集中在表达语境信息的一些称谓语、时间词、处所词、代词等语言形式上。

3. 言语行为 speech act

人们运用语言进行交际,以实现某一特定的交际意图,如陈述、询问、命令、邀请、警告、宣判、道歉、祝贺、感谢、赞叹等,这实际上也是在完成一种行为,这种行为被称作言语行为。言语行为理论最早是由英国哲学家J.L.奥斯汀提出。(叶蜚声、徐通锵,1997)

从言语交际的过程看,言语行为可分为:言内行为、言外行为和言后行为。言内行为指的是“说话”这一行为本身,即通过语音、语汇、语法等形式和手段来传递信息,是一种述事行为。言外行为又称行事行为,着眼于交际目的的实现。言后行为是话语产生的后果或引起的反应、变化。将言语行为分为言内、言外、言后三种行为类型,实际上体现了言语交际过程的三个方面:编码——交际——反馈。

根据说话人交际意图实现方式的不同,言语行为可分为直接言语行为和间接言语行为两种类型。直接言语行为,是指说话人直接通过话语形式的字面意义来实现其交际意图的言语行为,如“请你关下门”,说话人通过施为动词“请”直接向说话人表明意图。

间接言语行为指说话人的意图不是由话语的字面意义直接表示出来的言语行为，如：

——甲：明天我们去放风筝吧！

——乙：明天好像下雨。

乙并没有直接拒绝甲，而是以“雨天不适合放风筝”为由，含蓄地拒绝了甲的邀请，属于间接言语行为。

3.1.7　文字 character

文字是记录语言的书写符号系统，是在有声语言基础上产生的，依附于语言而存在。不同的语言可以采用相同的文字形式，如英、法、德、西班牙等语言都采用拉丁字母；同一语言也可以采用不同的文字形式，像南斯拉夫的塞尔维亚文有拉丁字母和斯拉夫字母两种拼写法，朝、越等国家原来采用汉字，后来经过文字改革，实现了拼音化。

文字的产生需要一定的社会条件，独立创造的文字体系的形成需要一个很长的过程，是人类进入文明时代的标志。汉字和古埃及的圣书字、古美索不达米亚的楔形文字是世界上最古老的文字。圣书字和楔形文字早已不再使用，而汉字一直使用到现在。

世界上的文字基本可以分为表意文字、意音文字、表音文字。

表意文字，是字符本身或其结构单位与所记录的词的意义有一定联系，而与所记录词的读音没有直接联系的书写符号系统，包括记录语素的语素文字和记录词的表词文字。如古汉字以“○”表示“圆”。

意音文字，又称“意符音符文字”，是综合运用表意和表音符号(还包括一些记号)来记录语言的书写符号系统。一般来说，一个字代表一个词或一个语素。世界上独立形成的古老文字体系都是意音文字，如古苏美尔文字、古埃及文字、古玛雅文字等。

表音文字，又称“拼音文字”，用字母或字符表示语音来记录语言的书写符号系统。包括记录音素的音素文字和记录音节的音节文字。音素文字是记录音素的，这种“字”常被称为“字母”，如英语的“study”一词，用 5 个字母记录 5 个音素。有时两个字母记录一个音素，如英语“thing”中的“th”和“ng”。有时一个字母记录两个音素，如英语“box”中的“x”。拉丁文字、斯拉夫文字、希腊文字等，都是音素文字。音节文字以音节为主要记录对象。例如，日文的假名是一种典型的音节文字，特点是：一个字符只代表一个确定的音节，一个音节只由一个字符来表示。

1. 汉字 Chinese character

汉字是记录汉语的书写符号系统，包括形体(声符、意符等)、书写规则(如笔顺、自上而下或自左而右的书写顺序等)、字和标点符号。汉字在公元前 3000 年以前新石器时代就已产生，是世界上唯一既保持相对稳定又不断发展的文字体系。汉字形体的变迁可分为三个阶段：商周的古文字到秦代的小篆，秦汉的隶书，魏晋以后的正楷。

汉字自古至今都是方块式的文字，有的是独体字，有的是合体字。独体字来源于图画式的象形字和指事字，合体字是以独体字为基础而构成的，包括会意字和形声字。独体字很少，合体字占90%以上，而合体字中又以形声字占绝对多数。

汉字是表意体系的文字，具有一定的超时空性。几千年来，汉语语音变化很大，但汉字的字形和字义变化不大。例如，古代的“天”、“地”、“人”等字，现代人不知道它的古音，但能了解它的字义。这些汉字在不同方言区往往读音不同，但是字义基本相同。中华民族光辉灿烂的古代文化，都靠汉字记载下来，传播四方，流传至今。我们的邻国也曾借用汉字记录他们的民族语言，如日本、朝鲜、韩国、越南等，促进了文化交流。联合国将规范汉字作为六种工作文字之一，汉字在国际交往中继续发挥着重要作用。

2. 六书 six categories of character construction

“六书”是传统汉字学关于汉字构造和分类的基本理论，即象形、指事、会意、形声、转注和假借。最早见于《周礼・地官・保氏》：“保氏掌谏王恶，而养国子以道，乃教六艺：一曰五礼、二曰六乐、三曰五射、四曰五驭、五曰六书、六曰九数。”这里的“六书”泛指文字系统，具体是哪六书，直到汉代才有人明确指出。班固《汉书・艺文志》：“古者八岁入小学，故《周官》保氏掌养国子，教之以六书，谓象形、象事、象意、象声、转注、假借，造字之本也。”郑玄《周礼注》引郑众《周礼解诂》列“六书”为“象形、会意、转注、处事、假借、谐声”。他们对各书未做具体说明。

许慎《说文解字・序》：“周礼八岁入小学，保氏教国子，先以六书：一曰指事。指事者，视而可识，察而见意，上下是也。二曰象形。象形者，画成其物，随体诘屈，日月是也。三曰形声。形声者，以事为名，取譬相成，江河是也。四曰会意。会意者，比类合谊，以见指撝，武信是也。五曰转注。转注者，建类一首，同意相受，考老是也。六曰假借。假借者，本无其字，依声托事，令长是也。”《说文》对“六书”作了界定，用于分析小篆的字形结构，对后世的汉字研究影响深远。

“六书”名称与顺序的统一，见唐颜师古《汉书・艺文志》注：“象形，谓画成其物，随体诘诎，日月是也。象事，即指事也，谓视而可识，察而见意，上下是也。象意，即会意也，谓比类合谊，以见指撝，武信是也。象声，即形声，谓以事为名，取譬相成，江河是也。转注，谓建类一首，同意相受，考老是也。假借，谓本无其字，依声托事，令长是也。文字之义，总归六书，故曰立字之本焉。”其后，唐张参《五经文字・序》据颜注取许慎之名称、班固之顺序，列为“象形、指事、会意、形声、转注、假借”，至此“六书”的名称、顺序遂成定例。

3.1.8 方言 dialect

方言[①]，又称“地方话”，是语言的地域性变体，语音、词汇和语法自成系统。《中国语言地图集》(1987)把汉语方言分为官话、晋、徽、吴、湘、赣、客家、平话、粤、闽等十个方言区。方言区下分方言片，如江淮官话分为通泰片、洪巢片、黄孝片。方言片内部再分为方

① “方言”一节主要参考《语言学名词》(2011：117—120)，此外还参考了《汉语官话方言研究》(2010)、《汉语方言概要》(1960)、《汉语方言及方言调查》(1991)。

言小片，如吴语太湖片分为毗陵小片、苏沪嘉小片、苕溪小片、杭州小片、临绍小片、甬江小片等。

官话方言(Mandarin dialect)，简称“官话”，是汉语方言最大的一个方言区，覆盖中国26个省市区。主要分布于以下地域：长江以北，除长江口北岸(启东、海门等)以外的广大地区；长江以南，包括从江苏张家港市到江西九江的沿江地区；西南云贵川三省，湖北西北角；河西走廊及新疆全区。官话方言区分为[①]：

(1) 北京官话，主要分布于北京、天津、河北、辽宁、内蒙古五个省、市、自治区。主要语音特征有：古清入今读归阴平、阳平、上声和去声，次浊入归去声，全浊入归阳平。

(2) 东北官话，主要分布于东北三省和内蒙古东部的十个市县旗，可分为吉沈片、哈阜片、黑松片三片。主要语音特征是：古清入今读归阴平、阳平、上声和去声，但归上声的字比北京官话多。

(3) 胶辽官话，主要分布于山东半岛、辽东半岛以及吉林省的南部，可分为登连片、青州片、盖桓片。语音特征主要有：一，古清入今读上声；二，古日母字多读零声母。前者是该区的标志性特征，是划分胶辽官话与其他官话方言区的首要标准。

(4) 冀鲁官话，主要分布于北京、天津、河北、山东、山西五省市。可分为保唐片、石济片、沧惠片三片。主要的语音特征有：古清入今读阴平、古次浊入今读去声、全浊入今读阳平。冀鲁官话是除了东北话之外，与北京话最为接近的北方方言。

(5) 中原官话，主要分布于黄河中下游地区，包括苏北、皖北、河南、河北、山东以及晋陕甘青宁疆等部分地区，可分为兖荷片、徐淮片、郑开片、洛嵩片、南鲁片、漯项片、商阜片、信蚌片、汾河片、关中片、秦陇片、陇中片、河州片、南疆片十四片。分布区域很广，使用人口为一亿六千九百多万人，仅次于西南官话。主要的语音特征是古清入和古次浊入今读阴平，全浊入今读阳平。

(6) 兰银官话，主要分布于甘肃、宁夏、新疆等地，可分为金城片、银吴片、河西片、北疆片四片。主要的语音特征是：除银吴片全浊入归去之外，古清入和次浊入今读去声，古全浊入今读阳平。

(7) 西南官话，曾称“上江官话”。主要分布于云贵川渝，还有毗邻的广西、湖北、湖南、陕西、江西等省市区，使用人口约两亿七千万，是一个“地跨九省区、人口两亿七”的超大型方言。《中国语言地图集》分为成渝片、滇西片、黔北片、昆贵片、灌赤片、鄂北片、武天片、岑江片、黔南片、湘南片、桂柳片、常鹤片十二片。[②] 主要语音特征是古入声今多读阳平。

(8) 江淮官话，又称“下江官话”。主要分布于江苏、安徽两省淮河以南、长江以北的部分地区，湖北东部的黄冈、孝感地区，江西省的九江地区。此外，浙江省个别地方也有说江淮官话的。可分为洪巢片、通泰片、黄孝片三片。语音特征主要有：保留入声且有喉塞韵尾，其中通泰片有阴入、阳入的对立；部分方言点去声分阴阳。

---

① 参见詹伯慧等：《汉语方言学大词典》，广东教育出版社，2017年，第150—154页。

② 钱曾怡：《汉语官话方言研究》(2010)分为川黔片、西蜀片、川西片、云南片、湖广片、桂柳片六片。

晋方言(Jin dialect),又称“晋语”,指山西及其毗连地区有入声的方言。主要分布于山西省、河南省、河北省、内蒙古自治区和陕西省五省区。可分为并州片、吕梁片、上党片、五台片、大包片、张呼片、邯新片、志延片八片。旧归官话,《中国语言地图集》(1987)划为独立的方言区。主要语音特点有:有入声,以喉塞结尾;有分音词。

徽方言(Hui dialect),又称“徽语”。分布于新安江流域的皖南旧徽州府、浙江西部旧严州府一带。可分为绩歙片、休黟片、祁德片、严州片、旌占片五片。主要语音特征有:古全浊声母清化,旌德、绩溪、祁门、婺源等地,逢塞音、塞擦音不论平仄绝大多数读送气音;屯溪、休宁、黟县、徽州等地,逢塞音、塞擦音一部分读送气,一部分不送气;建德塞音、塞擦音在白读层次去声送气、平上不送气。

吴方言(Wu dialect),又称“吴语”。主要分布于苏南、上海、浙江、皖东南,此外江西和福建也有少数地区说吴语。可分为太湖片、台州片、金衢片、上丽片、瓯江片、宣州片六片。北部吴语一般指分布于苏南、浙北的太湖片,代表点有苏州、上海等。南部吴语一般指浙江南部各地的瓯江片、金衢片等。古全浊声母保留独立的声类,是吴语最重要的语音特征。

湘方言(Xiang dialect),又称“湘语”。主要分布于湘江、资江流域及沅江中游少数地区,此外在广西、四川、陕西等地也有分布。可分为长益片、娄邵片、衡州片、辰溆片、永全片五片。根据浊声母的有无,湘语可以分成老派和新派。老派古全浊声母今多读浊音,如双峰;新派古全浊声母今多读清音,如长沙、益阳。

赣方言(Gan dialect),又称“赣语”。主要分布于江西省中北部,以及邻省与江西接壤的部分地区,如福建西北部、湖北省东南部、安徽西北部、湖南省东部和东北部的部分市县。可分为昌靖片、宜浏片、吉茶片、抚广片、鹰弋片、大通片、耒资片、洞绥片、怀岳片九片。主要的语音特征是:大部分地区中古浊塞音、塞擦音,不论平仄,一律变送气清音;少部分地区读送气或不送气浊音。

客家方言(Hakka dialect),又称“客家话”。主要分布于广东、海南、台湾、广西、福建西部、江西南部、湖南东南部以及四川部分方言点。可分为粤台片、海陆片、粤北片、粤西片、汀州片、宁石片、于信片、铜桂片八片。主要语音特征是:古全浊声母今逢塞音、塞擦音,不论平仄,一律读送气清音,与次清声母合流。

平话方言(Pinghua dialect),简称“平话”。主要分布于广西桂林到南宁古官道沿线乡村地区。柳州以南为桂南平话,鹿寨以北为桂北平话,南北两片差别较大。桂南平话的语音特点是:古全浊声母今读塞音或塞擦音,不论平仄,一般不送气;有[-p -t -k]入声尾;声调共有九类。桂北平话的语音特点是:有些知组字读如端组,如“猪”[ty^{24}];古阳声韵今读开尾韵或鼻化韵;古入声字今读开尾韵。

粤方言(Yue dialect),又称“粤语”,本地人又叫“广府话”或“白话”。主要分布于广东中部和西南部、广西的东南部、香港、澳门等地,以广州话为代表。海外华人华侨很多以粤方言为母语,他们主要分布在东南亚及南北美洲、澳大利亚、新西兰等地。分为广府片、四邑片、高阳片、吴化片、邕浔片、勾漏片、钦廉片七片。主要语音特征是:古全浊声母清化后，今读塞音、塞擦音，勾漏片无论平仄，今基本读不送气清音，吴化片一律读送气清音；其余五片今读平上声读送气清音，逢去入读不送气清音。

闽方言(Min dialect)，又称“闽语”，俗称“福佬话”。主要分布于福建、台湾、海南三省以及广东潮汕地区、浙江南部和江西东北部等地。东南亚各地数百万华裔和华侨，也以闽方言为日常交际语之一。可分为闽南片、闽东片、闽中片、闽北片、莆仙片、琼文片、雷州片、邵将片八片。主要的语音特点是：古全浊声母今逢塞音、塞擦音时，多数读不送气清音，少数读送气清音。闽方言是汉语方言中内部分歧最大、语言现象最复杂的一个方言。

此外，历史上政治、军事、经济移民运动以及方言自身的变化，形成了许多方言岛(dialect island)，主要类型有孤岛型、岛链型、群岛型和岛中岛型。方言岛是方言研究领域一种比喻的说法，“历史上操相同或相近方言的一部分人迁入操另一种方言的人的地盘，他们所带来的方言在本地方言的包围下，就如大海上的岛屿”[①]。方言岛的主要特征是“与大本营方言分离开来，同时他们多处于其他方言或语言的包围之中，面积一般较小”[②]，如被江淮官话包围的江苏句容天王河南方言岛，被西南官话包围的四川华阳凉水井客家话方言岛，被粤语包围的广东中山的隆都、南蓢、三乡闽语方言岛等。

3.2 语言学的分类

语言学根据不同标准，可分为不同类型。根据研究对象，可分为普通语言学和具体语言学；根据时间维度，可分为共时语言学和历时语言学；根据研究目的，可分为理论语言学和应用语言学；根据学科体系，可分为宏观语言学和微观语言学，等等。

3.2.1 普通语言学和具体语言学

普通语言学，又称“一般语言学”，以人类语言的一般原理和普遍规律为研究对象，研究语言的本质、起源和发展、语言研究的方法、语言学在科学体系中的地位等基本问题。例如，“词类”是普通语言学的重要概念，语言学家先假设所有的语言都区分词类，再进一步假设所有的语言都区分实词和虚词。至于一种语言究竟有多少词类，定义和界限如何，则需通过具体研究才能获得确切的答案。(姚小平，2013)

威廉·冯·洪堡特(Wilhelm Von Humboldt)是普通语言学的奠基人，构筑了普通语言学的理论框架，其《论人类语言结构的差异及其对人类精神发展的影响》一书，被布龙菲尔德称为“第一部关于普通语言学的巨著”[③]。

具体语言学，又称“专语语言学”或“个别语言学”，以具体语言为研究对象，描写和研

① 庄初升：《试论汉语方言岛》，《学术研究》，1996年第3期，第66页。

② 曹志耘：《论方言岛的形成和消亡——以吴徽语区为例》，《语言研究》，2005年第4期，第28页。

③ [美]布龙菲尔德：《语言论》，袁家骅等译，商务印书馆，1980年，第19页。

究某一或几种语言的体系、特点和规律。例如以英语为研究对象的英语语言学、以汉语为研究对象的汉语语言学等。

普通语言学建立于具体语言学的基础上，具体语言学的研究成果越丰富、越深入，普通语言学的内容就越全面。反之，具体语言学须在普通语言学的理论指导下进行，吸收普通语言学的研究成果，与普通语言学相互促进、共同发展。

3.2.2 共时语言学和历时语言学

共时语言学，又称“静态语言学”，由索绪尔创立。描写某一语言某一时期的特点，或横向比较同时期的几种语言。例如现代汉语、近代汉语、中古汉语、上古汉语等，关注的重点是共时的语言结构要素及其相互关系。（王远新，2009）美国描写语言学派、转换生成语言学派等都强调共时语言学的重要性。

历时语言学考察一种语言的历时演变，或比较几种语言的发展历史，探讨语言的发展规律。“历时语言学所研究的不是语言状态中共存的要素之间的关系，而是各项连续的要素之间在时间上彼此代替的关系。……语音学——而且语音学里所有的东西——是历时语言学最基本的对象。”[①]例如，在探讨汉语入声的历史演变时，可根据汉语各方言入声的不同表现形式，推断入声消失的阶段：最早的形式为 -p、-t、-k，后来合并为一个喉塞尾 -ʔ，最后喉塞尾 -ʔ 脱落，演变成北方方言的开尾韵。

共时语言学和历时语言学二者相辅相成。语言的共时研究必须联系语言的历时演变，语言的历时研究要以共时描写为出发点，二者应有机结合起来。

3.2.3 理论语言学和应用语言学

理论语言学对语言现象进行理论研究，概括语言事实，总结语言规律，与普通语言学往往没有严格的区别。理论语言学的根本任务是系统阐述语言学的基础理论，为应用语言学提供科学的原理、原则以及方法论的指导。（王远新，2009）

应用语言学运用理论语言学原理解决各类实际问题，有广义和狭义之分。[②] 广义的应用语言学，指语言学与其他学科相互交叉渗透所产生的一切边缘学科的应用部分，包括语言教学，如外语教学、语言测试和辞书编纂；语言规划，如共同语的确立和规范、语言政策等；语言信息处理，如自然语言理解、人机对话、情报检索、机器翻译等。狭义的应用语言学一般指语言教学，强调语言学理论在语言教学中的应用。

一方面，理论语言学要关注语言应用中的问题，理论联系实际，为应用语言学提供指导。另一方面，应用语言学要合理利用理论语言学原理，解决实际问题，促进理论语言学不断发展。

---

① ［瑞士］费尔迪南・德・索绪尔：《普通语言学教程》，刘丽译，中国社会科学出版社，2009 年，第 175 页。

② 邢福义、吴振国：《语言学概论》（第二版），华中师范大学出版社，2010 年，第 308 页。

3.2.4 宏观语言学和微观语言学

宏观语言学[①]从宏观角度对语言进行综合研究，注重语言的外部联系，不仅研究语言结构系统，而且涉及与语言有关的各个方面。语言学交叉学科和边缘学科一般都可以归入宏观语言学的范畴，如社会语言学、心理语言学等。微观语言学研究语言的结构系统，探讨语言本体和语言系统内部的关系，如语音学、音系学、词汇学、语法学、语义学等。

微观语言学为宏观语言学奠定基础，宏观语言学则可拓宽语言研究的视野，扩大语言研究的领域。宏观和微观的划分是相对的，语言学各分支学科和交叉学科内部也有宏观和微观之分。如微观社会语言学主要探讨语言结构和社会结构的共变规律，而宏观社会语言学专门探讨语言政策、语言规划等全局性语言问题。

3.3 语言学的分支学科

3.3.1 语音学

语音学是研究人类语言声音的学科，是语言学的基础学科，有广义和狭义之分。广义的语音学以语音为研究对象，还包括音系学等。狭义的语音学主要关注语音的自然属性，如语言的发音机制、语音特性和变化规律等。根据研究内容不同，可分为生理语音学、声学语音学和听觉语音学。本节语音学主要指狭义的语音学。

生理语音学，又称发音语音学，主要研究发音器官在发音过程中的生理特征。生理语音学观察发音器官在发音时的不同状态和功能，确定发音部位、发音方法，考察发音生理变化的性质和参数。如通过观察唇、舌等发音器官在发音时的不同状态，对元音进行分类和描写。生理语音学是语音学三个分支中最先发展起来的学科，研究成果是另外两个分支学科研究的基础。生理语音学为学习语音、制定国际音标符号等提供了很大助益。

声学语音学，又称物理语音学、言语声学，运用现代科技仪器和实验技术，分析语音在传播阶段的物理属性，如声波的频率、振幅、振动周期和时长等。声学语音学建立于20世纪40年代，产生和发展得益于声学仪器和实验技术的不断改进。早期注重对语音的客观描写、分析，主要运用示波器、频率分析计等仪器，测量和分析语音的波形和频谱，考察语音的物理属性。70年代以后，计算机技术普遍应用于语音分析，研究热点转向语音合成和语音识别。

听觉语音学，又称心理语音学、感知语音学，研究人的大脑、听觉神经对语音信号的接收和感知，包括人耳的构造及传递声波时的特性、大脑处理语音的方式、储存语音信息的

---

① 宏观语言学和微观语言学的分类及介绍参见王远新《语言学教程》，中央民族大学出版社，2009年，第13页。

部位等。它的产生与心理语言学、人工智能的发展密切相关，是现代语音学的新兴分支学科。

20世纪初，西方语音学理论、方法传入中国，我国语言学者从揭示汉语的语音特征入手研究语音，中国现代语音学逐步建立。二三十年代，逐渐采用实验的方法研究汉语语音。1922年，赵元任发表《中国言语字调底实验研究法》，主张用实验方法分析汉语声调。刘复出版《四声实验录》(1924)，利用浪纹计等仪器，测量北京、南京、武昌等12个方言点的声调，指出汉语声调主要由音的高低构成，是第一部使用实验语音学方法研究汉语声调的著作。此外，一批语音学专著相继出版，如《国语音素的发音部位》(黎锦熙，1921)、《语音学纲要》(张世禄，1935)、《语音学概论》(岑麒祥，1939)等。至50年代，实验语音学取得较大进展。中国科学院语言研究所组建了语音实验小组，对普通话的元音、辅音作生理和声学分析，还设计音高显示器，研究普通话的声调。在此基础上建立了中国科学院语言研究所语音实验室，等等。(潘悟云、邵敬敏，2005)

90年代以后，语音学进入全面发展时期，无论是基础理论和研究方法，还是研究队伍和研究成果，都取得了长足的进步。各大高校纷纷建立语音实验室，培养语音学专业研究生。语音研究打破了学科界限，与医学、计算机科学、心理学等相关学科产生交叉，呈现出良好的发展态势。

3.3.2 语义学

语义学是研究语素、词、短语、句子等语言单位的意义及其相互关系的学科。

人们很早就开始关注语言的意义，如古希腊哲学家对古籍的校订、评注，古印度人对《吠陀》经文的注释，中国古代的"名实"之争等，都涉及语义问题。(束定芳，2014)不过这些语义研究大都附属于哲学、文学、修辞学等，缺乏系统性。

语义学的诞生和发展与19世纪后半期兴起的历史比较语言学密切相关。1883年，法国学者米歇尔·布雷阿尔(Michel Bréal)第一次使用"语义学"(Semantics)这一术语。1897年《语义学探索》出版，标志着语义学成为一门独立的学科。

1. 历史语义学

历史语义学兴起于19世纪末，注重研究词义及其历史演变问题。通过比较语言之间、语言内部的意义变化，探讨语义变化的过程、类型和原因，取得了颇多成果。(束定芳，2014)20世纪五六十年代，英国学者乌尔曼出版了几部著作，如《语义学原理》，总结了词源和词义变化方面的研究成果。

2. 结构语义学

20世纪上半叶，受结构主义语言学的影响，语义研究由历时转向共时，由研究一个词的语义演变转向研究词与词的语义关系。

20至30年代，德国和瑞士的一些语言学家创立了"语义场"(Semantic Field)理论，代表人物为德国语言学家特里尔(J. Trier)。该理论将一种语言中的全部词汇视为一个完整的系统，各个词按意义聚合成为若干语义场，每个词的词义取决于同一语义场中其他词的意义。“语义场”理论突破了传统语义学的理论和方法，对后来的语义研究产生很大影响。

50年代，美国人类学家研究亲属名词的相互关系时提出“义素分析法”，较为准确地分析同义、近义、反义等语义关系，使语义研究更加精密、科学。

3. 生成语义学

生成语义学于20世纪60年代后期形成，起源于乔姆斯基的学生罗斯(John Ross)、波斯塔(Paul Postal)以及麦考莱(James McCawley)等的研究。他们提出以语义为基础的语言理论模式，认为语义是基础，具有生成性，与句法不能截然分开。词汇在转换过程中产生，但是它所表达的语义在更深的结构中就已存在。转换的作用是把语义表现和表层结构联系起来。生成语义学最先对转换规则不能形式化的句法现象进行了探讨，对其后的语义学产生了深远影响。

4. 形式语义学

语言学和逻辑性关系密切，关于形式语义学的讨论最初是由哲学家和逻辑学家引起的。20世纪70年代，蒙塔古等人建立了“蒙塔古语义学”(Montague Semantics)。以真值条件语义学、可能世界语义学、模式—理论语义学为基础，认为自然语言与计算机使用的形式语言本质上没有什么区别，可以做精确的数学描述。了解一个陈述性语句的意义，就是要了解能使之成真的实际条件。

形式语义学把对自然语言的语法分析转换成计算和推演，关注语句的真值条件意义，用于提供精确的语义解释，提出了一些基本假设。到80年代，已经成为西方理论语言学研究的重要组成部分。(束定芳，2014)

5. 认知语义学

认知语义学从人类认知的角度研究语言意义，认为语言意义与人类的一般认知能力和方式密切相关。强调语义研究的经验观、原型观、意象图式观、隐喻观、象似观、认知域和激活理论等。(王寅，2014)

认知语义学的重要流派，有杰肯道夫的“概念语义学”、泰尔米的“认知语义学”和莱可夫等人的“隐喻理论”等。研究内容和方法包括：内省，对他人内省的分析、对话语和语料的分析，跨语言和历时分析等。(束定芳，2014)

现代语义学研究在吸收传统语义学成果的基础上，受到哲学、逻辑学等的影响，呈现出跨学科、多维度和多层次的特点。(束定芳，2014)

3.3.3 语法学

语法学包括词法学和句法学两方面。词法学，又称形态学，研究词的构成规则和变化规则，如构词法、构形法等。句法学研究词组和句子的结构、功能和句法变换。本节介绍语法学的主要流派和基本理论。

1. 传统语法

又称教学语法、规范语法。应教学需要产生，是规定性语法，明确规定怎样使用语言是正确的或错误的。(戴卫平,2014)将语法分为词法、句法,以词法为主,探讨词类划分依据、词形变化等。(马波等,2013)传统语法由一系列语言使用规则组成,许多语法术语沿用至今。

2. 结构主义语法

结构主义语法有广义、狭义之分。广义的结构主义语法,指按索绪尔的语言理论为背景兴起的语言学流派,衍生出布拉格学派、哥本哈根学派和美国描写语言学派。概括而言,布拉格学派注重描写语言结构的功能,哥本哈根学派注重语言结构之间的关系,美国描写语言学派注重语言结构形式的描写和分析。(马波等,2013)

狭义的结构主义语法,指美国描写语言学派分析语法的原则和程序,认为语言是一个结构系统,应对语法形式进行严格分析,形成了一套专门描写语言结构形式的程序和方法,如替换分析法、分布分析法、变换分析法,直接成分分析法等,(徐志民,2005)对实际的语言分析具有重要意义。20 世纪 60 年代,我国出版的《现代汉语语法讲话》,就是借鉴结构主义语法理论的代表著作。

3. 转换生成语法

20 世纪 50 年代中期,美国语言学家乔姆斯基创立了转换生成语法(Transformational Generative Grammar,简称 TG)。基本假设是:语言能力是天赋的,人出生便具有语言机能(language faculty)和普遍语法的知识(universal grammar);通过一套形式化的原则和规则系统,从语言结构内部寻找对语言现象的解释;区分语言能力和语言运用;把语言结构分为表层结构和深层结构,提出语法规则是自足的。(马波等,2013)试图建立一种人类语言共同的普遍原则,解释生成和理解话语的心理机制和过程。转换生成语法大致经历了五个阶段:

第一阶段,“经典理论”(Classical Theory)阶段。代表作是《句法理论》(1957),认为语法研究的核心是句法,语法分析与语义无关。

第二阶段,“标准理论”(Standard Theory)阶段。出版《句法理论的若干问题》(1965),将语义纳入语法。乔姆斯基的学生麦考莱(J.D.McCawely)、莱考夫(George Lakoff)等,根据这一时期的生成语法理论建立生成语义学。

第三阶段,“扩展的标准理论”(Extended Standard Theory)阶段。引入生成语义学观点,对标准理论进行修改、扩充,发表《深层结构、表层结构和语义解释》(1970)和《生成语法中的语义研究》(1972),认为表层结构对语义解释也起一定作用。

第四阶段,“支配与约束理论”(Government and Binding Theory)阶段,也称“管辖约束理论”。研究重点从规则系统转至原则系统,包括支配理论、约束理论、格理论和控制理论等,代表作有乔姆斯基《支配和约束讲演集》(1981)、《支配和约束理论的某些概念和结果》(1982)。

第五阶段,“最简方案”(Minimalist Program)阶段。

转换生成语法发生重大变革,认为任何语法系统都只有语音形式、逻辑形式,简化了句法运作过程,将其分为词库、运算系统两部分,以经济性原则主导运算过程,以“简化”

后的系统为核心框架。(冯志伟,2013)

4. 功能语法

功能语法利用语言结构所具有的功能,说明语言形式。重视实际交际中的语料,重视对语义、语用、篇章的研究,充分考虑语言使用的语境及功能。(岑运强等,2015)重点探讨语义层面的概念、人际、语篇三大元功能和词法语法层面的单位类别结构等范畴。(马波等,2013)

功能语法的基本思想有三(黄国文等,2014):

(1) 将交际看作语言的主要功能,它决定了语言的形式。具体而言,功能语法将语言看作社会性的交际工具,认为交际能力是语言的心理基础。强调描述语言的表达形式必须联系它们在特定语境中的功能,即功能是第一位的,形式是功能的体现。

(2) 外界因素,如社会文化等因素,也是解释语言现象的重要因素。

(3) 反对句法自足的观点,认为语义、句法研究必须在语用的框架中进行。

5. 认知语法

20 世纪 70 年代,美国语言学家兰盖克(Ronald W. Langacker)提出认知语法(Cognitive Grammar)理论[①],认为语言不是独立的系统,而是客观现实、生理基础、心智作用、社会文化等因素综合作用的结果。(王寅,2011)。

汉语语法学的建立,以 1898 年马建忠《马氏文通》的出版为标志。此后,以普通语言学理论为指导,中国语法学走上了独立研究的道路,取得了丰硕成果。汉语语法研究包括现代汉语语法,纵向的历史语法、横向的方言语法,以及口语语法,对外汉语教学语法等。21 世纪以来,汉语语法研究以"创新"为动力,不同理论背景的语法研究共存、互补、相促,呈现出研究理论多元化的态势。(邵敬敏,2011)

3.3.4　语用学

语用学,研究语言在一定语境中体现出来的具体的、具有交际价值的意义,包括字面意义和蕴涵意义,以及可能产生的效果。意义(meaning)和语境(context)是语用学的两个基本概念。

20 世纪 40 年代,美国哲学家莫里斯(C. Morris),在《符号理论基础》(*Foundations of Theory of Signs*)(1938)最早使用"语用学"(Pragmatics)这一术语,划分符号学(Semiotics)研究的三个分支:句法学、语义学和语用学。

50 至 60 年代,语用学取得重大进展。英国哲学家奥斯汀(J. Austin)创立"言语行为理论"(Theory of Speech Act),美国语言哲学家塞尔(Searle)继承、发展了这一理论,使之进一步系统化。1967 年,美国哲学家格赖斯(Grice)提出"会话含义理论"和"合作原则",具有重要影响。言语行为理论、会话含义理论为语用学学科的诞生奠定了理论基础。(文旭,1999)

---

① 最初被称为"空间语法"(Space Grammar),到 80 年代兰盖克才开始采用"认知语法"的说法。

70 年代,语用学从哲学研究进入语言研究。1977 年,《语用学杂志》(*Journal of Pragmatics*)在荷兰阿姆斯特丹出版发行,语用学成为一门独立的学科。

80 年代初,列文森(Levinson)《语用学》(*Pragmatics*)、利奇(Leech)《语用学原则》(*Principles of Pragmatics*)出版,代表了当时语用学研究的最高水平。80 年代中后期,国际语用学学会成立,将《语用学杂志》(*Journal of Pragmatics*)和《语用学和其他学科》(*Pragmalics and Beyond*)作为学会的会刊;列文森提出"新格莱斯会话含义理论";维索尔伦(J. Verschueren)《语用学:语言适应理论》(*Pragmatics as A Theory of Linguistics Adaptation*)出版。至此,语用学不仅有自己的基本理论和方法,还有自己的学术刊物和教材。(索振羽,2000)

中国语用学研究始于 20 世纪 80 年代。1980 年,胡壮麟《语用学》最早向国内读者介绍语用学,包括研究对象和方法、各语言学派对语用学的评论、语用学与其他学科的关系和语用规则。其后,廖秋忠《〈语义学与语用学的探索〉介绍》(1985)、沈家煊《讯递和认知的相关性》(1988)、何兆熊《语用学概要》(1989)、赵世开《现代汉语中语法、语义和语用的相互作用》(赵世开,1991)、顾曰国《John Searle 的言语行为理论与心智哲学》(1994)、何自然《近年来国外语用学研究概述》(1995)等相继出版和发表,对国内学者了解国外语用学发展的最新动态起到了积极作用。(文旭,1999)

一些学者对国外语用学理论进行补充、完善。如徐盛桓发表一系列文章,对新格赖斯会话含义理论的语用推导机制进行修正,提出自己的会话含意理论框架。顾曰国结合汉语实际,对布朗和列文森(Brown & Levinson,1987)的"礼貌原则"和"面子"概念做出了重要修订,总结了五条礼貌准则,颇有影响。(文旭,1999)此外,语用含义、语用推理等方面,也出现了新的理论或方法。

国内学者在引进、借用国外语用学理论的同时,重视结合汉语的实际,将这些理论运用于语言教学和研究,分析汉语语言事实,解决汉语实际问题。例如,沈家煊(1993)《"语用否定"考察》,区分了"语义否定"和"语用否定",从形式和功能上考察五类语用否定,指出语用否定的三个特点。

此外,中国社会科学院语言研究所设立"汉语运用的语用原则"课题组,运用国外语用学原理和方法,研究汉语语法和语用。1994 年编辑出版了《语用研究论集》,选收 1989 年以来该课题组撰写的 16 篇论文,是中国语用学研究的一次有益探索。

当代语用学与其他学科之间的交叉融合日趋密切,产生了认知语用学、计算语用学、话语语用学、跨文化语用学、社交语用学等分支,不断出现新的研究成果。

3.4 语言学的交叉学科

语言具有物理、生理、心理、符号、社会、文化等多方面属性,语言所涉及的范围非常广阔,要全面了解语言的本质,必须多角度研究。从语言学发展的轨迹来看,18 世纪是哲学的世纪，19 世纪是历史比较的世纪，20 世纪是描写和转换生成的世纪，21 世纪也许将是多学科交叉研究的世纪。语言学与其他学科密切结合，形成了一系列的交叉学科。例如社会语言学、心理语言学和地理语言学。

3.4.1　社会语言学

社会语言学是“研究语言与社会多方面关系的学科，它从不同的社会科学（诸如社会学、人类学、民族学、心理学、地理学、历史学等）的角度去考察语言，进而研究在不同社会条件下产生的语言变异……社会语言学又可以说是研究社会与语言之间共变现象的一门学科”[①]。社会语言学认为语言是一种社会现象，主要研究语言变体、语言变异、语言变化和语言的同一性，国家和社会集团的语言使用状况、态度等。

社会语言学有宏观与微观之分。宏观社会语言学主要研究语言政策与规划、语言接触与影响、双语或多语交际与教育；微观社会语言学主要研究人际交往过程中语言的使用、变化及其与社会语境的关系等。

1952 年，美国学者哈佛 · 库力（Haver C.Currie）首次提出“社会语言学”这一术语。[②] 1964 年 5 月，第一次社会语言学会议在美国洛杉矶加利福尼亚大学召开，讨论了这门学科的性质、任务和研究领域等问题。1966 年，出版会议论文集 *Sociolinguistics: Proceeding of the UCLA Sociolinguistics conference*（《社会语言学：洛杉矶加州大学社会语言学会议论文集》），标志着社会语言学作为一门独立语言学分支学科的正式确立。

1966 年起，美国的社会语言学家开始有计划地进行大规模、综合性实验，主要探讨黑人和少数民族的语言问题。同年，拉波夫在纽约开展“纽约市百货公司/r/的社会分层”调查，指出说话人在不同情景中有不同的言语行为。[③] 他的定量研究方法使语言数据能够按照确定的、可重复的程序进行收集，也使研究结果的形式化变得相对容易。该项研究从理论和方法上证明语言变项与社会变项之间的确存在某种关联，开辟了一条研究语言与社会之间关系的新道路。

1968 年，海姆斯（Hymes）与德坎普（DeCamp）在牙买加的摩纳（Mona）组织第二次国际会议，专门研讨皮钦语与克里奥尔语，提出在标准语和非标准语之间、两种或多种语言变体之间存在着语码转换（Code switching）、语码混合（Code mixing）和混合语码使用（Use of mixed codes），使社会语言学前进了一大步。

70 年代，社会语言学逐渐步入理论总结阶段，开始有较为系统的理论。1972 年，布洛姆（Blom）和甘柏兹（Cumperz）研究标准挪威语和方言变体之间的语码转换，发现劳工阶层的社会网络比上层社会更流行方言，更具地方性。

80 年代，社会语言学的应用研究得到进一步加强，同时不断修正和深入理论体系。

---

① 中国大百科全书出版社编辑部：《中国大百科全书 · 语言文字》，中国大百科全书出版社，1988 年，第 336 页。

② Currie H C, A Projection of Sociolinguistics: the Relationship of Speech to Social Status, *Southern Speech Journal*, 1952(18): 28 - 37.

③ 参见祝畹瑾编：《社会语言学译文集》，北京大学出版社，1985 年，第 120—149 页。

1984 年，特鲁吉尔(P. J. Trudgill)明确提出“应用社会语言学”的概念。法律语言、广告语言、医生诊断语言等语言应用研究逐渐被社会语言学家关注。

90 年代以后，社会语言学的理论和方法日趋成熟。1997 年，开普朗(Robert B. Kaplan)和巴尔道夫(Richard B. Baldauf, Jr.)发表《语言规划：从实践到理论》[①]，提出“语言规划生态模型”，以此分析澳大利亚、马来西亚、墨西哥、南非、瑞典、美国的语言生态系统，从而引起人们对于濒危语言的关注。2006 年，费什曼(Joshua A. Fishman)出版 *Do Not Leave Your Language Alone*(《不要让你的语言任其自然》)一书，用大量事实说明本体规划和地位规划之间存在密切关系，在语言的本体规划中隐含着语言的地位问题，语言本体规划不能任其自然，而应受到语言地位规划的制约，因此人们很难脱离语言地位规划来讨论语言本体规划问题。

中国社会语言学的发展大致经历了三个阶段[②]：

1. 初创阶段(1979—1987)

20 世纪 70 年代末 80 年代初，西方社会语言学理论开始进入中国。陈原著《语言与社会生活》(1980)和《社会语言学》(1983)，对中国社会语言学的建立和发展具有开创意义。《语言学动态》、《国外语言学》等杂志翻译了欧美社会语言学的一些论著，介绍社会语言学的性质、研究内容、研究方法、基本概念等。这些译介对引进西方社会语言学理论起了重要作用。

20 世纪 80 年代中期，我国社会语言学逐步建立起来。从事社会语言学研究和教学的专业人员越来越多；成立了一些专门的研究机构，如国家语委语言文字应用研究所的社会语言学研究室；一些大学开始开设社会语言学课，编写、出版教材，如陈松岑的《社会语言学导论》(1985)等；1987 年 12 月第一次全国性的社会语言学学术研讨会在北京召开，标志中国社会语言学跨入了发展阶段。

2. 迅速发展阶段(1987—1993)

这一时期社会语言学的相关成果颇丰。如《社会语言学论丛》(陈原，1991)、《社会语言学概论》(祝畹瑾，1992)、《社会语言学教程》(戴庆厦，1993)等。此外，国家级、校级社会语言学研究会、研究所、研究中心和研究实验室相继成立，许多学校逐步开设社会语言学课程，招收以社会语言学为研究方向的硕士和博士研究生。这些标志着我国社会语言学研究取得了很大进步。

3. 稳定发展阶段(1994 年至今)

中国的社会语言学研究在这一时期不断深入，出版了一些社会语言学专著、教材等。如《论语言接触与语言联盟》(陈保亚，1996)、《二十世纪的中国社会语言学》(陈章太，1998)、《社会语言学教程》(游汝杰、邹嘉彦，2004)、《什么是社会语言学》(游汝杰，2014)

---

① Kaplan R B, Baldauf R B, Language Planning: From Practice to Theory, *Philadelphia: Multilingual Matters*, 1997:125 - 139.

② 郭熙：《中国社会语言学》，浙江大学出版社，2004 年，第 36—39 页。

等。中国社会语言学界对社会语言学的研究对象、范围和方法有了比较明确的认识，对语言变体等概念有了较为明确的定义。

当代社会语言学注重语言变异与社会因素的关系、语言变化的社会动因；语言交际过程的组成成分和言语规律；语言政策和语言教育政策的制定等。随着语言生活日趋丰富，社会语言学在中国的应用前景越来越广阔。

3.4.2 心理语言学

心理语言学是研究语言使用和语言习得心理过程的新兴学科，主要运用心理学理论和方法，研究语言现象、语言活动和语言行为。心理语言学是认知科学的重要组成部分，与语言学、心理学、计算语言学、神经科学等学科关系密切，研究重点大致包括三个方面：语言理解、语言产生、儿童语言习得。

1936年，美国心理学家坎特(T.R.Kantor)《语法的客观心理学》就出现"心理语言学"(psycholingustics)一词。1946年，普隆科(N. Pronko)发表了《语言与心理语言学》，使用了该术语。1954年，专题论文集《心理语言学：理论和探索问题概观》出版[①]，确定了心理语言学的研究对象和方法等基本问题。20世纪30年代初到50年代末，心理语言学主要以行为主义心理学的理论为基础，着重研究语言编码和解码。1957年，乔姆斯基(Chomsky)出版《句法结构》一书，认为语言不是刺激和反应形成的习惯，而是人天生具有的一套生成话语、适用语言的规则。这种转换生成语言学的理论对心理语言学的研究起到了巨大推动作用。到1961年萨波塔(Saporta)主编的《心理语言学读本》出版，心理语言学作为交叉学科的地位正式确立。(林玉山，2009)

50年代末到60年代后期，心理语言学着重研究语言运用的心理过程，主要包括语言运用模式、语言结构和语义的储存与记忆、人脑对各类句子的处理等。

70年代，心理语言学越来越倾向于使用认知的观点，认为语言是人类特有的行为，是人类普遍认知组织的一部分。语言发展以最初的认知发展为基础，相互促进。语言产生于个体认知发展的一定阶段，个体语言能力是在和环境相互作用过程中逐渐发展起来的。

80年代，语法分析成为心理语言学发展的趋势之一。90年代以后，使用各种先进的实验手段，如计算机模拟人脑思维方式，探索语言习得、产生和理解的过程。

中国的心理语言学研究大致可以划分为三个阶段。

1. 第一阶段：20世纪70年代末至80年代末

主要介绍国外心理语言学的历史、流派及其观点。游辛、陈平、刘润清、沈家煊、吴冠仁、张健纯、严长信、廖菲等从不同侧面介绍了国外心理语言学，初步探讨如何利用心理语言学理论指导和改进国内的外语教学。1985年，我国第一部心理语言学专著《心理语言学》出版，阐述了这门新兴学科的研究方向、研究领域和研究方法。

---

① 1953年，在美国印第安纳大学召开了心理语言学国际研讨会，次年，会议论文集《心理语言学：理论和探索问题概观》出版。

2. 第二阶段:90 年代初至 90 年代中期

20 世纪 90 年代,中国的心理语言学研究起步。学者们开始展开自己的基础理论研究,并将取得的研究成果运用到教学实践中。例如:《中国学生英语学习心理》(桂诗春,1992),既有基础研究,也有针对英语教学的应用研究;《浅谈心理语言学对英语口语教学的启示》(肖唐金,1995),讨论如何运用心理语言学理论解决学生口语学习中遇到的问题等。这个阶段,越来越多的学者开始采用实证方法,研究的广度和深度不断拓展。

3. 第三阶段:90 年代中期至今

心理语言学研究进入全面发展期,研究领域和研究深度都得到了发展,应用范围涉及外语教学的各个方面,如记忆编码、听说读写能力、语句篇章、翻译等。

心理语言学发展至今,其理论和方法经历了重大变化与转折,在理论和应用领域成果丰硕。学习心理语言学,可以了解和认识语言,同时有助于更深入理解和掌握心理学的一般方法。

3.4.3 神经语言学

神经语言学是现代语言学的一门新兴交叉学科,集语言学、神经科学、心理学、认知科学为一体,研究语言习得、言语生成和理解的神经机制和心理机制,大脑如何产生、接收、存储、加工和提取信息。神经语言学包括理论和实践两部分。前者是对语言学、神经学、心理学和神经语言学理论的发展;后者主要是失语症的治疗、双语或多语间的准确互译以及神经元计算机的开发等,具有广阔的应用前景。

神经语言学成为一门独立的学科时间并不长,但其渊源可追溯到一百多年前。19 世纪,一些学者已经开始探讨言语活动的神经机制问题。如戴克斯(M.Dax)、布洛卡(P. Broca)、韦尼克(C.Wernicke)、戴杰林(Dejerine)等人的研究。这些研究进展很快,但难度较大。一些研究者转而求助于唯心主义心理学,认为言语是精神活动的表现,在大脑的整体活动中体现,与大脑的某一局部无直接关系。(陈昌来,2007)

1926 年,英国神经科学家黑德(Head)用语言学理论分析大脑局部损伤导致的失语症,提出与大脑局部损伤相应的"命名性失语症"、"句法失语症"、"语义失语症"等概念。20 世纪中叶,随着心理语言学的产生和发展,苏联、美国、日本等国的学者对言语活动的脑机制问题进行了广泛研究。乔姆斯基提出的"语言能力"和"深层结构"理论,部分地涉及神经语言学的基本问题。于是,神经语言学的研究纳入了心理语言学的研究范畴。随着心理语言学的发展,人们发现,仅靠心理语言学的研究还不能对语言结构和神经结构的关系做出令人满意的解释,需要研究脑机制。于是,神经语言学逐渐从心理语言学中分化出来,成为一门独立的学科。

70 年代开始,学界广泛使用"神经语言学",代替过去的"语言的神经基础"、"语言的神经心理学"、"语言与大脑"等说法。皮亚杰(Piaget)《发生认识论》、维果茨基(Lev Semenovich Vygotsky)《语言与思维》为神经语言学的初步形成奠定了基础。1975 年,苏联心理语言学家卢利亚(Luria)出版 *Basic Problems in Neurolinguisties*(《神经语言学的基本问题》)论述神经语言学的基本问题，分析言语交际的神经心理特点、大脑局部损伤导致的言语障碍等，对神经语言学的形成起了很大作用。1979 年，H・惠特克(H. Whitaker)和 H. A. 惠特克(Harry A. Whitaker)将系列神经语言学论文和实验报告编辑成《神经语言学研究》(*Studies in Neurolinguistics*)出版，内容包括神经语言学的模式及各种基本问题、下层皮质的语言机制、与失语症有关的心理语言学结构、手势语言的神经基础等，以及失语症、失写症、音位学在语言交流中的作用等。1981 年，维格尔《神经心理学和神经语言学》出版，一些杂志上也陆续刊登神经语言学的相关论文，神经语言学独立的学科地位被学界确认。

中国的神经语言学研究起步较晚，20 世纪下半叶才开始出现与语言神经机制相关的研究。20 世纪 80 年代，国外的神经语言学研究已经进入到成熟发展时期，影响力不断扩大，受到国内一些语言学研究者和其他领域学者的关注，相关的译介工作开始展开。1980 年，李家荣 、李运兴译介美国语言学家司考沃(T. Scovel)《神经语言学研究的最近趋势》；1984 年，赵吉生翻译加拿大学者卡普兰(David Caplan) 的《神经语言学理论的前景》；1987 年，赵吉生、卫志强翻译出版卢利亚的著作《神经语言学的基本问题》，是第一部介绍到中国的神经语言学专著。这一阶段，心理学家和神经科学家都对语言和大脑的关系进行了一定程度的探讨，但心理学家的研究往往以心理学为背景，对字、词的认知加工研究，目的是构造语言认知的心理模型；神经科学家往往以神经医学为背景，探讨失语症病人的言语特点，目的在于临床诊断。这些研究虽然尚不属于真正的神经语言学范畴，但为中国神经语言学的发展奠定了基础。(杨亦鸣，2010)

20 世纪 90 年代，神经语言学研究开始在中国语言学界展开，杨亦鸣、崔刚、卫志强、徐雯，王德春等学者，以当代语言学理论为背景，探索语言的神经机制。研究内容涉及语法、语义、语音、语用等语言学的各个组成部分。如《神经语言学——探讨大脑和语言的关系》(徐雯，1994)、《汉语皮质下失语患者主动句式与被动句式理解、生成的比较研究》(杨亦鸣、曹明，1997)。王德春等编著神经语言学的概论性著作《神经语言学》，对言语的神经机制做了较为全面的介绍。这一阶段，研究手段开始多元化，除了对失语症进行临床神经心理测查之外，以"正常被试"为研究对象的神经影像学和神经电生理学等无创性技术也开始在研究中得到应用。

近年来，神经语言学在失语症治疗、言语功能恢复、聋哑人语言教学、外语教学、犯罪言语特点分析等领域广泛应用。

3.4.4　计算语言学

计算语言学是研究如何利用计算机来理解和处理自然语言的科学。研究对象包括自然语言和计算机处理。例如，利用计算机处理语音信息，实现语言的自动识别和语音合成；建立语言词汇库；分析自然语言的语法、语义等。根据研究内容，计算语言学可分为计算语音学、计算词汇学、计算语法学、计算语义学、语料库语言学等。

用计算机技术研究和处理自然语言是 20 世纪 40 年代兴起的，始于机器翻译。1946

年，第一台计算机 ENIAC[①] 问世，韦弗（Weaver）和布斯（Bouth）就开始研究机器翻译。1949 年，韦弗发表《翻译》一文，正式提出机器翻译问题。1954 年，美国乔治敦大学用 IBM－701 计算机进行了世界上第一次机器翻译实验，用计算机把俄语翻译为英语，取得初步成功。1966 年，美国自动语言处理咨询委员会[②]发表报告《语言与机器》，首次提出“计算语言学”这一术语。

20 世纪 60 年代中期到 80 年代后期，计算语言学逐渐转向自然语言理解。自然语言理解系统分为第一代系统和第二代系统两个阶段。第一代系统建立在对词类和词序分析的基础上，常使用统计方法分析。如 SAD－SAM 系统、PROTOSYNTHEX－I 系统、SIR 系统等。第二代系统开始采用程序演绎系统，引进语义、语用和语境因素。如 LUNAR 系统、SHRDLU 系统、MARFIE 系统、SAM 系统和 PAM 系统等。

90 年代，计算语言学进入繁荣期。概率和数据驱动的方法几乎成为计算语言学的标准方法；计算机的速度和存储量提高，计算语言学在语音合成与识别、文字识别、拼写和语法检查、网络搜索等应用领域开始商品化开发；互联网的机器翻译、信息检索和信息抽取的需要变得更加紧迫。（夏中华，2012）

与国外计算语言学发展情况相似，我国的计算语言学研究也从机器翻译开始。1956—1966 年，我国学者对机器翻译作了初步探索。1957 年，吴伯泽翻译并出版《自动翻译》。同年，刘涌泉发表《谈谈机器翻译问题》。1960 年，中国语言研究所与北京外国语学院合作，成功编制一套英汉机器翻译系统。1975 年，机器翻译协作研究组成立；1978 年，英汉题录翻译系统和英汉全文翻译系统试验成功，同年，汉字编码研究会成立。

20 世纪 80 年代，中国计算语言学研究全面展开并形成规模，标志是成立“中国中文信息学会”和隶属该学会的“自然语言处理专业委员会”和“计算语言学专业委员会”。这一时期，中文信息处理，如拼音输入、字形分解输入得到广泛应用，计算机汉字激光照排印刷系统推广，词和词库问题受到重视。

90 年代，中国计算语言学全面发展，语料库语言学产生，数据库、术语库、各类电子词典和翻译软件不断出现。1994 年，国防科技大学开发的英汉机器翻译系统，它的翻译速度是当时世界上最快的。

21 世纪以来，汉语自动分词研究取得一定成就，《信息处理用现代汉语分词词表》的出版，为语词的自动切分提供了有利条件，提高了语词切分的准确率。2001 年开发了 GB18030 汉字编码字符集的中文 Linux 操作系统，可处理少数民族语言编码信息。此外，汉语语音信息处理也得到长足进步。

计算语言学使我们对语言有了新的认识，为语言学研究带来了新方法，推动了语言学的发展，已成为信息时代不可或缺的重要学科。

---

① 1946 年 2 月 14 日，在美国宾夕法尼亚大学诞生。

② Automatic Language Processing Advisory Committee，简称 ALPAC。

3.4.5 地理语言学

又称"语言地理学"，是"以众多地点的语言事实调查为基础，利用语言地图的方式描述语言现象的地理分布状况，结合社会文化因素解释这些分布原因，探索语言变化的过程和机制"[①]的学科。研究内容包括(曹志耘，2004)：

1. 对语言进行地理分类

地理分类指从语言现象的地理分布状况，即从各地在共时平面上的异同关系出发，把地理上相连、语言上具有较高相似性的方言归为一类。例如，"方言区"的划分主要依据地理分类。

2. 从语言的地理分布研究语言的历史演变

语言的共时差异可以反映语言的历时变化。地理语言学的研究成果是进行语言历史比较研究的重要基础，在缺乏历史文献资料的情况下更是如此。地理语言学弥补了历史比较语言学的缺陷，其作用得到学界的认可。

3. 结合非语言因素解释语言的分布状况，探索语言变化的机制

语言变化是在语言因素和非语言因素综合作用下的一种复杂运动。地理语言学揭示了语言现象演变的多样性，能够为语言的演变提供更多的解释。

地理语言学兴起于 19 世纪后期。早期的代表人物法国语言学家吉叶龙(Jules Gilliéron)训练艾德蒙(Edmond Edmont)调查了 650 个法语方言点的约 2000 个词语，出版《法国语言地图集》12 册。发现几乎每一个词都有自己独特的同语线，提出"每一个词都有它自己的历史"的观点，与青年语法学派的"语音规律无例外"的观点对立。(徐通锵，1991)

20 世纪，地理语言学发展迅速，各国相继出版了大量的语言地图集。例如，《德国语言地图集》(芮德，1926)、《意大利瑞士语言地图集》(雅伯尔格、俅德，1928—1940)、《音韵分布图》(日本国语调查委员会，1905)、《蜗牛考》(柳田国男，1930)等。

1934 年，上海申报馆出版《中华民国新地图》，载有 1 幅"语言区域图"，是中国最早的方言地图，由中央研究院历史语言研究所提供。该图是史语所在调查两广等地方言的基础上绘制而成的。1948 年，赵元任等出版《湖北方言调查报告》，绘制了 66 幅语言地图。此后，在许多方言调查报告、方言志以及方言研究论著里，常用方言地图说明方言分区或方言特征的分布情况。各地的方言地图集相继出版，如《宣化方言地图》(王辅世，1994)、《苏州方言地图集》(叶祥苓，1981)、《中国语言地图集》(中国社会科学院和澳大利亚人文科学院，1987)、《汉语方言地图集》(平田昌司等，1995)、《汉语方言地图集(稿)》(太田斋等，2004)、《江淮官话与吴语边界的方言地理学研究》(石汝杰，顾黔，2006)、《汉语方言地图集》(曹志耘，2008)、《汉语方言解释地图》(续集)(岩田礼，2012)。此外，《中

① 曹志耘：《地理语言学及其在中国的发展》，《北京语言大学汉语语言学文萃 · 方言卷》，北京：北京语言大学出版社，2004 年，第 35—50 页。

国拉祜语方言地图集》(金有景,1992)是中国第一部少数民族语言地图集。

20世纪中叶以来,汉语方言发生了巨大变化,许多方言和特殊的方言现象正在急剧萎缩和消亡。及时抢救记录和保存汉语方言资料,保护民族语言文化遗产,编写各种规模、各种类型的汉语方言地图集,是今后中国地理语言学研究的重要内容。(曹志耘,2012)

3.5 学科建制

3.5.1 中国语言学教育

1. 专业设置

据教育部《学位授予和人才培养学科目录》(2011年发布,2015年增补)①,"中国语言文学"是一级学科,下设8个二级学科:汉语言文字学、语言学及应用语言学、文艺学、中国古代文学、中国现当代文学、中国少数民族语言文学、中国古典文献学、比较文学与世界文学。与汉语语言学相关的为汉语言文字学、语言学及应用语言学。《学位授予和人才培养一级学科简介》介绍二者的研究范围为:"汉语言文字学主要研究从上古到现代的汉语系统(包括书面语与口语)与文字系统的结构特征、演变规律和现实状况,分为现代汉语和汉语史两个方向;语言学及应用语言学分为理论语言学与应用语言学两个方向。理论语言学侧重于语言的基本理论研究,应用语言学侧重于语言文字在各个领域的应用研究。"②

大部分高校语言学的学科设置与《学科目录》基本一致,有"汉语言文字学"和"语言学及应用语言学"两个二级学科。《授予博士、硕士学位和培养研究生的二级学科自主设置实施细则》(教研厅[2010] 1号)规定,二级学科可由学科授予单位自主设置与调整。因此,各院校语言学的专业设置、研究方向,并不完全相同。

专业设置方面,北京大学设汉语言学专业、应用语言学专业,南京大学设汉语言文字学专业、语言学及应用语言学专业。

研究方向方面,汉语言文字学专业,中山大学设古文字研究、出土文献与汉语史、现代汉语三个研究方向,而武汉大学设断代语法研究和专书语法、汉译佛经和禅宗语录语言研究等研究方向。语言学及应用语言学专业,中山大学设方言学、汉语语法学、对外汉语教学等研究方向,而武汉大学设语言信息处理、对外汉语教学等研究方向。专业设置、研究方向不完全相同,体现出各高校的学科特色。

① 下文简称《学科目录》。

② 国务院学位委员会第六届学科评议组编:《学位授予和人才培养一级学科简介》,高等教育出版社,2013年,第46页。

2. 语言学教育

19世纪末20世纪初，西学东渐，兴建新式学堂、高等院校，近现代语言学教育由此发端。此时传统语文学学科如音韵学、训诂学仍然存在。京师大学堂、三江师范学堂和汇文书院等，均设有传统语文学学科。

1912—1913年，中华民国北洋政府教育部陆续颁布《大学令》、《大学规程》等系列教育法规，奠定了高校学科设置的基础。大学文科"文学门"分为8类，其中包括"言语学"。1914年，金陵大学改组文科，由四个系组成，语言学系是其中之一，包含国文、英文等科目。1921年，北京大学研究所"国学门"分设文学、史学、哲学、语言学及考古学五类，语言学成为一门独立的学科。1925年，清华学校开办大学研究院国学门(通称"国学研究院")，学科范围包括中国历史、哲学、文学、语言、文字学以及西方汉学，王国维、梁启超、陈寅恪、赵元任等在此任教。1928年，中山大学文史科成立语言历史研究所，内设语言学会，出现了语言研究机构。

20世纪中期，语言学教育继续发展。1935年春，中山大学文史研究所(原语言历史研究所)改组为文科研究所，设中国文学部和历史学部，同年9月招收研究生。1938年，北京大学、清华大学、南开大学组成西南联合大学。王力先生开设"语言学概要"课程，为当时国内之先。1943年，张世禄任教国立中央大学中国文学系，成立语言文字组。1946年，中山大学成立语言学系(1954年并入北京大学中文系)。1950年至1952年，吕叔湘先生在清华大学主持东欧学生中国语文专修班，是我国第一个对外汉语教学培训班。1952年清华大学中文系并入北京大学。1956年，陈望道在复旦大学创设语法修辞逻辑研究室。

20世纪后期至今，专业教育发展迅速，高等院校普遍设置语言学专业，教育规模不断扩大，专业层次不断提升。下面列出目前有"汉语言文字学"和"语言学及应用语言学"专业博士学位授予点的部分院校。

① 汉语言文字学专业

安徽大学、北京大学、北京师范大学、北京语言大学、东北师范大学、福建师范大学、复旦大学、河北大学、河北师范大学、黑龙江大学、湖南师范大学、华东师范大学、华南师范大学、华中师范大学、吉林大学、暨南大学、南京大学、南京师范大学、南开大学、山东大学、山东师范大学、山西大学、陕西师范大学、上海师范大学、首都师范大学、四川大学、苏州大学、武汉大学、西南大学、厦门大学、浙江大学、中国人民大学、中山大学、中央民族大学、中国社会科学院研究生院。

② 语言学及应用语言学专业

北京大学、北京师范大学、北京语言大学、东北师范大学、福建师范大学、复旦大学、湖南师范大学、华东师范大学、华中科技大学、华中师范大学、吉林大学、南京大学、南京师范大学、南开大学、山东大学、山东师范大学、陕西师范大学、上海师范大学、首都师范大学、四川大学、苏州大学、武汉大学、浙江大学、中国传媒大学、中国人民大学、中山大学、中央民族大学、中国社会科学院研究生院。

3.5.2 中国语言学主要研究机构与专业学会

1. 中央研究院历史语言研究所(http://www2.ihp.sinica.edu.tw)

"五四"新文化运动以后,西方现代学术制度越来越为中国学者所接受。1928年7月,中央研究院历史语言研究所(简称"史语所")正式成立,由傅斯年代行所长职务。10月22日迁入广州柏园,1929年6月迁至北平(今北京)北海静心斋,1933年3月迁至上海,1934年10月迁至南京。中日战争期间,先迁长沙,再迁昆明,最后迁至四川省南溪县李庄。1946年迁回南京,1948年底迁往台湾。1949年以前,该所是中国最重要的学术研究机构之一。

史语所成立时,设史料、汉语、文籍考订、民间文艺、汉字、考古、人类学及民物学、敦煌材料研究八个学术组。1929年迁至北平后,将八组并为三组:一组为历史学组,陈寅恪为主任;一组为语言学组,赵元任为主任;一组为考古学组,李济为主任。

语言学组是史语所的重要部门,研究成果丰硕。1949年以前,最重要的成果是进行了大规模的方言调查和少数民族语言调查,"南至两广,北到河北,东起福建沿海,西至川陕一带"[①],对湖北、湖南、江西、福建、广东等进行了全省性的汉语方言调查,对广西、贵州、云南、四川等地的僮侗语、苗瑶语、藏缅语等少数民族和其他语言进行了调查,积累了大量珍贵的第一手语言资料,公开出版的有《湖北方言调查报告》(1948)和《关中方音调查报告》(1954)等,奠定了中国现代语言学的基础和发展方向。

《中央研究院历史语言研究所集刊》简称《史语所集刊》,创刊于1928年10月,是史语所的重要学术阵地。每年一本(一卷),1939年停刊,1948年后继续发行。主要刊登历史、语言、考古、人类学等学科的论文。语言研究论文偏重于汉语史研究、方言调查研究、少数民族语言调查研究。

除《中央研究院历史语言研究所集刊》外,史语所还编辑过部分单刊和专刊,如《中央研究院历史语言研究所专刊》(1929年创刊)、《中央研究院历史语言研究所单刊:甲种》(1930年创刊)。

1997年,史语所语言学组成立语言学研究所筹备处,2004年正式成立语言学研究所。以从事语言科学研究为宗旨,致力于台湾本土与邻近相关语言的结构与类型研究,同时兼及跨学科研究,在语言结构分析、语言计算仿真、语言典藏与跨学科研究方面取得显著成绩。

语言研究所自2000年起发行国际语言学专业刊物《语言暨语言学》(*Language and Linguistics*),以东亚及太平洋地区语言(包括汉藏语、南岛语、南亚语、阿尔泰语及其他相关语言)为研究对象。迄今发行的学术出版品包括《语言暨语言学》期刊与系列专书。该刊已为SSCI、AHCI等重要数据库收录,其质量备受国内外学界肯定和重视。

① 岱峻:《风过华西坝:战时教会五大学纪》,江苏文艺出版社,2013年,第225页。

此外，不定期出版各类专刊。近年出版《万山鲁凯语语法》、*Studies on the Menggu Ziyun*、*Acquisition and Evolution of Phonological Systems*、《语言涌现：发展与演化》、《汉语音韵介面：陈渊泉先生七秩寿庆论文集》、《闽北区三县市方言研究》、*Mapping Taiwanese*、*Linguistic Patterns in Spontaneous Speech* 及 *Computational Simulation in Evolutionary Linguistics: A Study on Language Emergence* 等多种。

2. 中国社会科学院语言研究所(http://ling.cass.cn)

中国社会科学院语言研究所成立于1950年6月，是中国科学院最早建立的人文社会科学领域的研究所之一。1955年中国科学院成立哲学社会科学部，语言所隶属哲学社会科学部。1977年5月，中国科学院哲学社会科学部改为中国社会科学院，语言研究所隶属中国社会科学院。

语言研究所成立之初设立三个研究小组：现代汉语组、少数民族语文组和中国文字改革研究组。随着研究工作的深入，逐渐扩充了更多的专题研究组，研究对象包括语法、词汇、方言等诸多方面，介绍国外语言学理论方法，编纂各类辞书，开展实验语音学和中文信息处理研究。

语言研究所下设八个研究室和一个编辑部：句法语义学研究室（原现代汉语研究室）、历史语言学研究室（分一室、二室，原古代汉语研究室和近代汉语研究室）、方言研究室、语音研究室、应用语言学研究室、当代语言学研究室（原情报资料室）、词典编辑室和《中国语文》编辑部。语言研究所建所六十多年来，取得了很多有重大学术价值和学术影响的成果，如《现代汉语词典》、《现代汉语语法讲话》、《昌黎方言志》、《现代汉语八百词》、《中国语言地图集》、《汉语方言重点调查》、《英汉机器翻译系统》等，此外主办或协办许多学术会议。

语言研究所为中国语言学会（会长沈家煊）和全国汉语方言学会（会长刘丹青）两家学会的挂靠单位，中国语言学会语音学分会秘书处也设在语言研究所。编辑多种学术期刊，如《中国语文》、《方言》、《当代语言学》等。

《中国语文》创刊于1952年，最初由语言研究所和中国文字改革研究委员会合办。1956年以后，编辑部工作由语言研究所单独承担。主要刊登汉语和汉字的现状、历史及应用的调查研究，语言理论、语言政策的研究，汉语教学、汉外对比研究，语言学交叉学科的研究，语言文字著作的评论文章等内容。"该刊物是中国语言学研究的主要刊物之一。"①

《方言》于1979年创刊，主要刊载汉语方言研究的有关文章，包括专题论文、调查报告、书评书目以及资料介绍等，由中国社会科学院语言研究所方言研究室编辑，是汉语方言专业刊物。

---

① 潘悟云、邵敬敏主编：《20世纪中国社会科学》（语言学卷），上海人民出版社，2005年，第414页。

《当代语言学》原名《国外语言学》①，1999 年改为《当代语言学》。刊物设有“专题研究”、“国外语言学最新动态综述”、“书刊介绍”等栏目。不定期开设“专题讨论与争鸣”、“术语译评”等栏目。介绍、评述国外语言学研究成果，开展当代语言学各专题研究。

3. 中国社会科学院民族学与人类学研究所(http://iea.cass.cn/index.htm)

1956 年，中国科学院成立民族研究所。1977 年 5 月，中国社会科学院成立，民族研究所隶属中国社会科学院领导。2002 年 10 月，民族研究所正式更名为中国社会科学院民族学与人类学研究所。

研究所下设 11 个研究室和 3 个编辑部：民族理论研究室、民族历史研究室、社会文化人类学研究室、影视人类学研究室、民族古文献研究室、宗教文化研究室、南方民族语言研究室、北方民族语言研究室、语音学与计算语言学研究室、经济与社会发展研究室、世界民族研究室和《世界民族》编辑部、《民族研究》编辑部、《民族语文》编辑部。

《民族语文》是研究所主办的语言学刊物，1979 年创刊，刊载中国少数民族语言文字最新研究成果。设有中国少数民族语言研究，语言系属、方言划分研究，语言比较研究，语言接触研究，民族语言文字概况与民族古文字古文献研究，民族语言调查研究，语言理论研究，社会语言学、人类语言学研究，计算语言学、实验语言学研究等栏目。

4. 语言研究学会

① 中国语言学会

1980 年 10 月在湖北武汉成立，是全国性语言学科综合性学术团体。吕叔湘、季羡林、朱德熙、刘坚、侯精一、沈家煊先后任会长。学会成立时，在武汉举行第一次学术讨论会，汇编出版了学术报告集《把我国语言科学推向前进》。学会每两年召开一次年会，并编辑出版《中国语言学报》。此外，学会还协助编写了《中国大百科全书·语言文字卷》。

② 中国民族语言学会

1979 年 5 月在北京成立，是中国民族语言工作者的全国性的学术团体，学会宗旨是：团结和组织全国民族语文工作者，开展少数民族语言文字研究，发展和繁荣少数民族语文科学。学会编有内部刊物《中国民族语言学会通讯》。1980 年 12 月，在北京举办第一次中国民族语言学术讨论会，此后一般每两年召开一次学术讨论会，出版论文集。此外，学会还与有关部门合办民族语言研究班，培养民族语言工作骨干。

③ 全国汉语方言学会

成立于 1981 年 11 月，宗旨是“团结全国语言工作者，为推动我国的语言学事业，提高语言学科水平贡献力量”。业务主管单位是中国社会科学院。

全国汉语方言学会整合全国汉语方言学界的力量，重视学术交流，编制《中国语言地图集》(1987、1989)和《中国语言地图集》(第二版)(2013)，推动了汉语方言特别是语音方面的调查研究，深化了汉语方言分区和分类标准问题的讨论。

---

① 《国外语言学》由《语言学资料》(系《中国语文》附属刊物)和《语言学动态》发展而成。

编纂《现代汉语方言大词典》(42 种分卷本 1992—1998)和《现代汉语方言大词典》(综合卷 2003)。两部大词典深化了汉语方言的调查研究,尤其是方言词汇和语法的调查研究。

编辑出版《中国方言学报》和《方言语法论丛》。《中国方言学报》是全国汉语方言学会会刊。《方言语法论丛》是汉语方言语法国际学术研讨会论文集。

④ 中国训诂学研究会

成立于 1981 年 5 月,是中国传统语言学、训诂学工作者的学术性社会团体。学会的任务是:继承、整理、研究我国传统语言学的理论和方法;加强训诂学的应用研究;编辑出版训诂学书刊及资料,评价传统语言学著作;培养训诂学人才,组织学术讨论会,进行对外学术交流,促进学术繁荣。

⑤ 中国文字学会

1991 年在北京成立。学会宗旨是:团结文字学界同仁,加强海内外的学术交流和研讨,沟通信息,切磋心得,统一认识,为继承和发扬祖国优秀的文化传统,促进文字的规范化、标准化,推动语言文字的统一而贡献力量。该会现阶段的主要任务是:组织会员开展文字学的科研和学术交流活动,对具有悠久历史的汉字进行多角度、多层次的立体考察,对汉字使用状况进行有计划有重点的调查,研讨汉字应用及汉字与高科技相结合的问题,讨论文字规范及各项标准,促进汉字更好地为社会主义现代化建设服务,以便为国家制定语言文字政策提供科学依据。(李行健,1992)

⑥ 中国古文字研究会

成立于 1978 年,是全国性的学术团体,研究会一般每一两年举办一次学术讨论会。讨论的问题包括:古文字的内容、性质、甲骨文分期、金文月相、中山王铜器、铜器断代、古文字教学等。会刊为《古文字研究》。

⑦ 中国修辞学会

成立于 1980 年 12 月,是全国性的学术团体,一般每两年举办一次学术研讨会。学会宗旨是:"团结全国从事修辞研究和教学的人员,努力发展、繁荣和普及修辞学科,为提高中华民族的科学文化水平贡献力量。"[①]中国修辞学会有全国高师现代汉语教学研究会和中国文章学研究会两个团体会员,有华北、东北、华东、中南、西北、西南六个分会。

⑧ 世界汉语教学学会

1987 年成立,是国际性的学术团体,会员主要由世界各地从事汉语教学、研究和推广的人士及相关机构组成。宗旨是:促进国际汉语教学、研究和推广,加强世界各地汉语教学与研究工作者之间、机构之间的联系,增进各国人民之间的相互了解和友谊。1985 年 8 月在北京举办第一届国际汉语教学讨论会,此后一般每三年举办一次,每届研讨会出版《论文选》。学会会刊是《世界汉语教学》,此外,发行电子刊物《世界汉语教学学会通讯》。

---

① 李行健主编:《中国语言学年鉴 1992》,语文出版社,2013 年,第 130—131 页。

（李行健，1992）

⑨ 中国对外汉语教学学会

成立于 1983 年，是全国性的对外汉语教学学术团体。成立之初，名为“中国教育学会对外汉语教学研究会”，1986 年改为“中国高等教育学会对外汉语教学研究会”，1988 年改为“中国对外汉语教学学会”。学会宗旨是：团结全国对外汉语教学工作者，推动本学科的理论研究，促进国内外学术交流，交流科研成果、教学经验和学术信息。（王国安，1990）1983 年举办第一次学术年会，其后每三年举办一次学术年会，并由秘书处不定期组织专题性学术讨论会、报告会及其他工作会议。

其他全国性的学会还有中国中文信息学会、中国语文现代化学会、中国逻辑与语言研究会、中国少数民族双语教学研究会、中国蒙古语文学会、中国突厥语研究会、中国朝鲜语学会等。另外，各省、直辖市、自治区和香港、澳门特别行政区，也都各有自己的语言学学会或语文学会，定期或不定期地举办年会或学术研讨会。

第 4 章

语言学研究程序规范

对学术新人而言，迈入学术之路，除了学习新知，更重要的是进行科研工作。了解研究程序，也是学习“如何去研究”的过程。研究程序（the scientific method of inquire, SMI），指开展研究工作的步骤和顺序。不同学科之间，研究对象、研究材料、研究方法千差万别，但思路大体一致：选定课题——调研文献——提出假说或观点——选择研究方法——制定计划——搜集专题资料——分析资料——撰写研究成果——发表成果。（叶继元，2005）语言学研究程序也不例外。在不同阶段，根据研究目的不同，不断调整、修正。

4.1 选题的基本要求

4.1.1 选题常见问题

选题，指按照一定的价值标准，评价、比较可供选择的课题，并选择研究方向、目标、领域和范围的过程，解决“研究什么”，是决定论著内容和价值的关键环节（周毅，2009）。

选题常见的问题大致有以下几类：

1. 选题过大

对学术新人，特别是研究生而言，选题不宜过大。一是时间不允许。目前，国内高等院校的硕士研究生学制多为两到三年，如果论文选题过大，涉及面过广，研究难度高，有碍毕业。二是题目过大，容易泛泛而谈，论述不能深透，流于空泛。因此，对学术新人来说，选题恰当是至关重要的。

王力先生《谈谈写论文》一文指出：“论文的范围不宜太大。……范围大了，你一定讲得不深入、不透彻。……深入了就是好文章。好到什么程度？就是要好到能作为中国语言学的好文章流传下来。这叫作小题目做大文章。”[①]文章以王引之《经传释词》为例，

① 刘锡庆等编：《写作论谭》，中央广播电视大学出版社，1983 年，第 440—441 页。

“(王引之)拿一个一个虚词来讲,每个虚词的解释独立出来都是一篇论文,有几个虚词讲得好到没有法子形容了。比如他讲‘终’字,总计不到一千字,讲得很透彻,证据确凿。看了他的解释,我们不但知道了虚词‘终’是什么意思,而且也学到了他的科学方法。”[①]所以,对学术新人而言,“小题大做”是值得学习的选题方法,从小处入手,扎扎实实地把问题讲清楚。不要贪大求全,流于表面,没有学术价值。

2. 选题过难

学术研究无禁区,任何问题都是可以研究的。但是,研究有难度、有深度的选题,必须具备足够的学术水平和研究能力。以语音为例,如果写一篇关于“汉语语音发展”的文章,难度就比较大,既要具备语音学的知识,还需要对汉语史有深入思考。这类题目对初学者而言,很难驾驭。

选题过难,除了受限于自身知识储备,在资料收集和获取方面也受到限制。研究者需要全面搜集资料,深入调查、比较和研究才可能完成。此外,如果选题难度较大,相关研究较少,资料获取方面也会有不少阻力。

《於陵子》有篇寓言:泰山神和江汉神争做天下之主,有只中州蜗牛想去诘问是非。它估算了下到泰山和江汉的时间,需要三千多年,但自己的寿命不过一天。最后枯死在蓬蒿之上,为蝼蚁嘲笑。[②] 对学术新人而言,要对自身学术素养和能力有恰当评估,不能好高骛远。选题过难,论文在短时间内难以完成,往往半途而废,或草草了事,敷衍过关。不仅造成时间和精力的浪费,还容易失去研究的信心。

3. 选题陈旧重复,缺乏新意

学术新人积累不够,选题时心中无底,常会简单仿照别人的选题和研究成果拼凑论文,低水平重复他人劳动,缺乏新意。(李兴仁、王荣党,2008)或是沿用旧观念、旧方法,导致研究成果早已为学术界熟知。知识结构陈旧,学术思想保守,缺乏创新意识,专业知识更新不够,是造成选题陈旧的主要原因。

从学术价值来说,只要选题有意义,并无新旧之分。但是,作为年轻学人,研究成果是要发表的,期刊、出版社、社科基金评选办(委员会)每年面对的稿件、项目申报书非常之多,如何能让自己的研究课题具有新意、脱颖而出,十分重要。因此,选题应立足学术现实,密切关注学科发展前沿,善于发现问题,从中提炼选题。

4. 选题模糊笼统,非学术化

突出表现在研究对象不具体,专指性不够;或者讨论非学术问题。从某种意义上讲,学术研究与社会时尚是有差别的。研究成果不能等同于宣传文案或使用指南,也不仅是一般的意见或看法。如果研究仅仅是为了宣传某一观点或技术,那么在一定程度上已经丧失了自己的独立性和创见性,其学术价值也就相应地减弱了。(叶继元等,2014)既与所学课程知识相去甚远,也不利于端正学风。

① 刘锡庆等编:《写作论谭》,中央广播电视大学出版社,1983年,第441页。

② 袁晖主编:《历代寓言·先秦卷》(上),中国青年出版社,2011年,第338页。

4.1.2　选题问题成因分析

1. 缺乏“问题”意识

研究是基于“问题”的。王力先生指出“提出问题是解决问题的头一步。你连问题都提不出来，怎么谈得上解决呢？首先要注意到，还有哪些问题没有解决……要善于发现问题，提出问题。有些人念了很多书，什么问题也没有，那就不好了，等于白念了”[①]。

选题的过程，其实是发现“问题”的过程，可分为两类：一，在前人研究的基础上，提出前人没有提出或尚未解决的问题；二，在别人提出或已经研究的问题上，寻找新方法或拓展新方向。

2. 缺少前期文献调研

广泛搜集文献资料，了解前贤研究成果是必需的。如周定一先生写《所字别义》一文时，“随时留意，做出札记或卡片。……写出来文章只有一万字，几千字，收集的材料却是几十万字”[②]。他把别人没有讲到的“所”的意义都找出来了。可见，选题前充分占有材料十分重要。

对于拟定的选题，如不注意收集、阅读相关文献资料，进行综述和分析，致使掌握的研究信息不足，就无法形成新的认识，也缺乏新的研究角度以及对新材料的补充，那么所谓的研究就只能是老生常谈，人云亦云，难有新颖性和创造性。（叶继元等，2014）

学术研究要不断开拓新的领域、新的途径，有所创新。文献调研是学术研究的必由之路，没有捷径可循。（叶继元等，2014）现在有些学生不深入调研文献，不梳理学术史，仅通过网络搜索就开始选题，茫然不知所从。因此，必须深入细致地调研文献，沉潜学海，才能选择一个较好的选题，有所发现。

3. 缺乏“研究”意识

学术新人在入门阶段的选题通常是描述性的，往往容易选择一个研究热点或领域，总结别人的研究成果，洋洋万言，故作高深，但是与选题和研究有什么关系，则不甚了了。（叶继元等，2014）究其原因，在于缺乏“研究”意识。孔子曰“学而不思则罔，思而不学则殆”，学术新人要自觉地把思维结构从知识型转换为研究型，勤于思考，努力钻研，培养研究意识。

缺乏研究意识的另一种表现是跨学科选题，热衷于在边缘学科或交叉学科选题，以为这样容易出成果。确实，在跨学科领域选题容易找到研究的突破口，是选题的一个“捷径”，但是必须谨记，在选题容易的同时也存在着“跨界”和“过界”的风险，一旦过界，则有可能因为对其他学科过于陌生，而在研究过程中力不从心，以致半途而废。作为学术新人，在专业知识的积累、资料搜集的途径和研究时间、条件等方面，都存在较大的障碍和不确定性。因此，跨学科选题需要慎重。（叶继元等，2014）

① 刘锡庆等编：《写作论谭》，中央广播电视大学出版社，1983 年，第 443 页。
② 刘锡庆等编：《写作论谭》，中央广播电视大学出版社，1983 年，第 443 页。

4. 治学态度不严谨

刚入门的年轻人，甫一接触学术，一腔热血、雄心勃勃，又受到社会上“早成名、快成名”思想的影响，有较强的进取心和功利心。有兴趣、有干劲是好事，但过强的功利心，是学术研究的大忌。史学家顾颉刚曾说：“学者本是作‘苦工’的人而不是享受的人，只要有问题发生处便是学者工作的区域；这种工作虽可自由取舍，但不应用功利的眼光去定问题的取舍，更不应因其困难复杂而贪懒不干。”[①]

语言学研究讲求实证，重视材料的真实性和可靠性，“板凳须坐十年冷，文章不著一句空”。研究材料必须是确切的语言事实，绝不能编造。进行语言学研究，不深入调查，不静心钻研，难以出可靠的、有价值的研究成果。

言有易，言无难，治学严谨是学术研究的基本规范之一。学术研究薪火相传，每一个研究者，都只是学术研究长链上的一环，足迹存留在学术文献里，成为后继研究者学习与参考的路标。因此每一个研究个体都应严谨治学，不仅要对自己负责，更要对后续研究者负责。（叶继元等，2014）

4.1.3 选题原则与途径

1. 选题原则

语言学科的选题，一般要遵循以下原则：专业性、学术性、创新性、可行性。

（1）专业性

任何学科都有明确的研究方向，语言学选题的专业性，简单地说，就是研究者选择的课题要基本符合自己的专业方向。举个例子，如果以《世说新语》为研究对象，一个语言学博士可以从音韵学、词汇学、语法学等角度研究。但是，如果讨论该书的文学价值就偏题了。虽然目前学科交叉现象愈加明显，但交叉不等于融合。盲目地跨专业研究，不仅不易取得研究成效，也是学术研究的忌讳。因此选题要基本符合所从事的研究专业，这是首要原则。

（2）学术性

学术性是学术论文的灵魂，没有学术性的选题严格意义上不能算作学术研究。语言学有自己的基本范畴和基本观点，以及由这些基本范畴和基本观点构成的学科体系。所谓学术性的选题，就是考虑研究内容是否属于语言学范畴，是否对学术的丰富发展有意义。

那么，如何选择有学术性的课题呢？一方面，需要充分占有文献资料，了解前人研究。如果不了解学术发展脉络，选取前人早已提出并解决的问题，还自以为是新问题，重复别人劳动，甚至达不到前人研究水平，这就没什么学术价值。另一方面，要了解学科当前的研究现状。以方言学为例，要了解方言学界当前研究哪些问题，取得了哪些进展，有哪些学术分歧等。在此基础上，选取学术研究前沿问题，而不是亦步亦趋，跟在别人

① 顾颉刚：《我与古史辨》，上海文艺出版社，2001年，第133页。

后面。

(3) 创新性

即某问题是前人没有解决或没有完全解决的问题，或是对前人已解决的问题提出新观点、新方法。(曹贤文，2013)科研最重要的本质就是应当具有创造性，科研选题切忌重复别人已完全解决的课题。

学术新人常有这样的认识误区，认为要有创新性，所选问题就要是前无古人的独创。诚然，选择前人没有研究或研究极少的课题是创新。但是老题目做出新意来，也是创新。选题的创新性，重要的是研究者本身是否把握了课题的本质内容，找到问题症结，做出创造性的突破。新视角、新方法、新材料，一样体现创新性。(李长海，2012)

(4) 可行性

选题时必须考虑有无完成该题目的主客观条件。主观条件包括研究者的知识结构、研究能力、兴趣爱好等因素在内的研究者自身的条件；客观条件指资料、设备、经费、时间等外在条件。主客观条件制约着研究进程，必须予以重视。(白焕然，2005)诚如上文所述，对学术新人而言，我们提倡“小题大做”，在自己能力范围内选取一个具体问题，多层次、多角度地深入研究。

2. 选题途径

(1) 从文献调研发现问题

宋代学者朱熹指出：“读书有疑，有所见，自不容不立论。其不立论者，只是读书不到疑处耳！”①一些学生每到选题时便无所适从，不知从何处入手，发现不了问题。究其原因，不外乎读书不够或是不会读书。

任何研究都不是无源之水，无本之木，都需要站在前人的肩膀上。因此，选题前要充分搜集相关文献，关注前人研究是否存在不够充分、不够深入、不够妥当的地方，特别是学科领域中还有哪些问题尚待解决；或者虽然都解决了，但由于时代的发展，新材料的发现，需要补充、修正或重新讨论的。对学术界有争论的问题，需要理清是否还存在代表性意见之外的观点，是否有必要进行进一步探讨等。

此外，应针对性地阅读相关的专业文献和著作，从中分析和发现问题。阅读时要保持审慎的眼光，看看研究的结论与论据是否吻合，研究方法是否得当，是否对自己有启发，研究是否有可推进之处，或者还存在什么缺陷等。在此基础上，结合自身的知识积累和兴趣，寻找选题。(叶继元等，2014)

(2) 关注语言学科研究热点

了解当前语言学科研究热点，对初学者确定研究兴趣与选题方向很有帮助。具体途径有关注语言学领域的项目课题，积极参加学术研讨会等。

教育部全国哲学社会科学规划办公室，每年度都要组织申报人文社会科学的国家社科基金扶持项目，可以说国家社科基金项目基本可以代表该年度各学科主要的研究热点

① [宋]黎靖德编：《朱子语类》第11卷，中华书局，1986年。

和发展方向。关注语言学领域国家社科基金资助项目,可以初步了解学界的研究热点。除国家社科基金项目以外,教育部、各省市区也有语言学领域的社科项目,这些都能反映语言学主要的研究热点、研究趋势和发展方向。作为研究者,特别是年轻人,不能脱离学术主流。对这些项目课题保持关注,不仅可以了解学界最新动态,还能对选什么题、如何选题提供有益的参考。

参加国际、国内学术研讨会是选题的又一来源。与期刊相比,学术研讨会上的信息往往是最新的,从中能了解其他学者最近在从事什么研究,有什么新的观点和新的发现,把握他们所关注的热点、前沿问题。另一方面,参加研讨会可以直接参与讨论,请教一些问题,得到指点。(孙国强,2007)

(3) 根据学术价值选题

选题是否有意义,其实就是对选题的学术价值判断。价值判断没有固定标准,但是否具有学术价值,学术共同体有不成文的认识及相应解释。大致如下(叶继元等,2014):

① 首次对某一问题进行综合性研究,增加新的研究成果,加以解释和阐述;

② 在研究范围、方法、实验设计等方面,对已有材料做出新的解释,或提出创新性观点;

③ 运用不同的研究方法进行跨学科研究;

④ 引入新的理论、方法或研究领域,进行其他国家已经做过但国内尚未出现的研究;

⑤ 为老问题提供新的论据;

⑥ 研究本学科他人未曾涉及或被忽略的课题;

⑦ 开拓新的研究领域,开展前人尚未做过的研究工作。

(4) 根据兴趣选题

兴趣是最好的老师,“知之者不如好之者,好之者不如乐之者”。科研工作到了一定程度,都会经历一段艰苦而单调的过程,没有巨大的热情支撑是很难持续的。对某一论题有一定认识,并有持续的好奇心,十分重要。比如从事方言研究,一般选择从自己感兴趣并熟悉的方言入手,这样的好处是能够乐在其中,尽快了解研究对象,进入“研究角色”。因此,学术新人选题时,应将自己的学术兴趣与所在的研究领域结合起来。

4.2 文献调研的基本要求

文献调研指的是为了进行某项科学研究而进行的信息检索和文献利用活动。(叶继元等,2014)围绕某课题进行文献调研,需要解决以下问题:该领域现在的研究重点是什么?哪些问题已经解决,已经得出哪些结论,结论是否可靠?该领域的研究人员采用哪些研究方法?(王丽萍,2013)通过文献调研,可以明确该领域研究背景、研究现状和研究水平,掌握研究方法,发现研究的不足,进而确立新的研究课题,使学术研究得以“在巨人的肩膀上”进行。

4.2.1 文献调研的原则

1. 完整性原则(叶继元等,2014)

完整性原则是指文献调研的信息源覆盖面要全,争取不漏掉任何有用的文献信息。在具体调研过程中,保证文献调研工作的全面性需要注意两个方面:第一,在信息源选择方面要尽量选择文献来源广、文献来源级别高的数据库和检索工具。第二,在检索过程中要制定科学合理的检索策略,提高查全率。

2. 经济性原则

经济型原则是指文献调研要尽量节约成本。首先,本着就近原则。先考虑本地资源,后考虑外地资源,如先调研的信息源应该是本校图书馆和院系资料室资源,然后是本地区其他信息资源,最后才是外地资源。其次,要优先使用数字资源和网络资源。数字资源和网络信息源可以大大节约检索时间,降低调研成本。再次,优先使用免费资源。本着先免费、后收费的顺序,分别利用各个信息源。

3. 连续性原则

当今世界,科研进展速度和信息更新速度相当快。因此,文献调研不应是一次性的,而应该是一种连续性的活动。作为科研工作者,应该时常关注世界科技的发展变化,关注周围的信息源的变化,只有做到经常进行调研,不断更新个人的信息储备,才能把握学科发展趋势。

4. 多样性原则

文献调研的途径很多,除了通过检索工具或检索系统进行文献检索外,参加学术会议、听取科技报告、进行个人交流、参加网上讨论等均是有效的调研途径。文献调研不应该拘泥于单一的途径,充分利用各种交流方式获取信息,才能获得最丰富的信息,取得最佳成果。

5. 目的性原则

目的性,指收集资料的方法和内容须与研究的目的相符合,围绕研究课题的研究现状、研究路径、阶段性研究以及研究过程进行资料的采集和分析,研究资料应该为观点和理论服务,为研究提供论据和支撑。文献法的具体操作详见第5章。

4.2.2 文献调研常见问题

在文献调研过程中,常会出现以下问题:

1. 文献调研不充分

调研不充分指未能全面系统地搜集已有研究,致使掌握的文献有限,不能准确把握研究动向。以偏概全,造成研究缺乏可信度,研究的必要性受到质疑,有时还会出现“前所未有”、“首次提出”、“填补空白”等说法。(叶继元等,2014)文献调研不充分还表现为一味推崇某个人的研究成果,无视领域内其他学者的研究,或避开研究中的矛盾点,致使

研究无法获得学界认可。(孙国强,2007)

2. 文献调研不严谨

学术新人常参考二手资料,即别人研究中引用的文献,且不考证其来源。二手文献有时会缺乏真实性和可靠性,因为二手文献作者引用时,可能曲解一手资料,加入个人的主观判断,更有甚者自行修改原有的研究结果。(叶继元等,2014)研究中采用这样的资料会导致观点和结论错误,影响整个研究的进行。

3. 综述撰写不规范

文献综述不是一味堆砌,应对相关文献进行筛选和甄别,整理归纳文献。在总结的过程中,加入自己的理解和评论,将自己的观点融汇在对材料的选择、组织和编排中,形成新颖的综述逻辑,并据此展开综述。(叶继元等,2014)堆砌的文献综述可能导致写作随意,甚至一味地为了增加篇幅,最终造成文献漫无边际。

4.2.3 文献检索的途径

在信息高度发达的时代,研究者了解基本的文献检索途径,对缩短文献调研时间、增加知识面,有重要意义。语言学科文献检索途径常用的有:馆藏图书、学术期刊、索引、摘要、数据库以及网络资源等。下面对语言学馆藏图书、学术期刊和数据库作简要说明。

1. 馆藏图书与学术期刊

通过图书馆查阅相关文献,是常用的文献检索途径。如国家图书馆、各省市区图书馆、各高校图书馆等,提供了丰富的资源。尤其是各高校图书馆的特色资源,包括校内资源、特色专题资源,古籍资源等,值得关注。(王宪洪、王玉玫,2014)

发表在国内外期刊上的论文是重要的文献来源。语言学主要期刊有:《中国语文》、《方言》、《当代语言学》、《语言研究》,*Language*(《语言》,美国)、*Language and Linguistics*(《语言暨语言学》,台湾)、*Journal of Chinese Linguistics*(《中国语言学报》,香港)等。详见第8章。

2. 数据库

语言学科涉及的数据库有两类:一是通行数据库,例如中国知网(CNKI)、维普网、万方数据知识服务平台、读秀学术搜索、超星数字图书馆等。二是专业数据库,例如北大语料库(CCL语料库检索系统)、中国语言资源有声数据库、BROWN语料库、华语地区汉语共时语料库(LIVAC)、北京语言大学HSK动态作文语料库等。这些数据库为相关领域的研究,提供了便捷的文献资料服务。

4.3 研究设计的基本要求

研究设计是对整个研究工作进行规划,包括制定详细的研究方案及操作步骤,选择恰当的研究途径等。研究设计在整个研究过程中起着举足轻重的作用,直接影响研究目

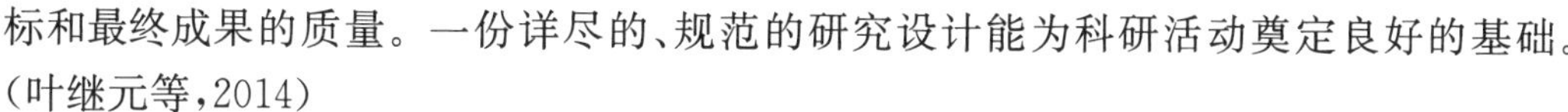

标和最终成果的质量。一份详尽的、规范的研究设计能为科研活动奠定良好的基础。(叶继元等,2014)

4.3.1 语言学研究设计的基本内容

研究设计必须要包含以下内容,换言之,研究者只有认真回答下列问题,才能基本达到研究设计的要求。

1. 选题及基本信息

回答选题是什么,简明清晰地说明课题名称、选题缘由、研究目标等基本信息。

2. 研究目的及意义

回答为什么研究,揭示课题的价值和方向。结合自己的选题和前人研究,简要说明选题的意义、影响,论述切忌空话、套话。

3. 研究框架

研究框架是研究设计的核心内容。例如论文分多少章节,绪论的内容,每一章、节的标题,主要内容是什么,结论是什么等;所选课题的学术史回顾、文章的核心观点、主要论点、参考文献等内容都包括在内。

4. 研究方法

应根据研究内容选择适合的方法。以方言学为例,运用田野调查法,获得第一手方言资料是必需的。但在具体论述过程中,采用了哪些具体的方法,是层次分析法、比较分析法,还是其他方法,需要根据研究的问题来选择。

5. 研究进度

即研究计划时间表。例如,毕业论文计划用多长时间写完,其中查找资料多长时间,初步成稿多长时间,修改完善多长时间等。制定研究进度,要充分考虑选题、资料搜集的难易程度,实事求是。

6. 拟取得的成果

研究成果包括调查报告、研究论文或专著等。例如项目申报计划,要说明项目研究完成后,会形成什么成果形式,是论文,还是专著等。同时,对所选课题研究成果也要有一个基本的描述,例如对某一语言发展的研究,预计能形成哪些结论或推论,对学术研究有什么意义、影响,也需要简单说明。

4.3.2 开题报告设计规范

开题报告是用文字体现的论文总构想,篇幅不宜过大,但要把计划研究的课题、如何研究、理论应用等主要问题写清楚。语言学的开题报告一般包括以下内容:

1. 综述部分

(1) 选题来源

(2) 研究目的及意义

(3) 研究综述

2. 设计及内容

(1) 论文框架

(2) 研究方法

(3) 难点和创新点

3. 参考文献

4.3.3 项目申报书设计规范

1. 项目分类

科研项目一般可分为纵向项目和横向项目。纵向项目，指上级科研主管部门或机构批准立项的各类计划(规划)、基金项目等，一般包括国家社科基金项目，国家自然科学基金项目，国家重点学科及重点实验室建设基金项目，归国留学生基金项目，国家各部委科研项目；省社会科学基金项目，省自然科学基金项目，省教育厅项目，省中青年学术带头人基金项目，省重点学科、重点实验室建设基金项目，省属厅、局的科研项目，等等。横向项目，指企事业单位、兄弟单位委托的各类科技开发、科技服务、科学研究等方面的项目，以及政府部门非常规申报渠道下达的项目。(叶继元等，2014)

就语言学科而言，纵向项目的比重和价值远远大于横向项目。纵向项目主要分为4类：

(1) 国家社会科学基金项目(简称国家社科项目)

(2) 教育部人文社会科学研究项目(简称教育部社科项目)

(3) 各省社会科学基金项目(简称省社科项目)、省教育厅相关项目

(4) 各高校社科规划项目(简称校级社科项目)

2. 项目申报书填报

项目申报书的内容，主要包括基本数据、课题论证、完成项目研究的条件和保障、经费预算四个方面，具体如下：

(1) 基本信息

主要包括课题名称、主题词、项目类别、学科分类、研究类型、项目负责人(首席专家)基本信息(含职称、学位、研究领域、工作单位、联系方式等)、主要参加者信息、申请经费、预计完成时间、预计成果形式等课题申报的基本数据信息。

(2) 课题设计论证

课题设计论证是项目申报书的核心内容，主要包括：

① 国内外研究状况的学术史梳理或综述，课题的学术价值、应用价值和社会意义；

② 研究的总体框架和预期目标；

③ 研究思路、研究方法、重点难点和创新之处；

④ 子课题结构和主要内容；

⑤ 参考文献和研究资料。

（3）完成项目的研究条件和保障

这一部分概述课题负责人、主要参加者的科研基本情况，完成课题的条件和保障，具体如下：

① 课题负责人的学术简历；

② 课题负责人和主要参加者前期相关科研成果简介（含引用、转载、获奖及被采纳情况）；

③ 完成本课题研究的时间保证、资料设备等科研条件。

（4）研究计划及预期成果

这一部分概述研究的实地调研或实验方案、资料文献搜集整理方案、总体进度安排和年度进展计划，项目负责人和核心成员的具体任务分工和投入时间，主要阶段性成果和最终成果的名称、形式、字数，成果出版或发表、宣传推介的方式和计划。研究计划需考虑项目本身的特点、所采用的研究方法、客观物质条件等因素。

（5）经费预算

项目经费指在项目研究过程中发生的与研究活动直接相关的费用。包括资料费、数据采集费、差旅费、会议费、国际合作与交流费、设备费、专家咨询费、劳务费、印刷费、管理费等。经费预算应科学安排，列出课题研究的必要开支，预算总额应与申请经费的总额一致，注意验算核对。

3. 项目申报书注意事项

对研究者本人而言，撰写项目申请书的过程有助于促进对课题的了解，更好地确立研究方向，拟定可行性强的研究计划。另一方面，项目申请书是评委了解选题的重要依据，他们以此认识研究的重要性、价值和意义，从而评定是否立项，给予多大的资金支持力度。语言学项目申报书填写注意事项如下：

（1）内容方面，特别是课题论证部分，论述需简明扼要、条理清晰、言之有物，用最简洁的语言，突出拟解决的关键问题和重点难点等核心内容，切忌超出规定字数。

（2）形式方面，申报书的填写要严格遵守规范，字体、行间距、引用格式等应参照填表说明。

第5章

语言学研究方法论

语言学作为一门独立的学科，有自己的研究方法，受语言观、研究目的、研究内容及研究条件共同影响。语言学方法论是关于语言学方法的理论。人们对语言本质特点的认识，就是语言学家常说的语言观，主要包括语言结构观、语言功能观、语言哲学观和语言价值观等多方面的内容。

5.1 方法与方法论

5.1.1 方法和方法论的含义

"方法"一词，最早见于我国春秋战国时期思想家墨子《天志》篇"中吾矩者，谓之方，不中吾矩者，谓之不方。是以方与不方，皆可得而知之。此其故何？则方法明也"，[①]指的是量度方形之法。其后含义逐渐扩展和深化，指解决思想、说话、行动等问题的门路、程序等。在西方，"method"一词源于希腊，意为研究和认识事物的途径、理论和工具。黑格尔《逻辑学》指出："在探索的认识中，方法也同样被列为工具，是站在主观方面的手段，主观方面通过它而与客体相关。"[②]

英国哲学家培根在其代表作《新工具》一书中提出了"科学方法论"的思想体系。"方法论"是关于研究方法的理论，是从认识论的角度，总结人类认识世界和改造世界的经验，探讨各种研究方法及其性质、作用和关系的学说，也就是人们用什么样的方式、方法来观察事物和处理问题。

5.1.2 语言学方法论

语言学方法论是语言学研究的方式、方法的综合。其理论体系主要包括语言学各个流派、分支学科对语言本质的理解和认识；语言研究的哲学基础以及相关学术背景；不同

---

① 吴毓江撰，孙启治点校：《墨子译注》卷七《天志中》，中华书局，2013年，第307页。

② [德]黑格尔：《逻辑学(下卷)》，杨一之译，商务印书馆，1976年，第532页。

语言研究范式的异同、价值、局限性等。(王远新,2006)

语言学各个流派、分支学科,有不同的方法论和语言观。例如,历史语言学采用历史比较法,考察语言的来源和亲属关系,构拟原始形式,重建原始共同语。美国结构主义学派则采用分布、切分、替换、分类等方法,分析音素和等,建立起一套新的语言分析法。注重口语和共时描写,与欧洲学者着重书面文献的语文学和专搞历时研究的历史比较语言学有显著的不同。[①]

语言学方法论和语言观是一个事物的两个方面,彼此无法分离。既没有孤立的、与语言观脱离的语言学方法论,也没有不具备方法论意义的、单纯的语言观。语言观的建立,需要方法论的支持;语言学方法论的革新,离不开语言观的改变。(王远新,2006)

5.2　语言学研究一般方法

语言学研究的一般方法,有文献法、观察法、统计法、对比法等,涉及逻辑思维中的分析、比较、分类、类比、综合、抽象、假设、归纳、演绎等,这些方法在其他学科也通用。本节主要介绍观察法、文献法等一般方法。

5.2.1　观察法

观察法是语言研究的一种基本方法。研究者根据一定的研究目的,在不改变观察对象的性质和进程的自然状态下,直接搜集第一手资料。用客观的眼光,观察事物或现象是如何产生、发展,又是如何终结的,将这些事实情况记录下来,以备分析研究。(张蓉,2005)实施步骤如下:

1. 确定研究目的,制定观察计划

(1) 编制观察目录。包括内容、对象、范围、时间、次数、方式和工具等。

(2) 做好相关准备,包括场地、观察设备等。全面了解观察对象所处的自然环境和人文环境,对可能出现的问题做出预案,如哪些因素会影响资料的准确性、可能出现什么意外、采取什么措施应对,同时要考虑经费、人员安排等问题。

(3) 拟订观察提纲。为方便使用,观察提纲可制成观察表、卡片等多种形式。

2. 进入观察现场

正式实施观察首先要确保能够顺利、自然地进入观察现场。研究者进入观察环境的难易程度主要取决于两个因素:一是环境的公开性,二是研究对象接受观察的意愿。一般而言,最易接受的环境是公共场合,研究对象接受观察的意愿较高;最难进入的是限制观察者接近的观察环境,需要隐蔽观察的环境。

---

① 中国大百科全书总编辑委员会《语言文字》编辑委员会:《中国大百科全书·语言文字》,中国大百科全书出版社,1988 年,第 280 页。

3. 观察实施

观察应大体按计划进行，必要时也要随机应变。选择最适宜的观察位置，保持被观察者的自然状态，避免受到干扰，集中注意力，不为无关现象干扰；观察时可借助仪器，如录音笔、摄像机等。例如，1972 年拉波夫和他的助手一起，深入到纽约哈勒姆(Harlem)的黑人居住区，和那里的黑人青少年交朋友，跟他们一起吃喝、玩耍、聊天，很自然地使用录音、摄像，记录了他们如何用黑人英语说笑、斗嘴、打闹、吵架等，从而获得黑人英语使用情况的宝贵资料。(王玲，2012)

记录的方式多种多样。可以重点记录关键项目，也可全面描述观察到的现象、感受和体验。观察记录是思考、分类、筛选观察现象的过程，也是澄清事实、提炼观点的过程，有利于增强对观察现象的了解和认识。

4. 整理分析

观察所得资料一般比较零乱、分散，应及时做好以下工作：

(1) 整理、总结观察记录。汇总、加工零散材料，及时分类、归档。

(2) 修正错误记录，追补缺漏，使之准确化、系统化。

(3) 分析材料，撰写观察报告。

实施观察法时应注意以下几点：

1. 客观、如实地记录观察到的现象。不能因为自己的主观看法忽略、歪曲事实，随意修改。

2. 在时间上连续观察，空间上全面观察。可安排多个观察人员同时进行观察，避免以点代面，以偏概全。

3. 尽量保持观察环境的平常自然状态；注意保护调查对象的隐私。

4. 借助先进技术和设备，如摄像机、录音机、照相机、电子眼等，以提高观察结果的准确度。

观察法深入实地、直接记录语言事实和被观察者的语言行为，能够获得丰富翔实的第一手资料。被观察者可能处于毫不知情的情况，降低了其他因素如沟通能力的干扰。

5.2.2 文献法

文献，《现代汉语词典》(第 7 版)的解释为：“有历史价值或参考价值的图书资料。”①根据出版和表现形式，可将文献分为 10 大类：图书、报刊、科技报告、会议文献、专利文献、标准文献、产品样本、学位论文、政府出版物和档案资料。一般而言，图书能够较为系统完整地反映研究主题，研究成果相对成熟，能提供全面的背景和理论，但出版周期长，具有一定的时滞性。期刊、学位论文时效性强，信息量大，能较好地反映某项研究的状况，是学术交流的基本形式，因而深受科学研究者的重视，也是科学文献检索的最主要内容。其他类型的文献，如档案资料等，可以为某一问题提供背景资料和宏观依据。(叶继

① 中国社会科学院语言研究所词典编辑室：《现代汉语词典》(第 7 版)，商务印书馆，2017 年，第 1373 页。

元等,2014)

文献法,指根据研究目的搜集、分析文献,以获得所需资料的方法,是人文社会科学的基本研究方法,语言学研究须以文献为基础。清人钱大昕《十驾斋养新录》卷五,提出并论证“古无轻唇音”、“古无舌上音”,主要是基于大量的历史文献。

1. 实施步骤

(1) 提出问题和拟定计划

根据现有理论、事实和研究目标提出问题,是运用文献法进行研究的第一步。确定研究问题后拟定研究计划,主要包括研究目的和意义、研究内容、搜集文献的途径和方法等。

(2) 文献搜集

通过检索工具查找法和参考文献查找法可以获取所需文献。检索工具查找法,利用现有的手工检索工具(目录卡片、目录索引和文摘等)和计算机检索工具查找文献资料。参考文献查找法,根据著作和论文后的参考文献目录追踪查找相关文献。获取文献的主要途径有图书馆、档案馆、博物馆、资料室、互联网、数据库、学术会议等。现今,信息技术发达,网络资源丰富,利用互联网可使检索文献更加高效、便捷。搜集的文献应尽可能丰富、范围尽可能广泛,不仅要关注自己研究的问题,还应搜集相关问题的文献。

(3) 文献阅读

在查阅、调研时,面对浩如烟海的文献资料,掌握一些阅读技巧,对提高研究效率有很大帮助。

阅读一般分为浏览、粗读和精读等几个过程。浏览是第一个环节,在这个环节中,不需要对文献进行全文阅读,只需了解一些关键性信息,掌握文章概貌,初步筛选出有价值的文献。(叶继元等,2014)如一些篇幅较长的语言学论文,先阅读摘要,了解全文的核心观点,再看论文的一、二级标题,了解这篇论文的主要论点,这样阅读效率会大大提高。在粗读环节要进一步,由表及里,通读选取的文献全文,了解研究的具体内容和过程,找到与自己的研究范围相关联的部分。精读环节则要求对浏览和粗读过程中确定的重要文献进行反复认真的阅读,牢固掌握好这些基础的、经典的材料,掌握好文献的精髓要义,并能够对其加以复述总结。(叶继元等,2014)

(4) 文献鉴别和整理

研究者须对收集到的文献加以鉴别,去伪存真,去粗取精,确保文献质量。鉴别文献主要是分析判断文献的可靠性、先进性和适用性。

可靠性主要表现为文献的真实性,通常可从内容、类型、密级程度、来源渠道、出版单位、作者、引用率等方面判断。一般说来,密级程度高的真实性较高;来自学术机构的文献真实性较高;引用率高的真实性较高。

先进性指在语言学领域有某种创造或突破,研究问题具有前沿性。可从文献出版或发表的时间(越靠近现代的文献相对而言更先进一些)、文献的来源(从文献资料的来源来判断,通常是技术先进国家发表的资料先进;世界有名望的期刊互相转载的资料先进)、社会效益等方面判断。

适用性指文献资料对研究问题的适合程度,研究者可灵活判断,适合研究问题的留下,不适合的舍弃。

搜集的文献往往是零散的、无序的,需要进一步加工整理。整理文献的过程,实际上是对文献再认识的过程。研究者通过做读书笔记、写札记、摘录等方式,发掘有价值的信息,加深对文献的理解和认识,发现缺漏,及时补充。摘录文献的论点、材料、数据等要完整、准确,符合原意,不能断章取义,须注明出处。此外,还应对文献进行分类。分类是文献整理的重要工作,根据形式和内容,将文献进行归类,便于后续的分析和利用。

(5) 文献分析

文献分析,是对已经鉴别并经过整理的文献内容进行描述、分析,从中得出结论的过程。研究者从文献资料中归纳、概括出原则或原理,撰写文献综述。研究者可根据研究需要判断文献综述是否独立成文。

文献综述是对各种观点的综合评述,包括前人研究成果、研究现状、研究方法等。在此基础上,比较不同学者对同一问题的看法及理论依据,进一步阐明问题的来龙去脉和作者自己的见解。也可从问题发生的历史背景、目前现状、发展方向等提出与文献不同的观点。比如说,关于汉语方言分区问题的探讨,主要的分区标准有哪些? 目前有哪些研究成果? 具有代表性的有哪些? 哪些问题已经解决,哪些问题有待解决? 这些都是文献综述应论及的问题。

2. 文献法优点

(1) 不受时空的限制。从时间跨度来说,只要有记载,通过文献可以了解任一历史时期的人物和事件;从空间上看,可以不受国别、地区的限制,既可研究本国,也可研究其他国家或地区的社会、历史、语言等状况。

(2) 具有间接性。文献法研究那些业已存在的文字材料、数据资料或其他形式的信息材料。文献研究不需要直接与人打交道,不会受被调查者心理或行为的干扰。

(3) 效率高,花费少。文献法的费用依据文献的类型、散布的广度和获取方式的难易程度而不同,但是,它比进行一项大规模调查所需费用要少得多。文献一般存放在图书馆、档案馆、研究所等处,往往只须通过查阅、摘录、复印等形式即可获得。

文献法可以搜集前人对某一语言问题的相关研究成果,获得丰富的语言学资料,用"已知"求"未知",从而搭建研究者自己的研究框架。同时,通过对语言文献资料的检索和整理,研究者还可重新审视自己的研究课题是否具有坚实的理论基础、较高的研究价值等。

值得注意的是,随着语言学的发展,相关文献数量庞大,质量参差不齐。这就要求研究者对这些文献进行选择,以批判的眼光阅读文献资料,去伪存真。在运用前人理论时,要防止已有理论的"意识形态霸权";(仲明,2001)不能一味信服前人的研究成果不敢有所突破,这会限制自身的发展,不利于研究的进行。

5.2.3 对比法

对比法指对比两个或两个以上的事物、对象，找出研究对象之间的相似性与差异性，是语言学的重要方法。语言研究常把两种或两种以上的语言加以对比，包括对比亲属语言，探索语言历史发展的规律，构拟原始母语；还包括对比非亲属语言，研究语言的共性和个性等。双语词典的编写和翻译、第二语言教学亦常运用对比法，如 OV 型和 VO 型在语序特点上的差异较大，说 OV 型语言(如藏缅语、阿尔泰语等)的人学习汉语 VO 时，只要通过对比，直观感受"我衣穿、你饭吃、她水喝"与"我穿衣、你吃饭、她喝水"的差异，一般都会自觉地类推转换，避免病句、错句的产生。(戴庆厦，2004)吕叔湘先生《通过对比研究语法》一文指出："要认识汉语的特点，就要跟非汉语比较；要认识现代汉语，就要跟古代汉语比较；要认识普通话的特点，就要跟方言比较。无论语音、词汇、语法，都可以通过对比来研究。"①

1. 实施步骤

(1) 确定对比主体

首先明确对比主体是什么，如普通话和方言对比、古代汉语和现代汉语对比、各种句式之间的对比、各种语体之间的对比等。

(2) 选择对比项

确定主体后，要选择对比项，即从哪几个方面进行对比。对比项的选择应与研究目的密切相关，可从多个角度进行。语音方面，可以从音位、语调、声调、重音、音步等方面展开；词汇方面，可从构词法、形态特征、词的界定、虚词、实词、外来词等方面展开；语法方面，可从语序、虚词、时、体、态、人称、性、数、格等方面展开；语义方面，可从语义场、词化程度、词语搭配、词汇的民族特色等方面展开。

(3) 对比分析，得出结论

对比分析可用多种方式，如图表对比、数据对比等，有助于研究者快速、直观、准确地分析，得出相应的结论。如表 5-1，用图表的方式直观说明上海方言老派和新派的语音差异。(游汝杰，2004)

表 5-1 上海老派和新派语音差异比较表(节选)

例字 派别	南	碗	面	雪	脱
老派	ne	ue	miɪ	siɪʔ	thæʔ
新派	nø	uø	mi	ɕiɪʔ	thəʔ

2. 运用对比法应注意的问题

(1) 可比性。选择的对比主体和对比项应具有一定的可比性，同时要避免无效对比

① 吕叔湘：《吕叔湘语文论集》，商务印书馆，1983 年，第 136 页。

和低效对比。无效对比指对比后无法得出所需结论;低效对比指对比主体虽具可比性,但由于对比项选择不恰当,或者只进行了浅层次的对比,比较价值没有达到高效对比的要求等。(于根元,2004)

(2) 针对性。按照研究目的,有针对性地选取对比项,根据研究需要安排、取舍内容,突出重点。如要对比普通话和某一方言语音上的差别时,因语音、词汇和语法三者的密切关系,不可避免会涉及词汇和语法。虽然对词汇和语法的详细描写能帮助我们更好地了解方言语音,但过多的描写篇幅会缺乏针对性,不能突出语音的主导地位。

对比法能够揭示事物之间的差异,突出事物的本质特征。有许多事物,若孤立或单独地说明,很难讲清楚,但与其他事物比较时,就立刻显示出它的独特之处。

5.2.4 统计法

统计法对有关数据进行收集、整理、计算、分析,通过实验方法和数学模型研究语言,得出结论。统计法是学术研究的重要方法,也是语言研究科学化的必要途径和有效手段。具体实施步骤如下:

1. 资料整理

统计前,须对搜集的资料进行汇总整理,包括审核、编码、录入三个方面。审核可保证资料的客观性、准确性与完整性。编码将资料数字化,即转换成统计软件和统计程序能够识别的数字,是一种信息转化的过程。如在“性别”一项中,用“1”代表“男”,“2”代表“女”。录入是将资料输入到计算机储存起来,以便查询和统计分析。Excel 和 SPSS 是常用的数据处理软件。(李景山,2011)

2. 统计整理

统计整理指运用统计方法使资料更加条理化和系统化,主要包括频数、频率的统计和统计表、统计图的制作。

频数与频率统计是统计整理中的基本方法。频数统计是计算一组数据中不同取值的个案的分布次数,频率统计是计算一组数据中不同取值的频数相对于总体的百分比。频数、频率统计可以让研究者更加清楚地了解数据的基本特征。统计表、统计图是将抽象的统计数据通过图表的方式直观反映出来,一目了然。(李景山,2011)

3. 统计分析

指对调查统计数据进行系统的梳理和总结,是最关键的一步。通常运用以下三种方法:第一,描述统计法。通过图表的方式对数据进行加工、处理和概括,得出反映语言客观现象的数量特征。第二,推断统计法。通过观察样本数据,概括它所代表的总体特征。第三,模型统计法。根据数学模型对语言的成分或文本间的关系进行推断。(刘颖,2014)

4. 撰写调查统计报告

根据统计结果,撰写调查统计报告,把数学形式的结果转化为自然语言形式的结果。应做到客观真实,避免主观臆断。

统计法可以帮助语言学者分析数据，揭示语言的内在规律，是语言学研究的重要方法。

5.3　语言学研究专门方法

语言学研究，除了有与其他学科相同的研究方法外，还有它本身的特点，这就形成了自己的专门方法。例如语音实验法、地理图示法、历史比较法、语料库法、田野调查法、共时描写法等，下文详细介绍。

5.3.1　语音实验法

又称声学实验法。传统的语音研究主要依靠口耳模仿、听辨语音，在语音的描写、分类和比较等方面取得了很大成就，但往往对研究者的要求较高。20 世纪初，语音学家借用一些医学器械和物理仪器辅助口耳审定语音，弥补了人耳听力的不足，避免主观印象的干扰，使语音的记录和描写更加客观、准确。这些研究逐渐形成"实验语音学"，揭示了许多未知的语音现象，丰富并修正了传统语音学的若干解释和理论。

实验语音学吸收声学、医学、计算机科学等学科的理论和技术，使用浪纹计、示波器、语图仪、动态腭位记录装置、喉头仪等仪器，以及频闪声带照相、X 光照相、肌电测量等技术，记录、测定、分析语音特征。随着个人电脑的普及和语音声学分析技术的软件化，语音实验法在现代得以普及，语言学研究者可用电脑和软件进行实验语音学研究。

1. 实施步骤

(1) 确定研究对象。语音实验法研究语音四要素(音质、音高、音长、音强)和发音器官的动作、形状，包括元音、辅音、声调等方面。研究者可根据自己的需要确定研究对象。

(2) 获取语料。研究者可通过查找语料库和实地录音获得语料。语料的检索详见语料库法。实地录音要选取合适的发音人，确保语料的准确性。录音前要准备录音设备(笔记本电脑、单指向话筒、高质量耳麦、高性能声卡等)、录音软件(斐风田野调查软件、Cool Edit、Adobe Audition 等)。确定录音参数，包括声道、采样率、性噪比等。通常采用单声道，采样率为 44100 赫兹(可根据需要自行更改)。注意选择比较安静的环境，关闭门窗，控制噪音，降低性噪比。录音时，话筒与嘴的距离不能过远也不能过近，保证录音质量。

(3) 语音分析。利用软件标注语音，绘制语图，整理分析各种数据，考察语音的性质和音素的音征。常用的语音软件有 Praat、Mini Speech Lab、Speech Analyzer、Wavefuer 等。常用的计算软件有：SPSS、Excel、The R Project for Statistical Computing 等。

2. 基本概念和术语(林焘，王理嘉，2013)

(1) 语图：反映声音的频率能量随时间变化的三维图形。横轴表示时间，纵轴表示频率，用颜色的深浅标示强弱。

① 宽带语图:用宽带滤波器(带宽通常为 300 赫兹)和相应的高速采样分析所得的三维语图,常用于音色分析。

② 窄带语图:用窄带滤波器(带宽通常为 45 赫兹)和相应的低速采样分析所得的三维语图,常用于音高分析。

(2) 频率:声波每秒振动的周期次数,单位是赫兹(Hz)。

(3) 基频:组成复音的各个纯音振幅不同,频率也不同,其中频率最低、振幅最大的叫基音,基音的频率称为基频 F0。

(4) 共振峰:在特定的频率区域聚集大量声能的语音表现。元音共振峰在三维语图上呈现为明显的粗黑横杠。从低频到高频分别为第一共振峰、第二共振峰和第三共振峰,简称 F1、F2、F3。其中 F1、F2 最为重要,这两个共振峰的频率基本上可以决定一个元音的音色。

(5) 冲直条:或称"尖峰",是瞬音在语图上的表现。瞬音是突然爆发成声,一发即逝的,时间一般只有 10 毫秒左右,在语图上表现为一条细窄的垂直尖线条。塞音是典型的瞬音。

(6) 乱纹:是紊音在语图上的表现。紊音是摩擦成声、可以延续的噪音段,在语图上表现为一片杂乱的雨滴状的竖线纹样。擦音是典型的紊音。

(7) 噪音横杠:又称"浊音杠",是浊辅音的标志。发浊辅音时,常在低频区(200 赫兹附近)形成一条能量聚集区,而在高频区没有能量表现。

(8) 过渡音征:元音与辅音相接(CV 或 VC)时,由于受辅音发音部位的影响,元音起始(CV)或末尾(VC)的一小段与辅音邻接的共振峰表现出一些反映辅音发音部位的征兆。

(9) VOT:即噪音起始时间(Voice Onset Time),指塞音除阻声带颤动之间的时间关系。它能比较精确地说明塞音的清浊和送气的情况。VOT<0,除阻前声带就开始颤动,是浊音;VOT=0,除阻时声带立刻颤动,是不送气清音;VOT>0,除阻以后的一段时间才开始颤动,是送气清音。

下面以泰兴方言的语图分析为例:

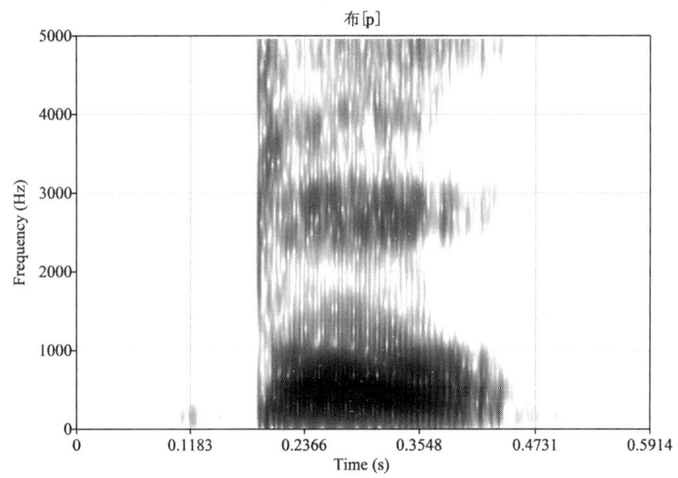

如语图所示，泰兴方言的双唇音“布[p]”是典型的不送气清塞音，有明显的成阻、持阻和除阻段，且在破裂之前都没有浊音横杠。它是上下唇堵塞鼻腔而形成的阻碍，在持阻阶段声带不振动，之后受阻气流突然爆发形成的。在频谱图上的表现是，元音周期性波动之前，出现一条较窄的脉冲波——冲直条，这是塞音的标志性语图特征之一。通过测量“布[p]”的波形图，得到的 VOT 值约等于 9 ms。

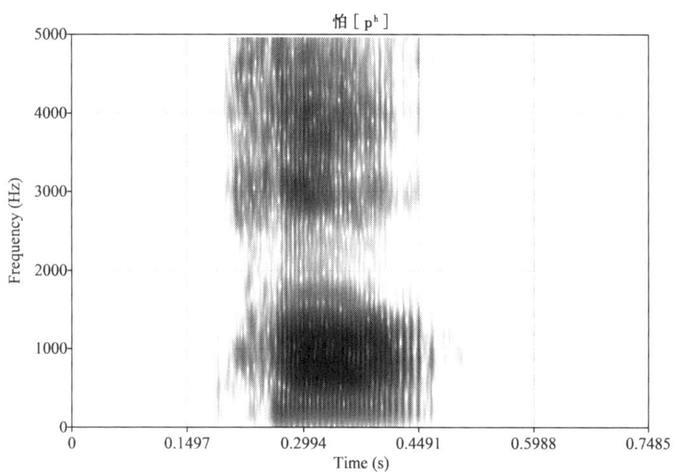

语图显示，双唇音“怕[pʰ]”是典型的清送气塞音。它们在阻塞部位爆破除阻后，声门仍敞开延续一段时间，气流从中逸出，随后声带才开始振动。语图上，冲直条之后是一段噪音乱纹，然后才出现元音浊音横杠，这与不送气清塞音冲直条之后立即出现浊音横杠形成明显对立。通过测量“怕[pʰ]”波形图，VOT 约等于 67 ms。

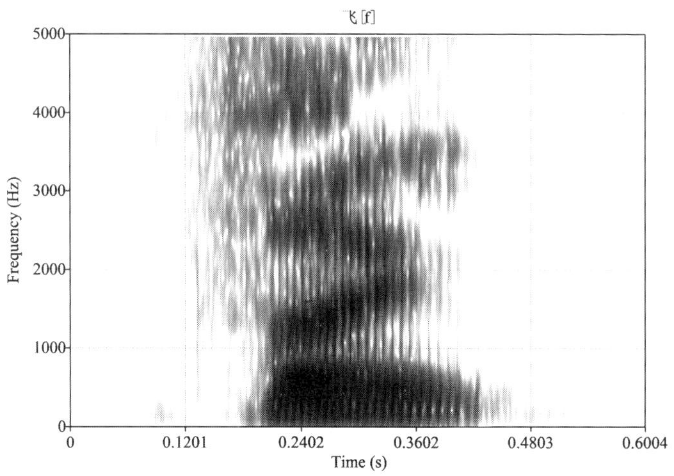

泰兴方言的擦音除阻之后，气流从声门逸出，持续时间较长，然后声带才开始振动。语图显示，它们的元音浊音横杠之前均有一段相当长的送气乱纹。“飞[f]”的强频区集中在 4000 Hz 以上。

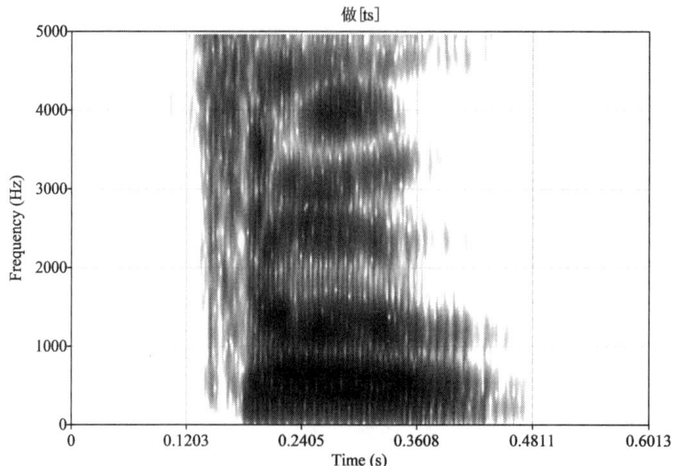

从语图可以看出，“做[ts]”是典型的塞擦音，它在冲直条后均有一片噪音乱纹。“做[ts]”除阻之后噪音乱纹很短，声带随后振动，浊音横杠出现，说明它是不送气塞擦音，冲直条较明显，短暂的乱纹段整体能量较强，而且集中在 3000 Hz 以上的高频区。通过测量波形图，“做[ts]”的 VOT 约等于 58 ms。

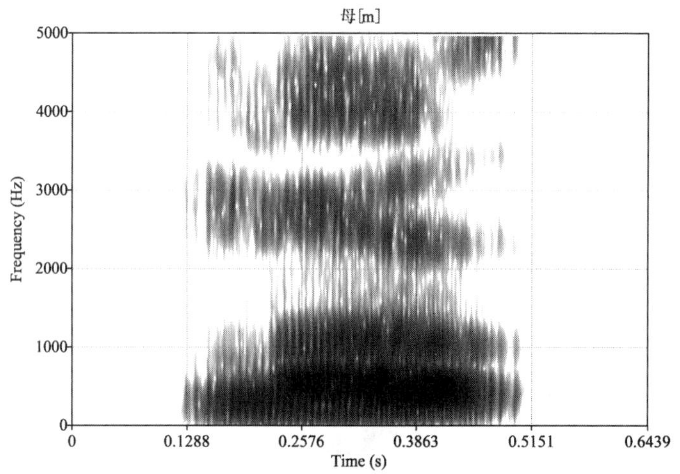

泰兴方言的鼻音[m]是浊辅音，图上的表现是低频区元音共振峰之前就有较粗的浊音横杠，但在高频区能量都较弱，乱纹不明显，这是因为气流分别从鼻腔和舌两边狭小的空间逸出。值得注意的是，鼻音的浊音横杠虽然与一般元音共振峰相似，但并不完全相同。一般来说，鼻音的浊音横杠频率更低，带宽较宽，更贴近基线。因为鼻音气流通道更长，内壁面积较大，会被吸掉更多的能量，加上“反共振”效应，所以它听上去比元音更低沉。(顾黔，2015)

元音一般有五个共振峰 F1、F2、F3、F4、F5，语图上表现为不同的能量集中区域，其中第一共振峰 F1 与第二共振峰 F2 是辨别元音的重要语音特征，F3 和软腭的下降与卷舌有关。F3、F4、F5 一般用于区分个人独特音色。(顾黔，2015)

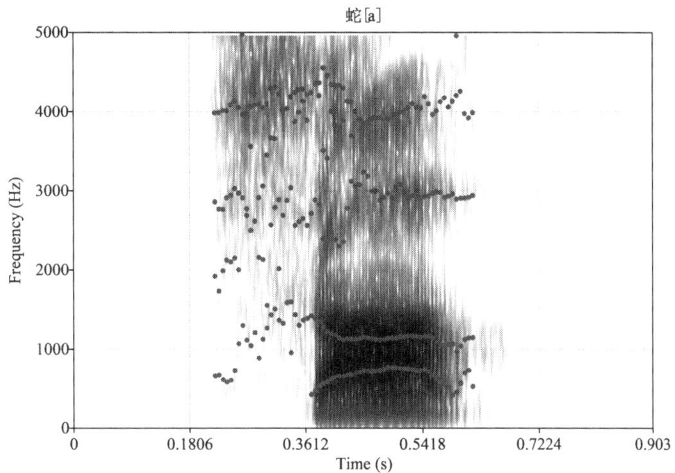

使用 Praat 可以测量[a]的 F1 平均值约为 662 Hz，说明它的舌位相较其他单元音而言低。F2 的平均值约为 1155 Hz，舌位较其他单元音而言靠前。辅音对邻接元音共振峰频率的影响，主要体现在 F2 弯头的指向趋势上，即所谓"音征"，一般表现为升、降或平三种变化，反映了发音器官从辅音到元音的运动过程。泰兴方言[a]的 F1 比较平缓，但 F2 弯头朝上，呈明显的下降趋势。

在理论方面，语音实验法帮助语言学研究者辨别语音的细微特点，揭示语音特征，解释、修正、补充传统语音学理论，使语音学研究更加科学严谨。

在应用方面，语音实验法可应用于语言教学、言语矫治等领域。用生理、声学实验演示发音部位、发音方法和超音段特征，可使教学更加生动、有效。用生理（医学）仪器研究言语缺陷患者的发音机制，为制定矫治方案提供科学数据，帮助言语缺陷患者康复治疗。

5.3.2 地理图示法

地理图示法是语言地理学的一种常用方法。调查某一语言或方言，将调查结果用地图的形式标记出来，对地图呈现的现象、趋势和规律进行分析、解释。地理图示法是对语言的共时描写，也为历史比较语言学提供活的语言材料。1948 年出版的《湖北方言调查报告》附有 65 幅方言地图，是地理图示法在我国汉语方言研究领域的第一次尝试。

1. 实施步骤

(1) 确定调查目的

根据研究任务确定目的，比如是要了解某一地区的全部语言状况还是部分语言状况，还是了解某一语言或方言在一个地区的分布情况还是在不同地区的分布情况，等等。根据调查的目的，确定调查的地域范围，拟定具体的调查项目，进行实地调查。调查项目可以是语音问题，也可以是词汇语法问题，总之是能反映一个语言或方言特点的问题。

(2) 相关准备

实地调查之前，先绘制出所要调查区域的行政地图，确定调查点及其分布情况。根据调查目的和所调查的语言或方言的实际情况，选择调查点，确定疏密分布，等等。如果要调查的语言或方言比较复杂，或某一区域内语言情况比较复杂，调查点就应适当密集一些。

(3) 进行调查,绘制语言地图

调查时应逐点进行,如实记录调查项目的结果,用一定的符号依次标注在行政地图上。在地图上,把代表相同语言特征的符号连成一条线,称为"同言线",又称"同语线"、"等语线"。许多代表不同语言特征的同言线集中在一幅综合的地图上,走向大致相同,但不完全重叠,聚合在一起形成"同言线束",它是划分不同方言区的重要依据。

(4) 分析地图,得出结论

地图绘制完成后,运用相关知识,对图中所表示的语言现象进行分析和解释。如图 5-1 所示(岩田礼,2012):

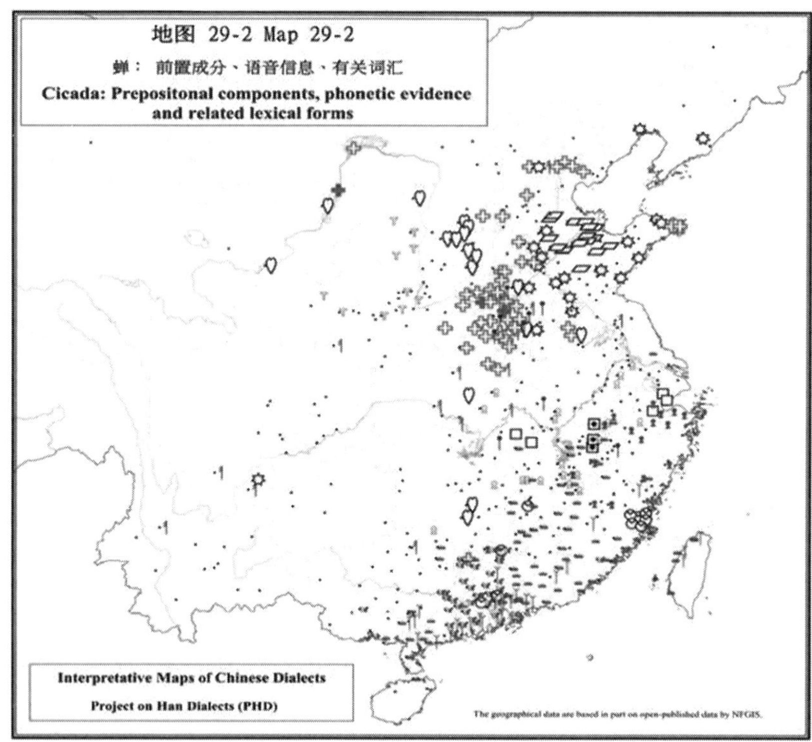

A.前置成份 Prepositional components

麻 ma-,蚂 ma-:麻唧了 majiliao etc.

麦 mai-:麦知了 maizhiliao,麦即鸟 maijiniao

阿 a-:阿蝉 achan,阿蚸 achi,阿姨 ayi etc.

秋 qiu-:秋蝉 qiuchan,秋凉 qiuliang etc.

伏 fu-:伏了儿 fuliaor,伏天 futian etc.

消 xiao,小 xiao,蛸 shao

胡 hu,蝴 hu:胡唧唧 hujiji,蝴蝶丫 fudieye etc.

咕 gu-:咕子腰 guziyao,咕吱呀 guzhiya

B.语音信息 Phonetic evidence

首位音节 (initial syllable):平声 (Tone I)

"蝉 chan"的韵尾 (coda): -m

X+iou, io, iɔ, iau (C-4 类)

鸟 [niau]

了 [niau]

C.有关词汇 Related lexical forms

蟾蜍 qinchu:蟾蜍义 (meaning 'toad')

蚰 you:蜗牛义 (meaning 'snail')

蚸 qi:水蛭义 (meaning 'leech')

蝉 chan:蝴蝶义 (meaning 'butterfly')

图 5-1 蝉的前置成分、语音信息、有关词汇分布图

小动物的名称往往受到其他动物名称的影响。譬如，不少方言以“虱”充当〈蛇蚤〉或〈臭虫〉义词性的词根，这定是出于所指的类似性。但是喜鹊叫“蚂蚁雀”或“山楂”，〈蜗牛〉叫“蛾子”等现象绝不是出于所指的类似性，而是类似词形在语音上互为牵引所致。〈蝉〉的统称也发生过这种牵引现象[①]，在图5-1有所反映。

2. 绘制语言地图的要求

(1) 准确。绘制语言地图的底本应采用各地最新的行政区划图。地图上标注的地名和相关文字说明都要精确、细致。绘制同言线时，要如实客观地反映调查情况。地图上调查哪个点的方言就要准确标记哪个点的具体地名，不要以大的行政区地名(市、县名)代替调查点(镇、乡、村)的地名。

(2) 统一。绘制多幅语言地图时，分区图和综合图所用的行政地图、线条和符号等须统一。

(3) 醒目。为使地图更加清晰，应提前选择线条和图形符号。在一幅地图中，尽量不使用容易混淆的图形符号；语言现象较为特殊时，也应设计醒目的图形符号加以凸显。

5.3.3 历史比较法

历史比较法比较语言的历史事实，研究语言的亲属关系，构拟它的原始形式，重建原始共同语，说明语言的历史演变，是历史比较语言学的重要方法，能够揭示语言各个时期发展规律。

1786年，英国学者威廉·琼斯(1746—1794)比较梵语与希腊语、拉丁语的动词词根和语法形式，发现有许多共同点，认为它们都出于一个共同的来源，这是历史比较法早期的运用。1816年，法朗兹·葆朴(1791—1867)的《梵语动词变位系统》一书，考察了梵语和日耳曼语、希腊语、拉丁语等的关系，用一种语言的形式解释另一种语言的形式，是前人没有做过的。丹麦语言学家拉斯克、德国语言学家格林等都推动了历史比较法的发展。

20世纪以来，中国语言学家如罗常培、陆志韦、王力、李方桂、李荣等，将历史比较法运用到汉语研究中，构拟了上古和中古的语音系统，将汉语音韵学研究提高到了一个新高度。

1. 实施步骤(徐通锵，1991)

(1) 收集、鉴别材料。“历史材料大体上可以分为两大类：一是方言和亲属语言的材料，一是文字、文献的材料。前者是现在的活材料，后者是反映历史发展状况的死材料。”[②]由于语言符号的结合是约定俗成的，偶然的同音而出现的相似性并不具有比较的价值，收集资料时应将它们剔除。

(2) 区分借词。每一种语言都可能由于和其他语言的接触而有一些借词。借词是音

① [日]岩田礼编：《汉语方言解释地图》(续集)，好文出版社，2012年，第86—87页。

② 徐通锵：《历史语言学》，商务印书馆，1991年，第3页。

和义两方面都借自外语的词，因而语言的借、贷双方都会出现相同或类似。日、朝、越等语言都曾与汉语发生过密切关系，从汉语中借去大量的词语。日语中的汉语借词大多属于文化、学术方面，我们不能根据这些词语的相似性而说日语和汉语有亲属关系。

(3) 确定同源成分。能用来进行历史比较研究的必须是同源成分。确定同源成分的主要原则是：考察语义是否相同、相近或相关，语音是否存在完整的或系统的对应关系。成系统的语音对应关系是确定同源成分的关键。进行比较时，应侧重于那些保留古代语言特征较多的成分，因为在语言的历史演变中，语音、词汇、语法的各个成分不会以同样的程度或同等的方式保留下来。一般认为，语音、词汇、语法三要素中，语法比较稳定。因此，印欧语的历史比较很看重形态的比较。但对于形态不丰富的语言如汉藏语，则强调基本词汇在比较中的作用，因为基本词汇生命力最长，也是最稳固的成分。

(4) 明确年代顺序。由于语言发展的不平衡性，相互对应的音在年代上有先后的差别。识别哪个音古老一些，对拟测语言的原始形式来说是必不可少的一个步骤。如果是有书面文献的语言或方言，我们就应该利用这些文献所提供的线索去确定每个语音及其组合方式在年代上的先后顺序；如果是没有文字记载的语言，那就只好根据音理去确定音变的顺序。对汉语而言，方块字虽不能反映语音变化的先后顺序，但是各种韵书、反切、声训等都可以作为参考资料。

(5) 拟测原始形式。构拟原始形式的主要方法是比较不同语言的对应形式，寻找差异，从差异中找到音变的线索及发展的年代层次，构拟原始形式。一般说来，所比较的材料越多、越丰富，拟测的形式就越可靠。在拟测形式的左上方加一个“*”，表示这是一个拟测的形式，不是实际语言中的语音形式。构拟出来的原始形式既要合理地说明现实语言的差异，又要符合语言演变的规律。但它毕竟受到材料的限制，在拟测的时候会带有一定的主观性。因此，一定要设法反证和检验拟测出的原始形式。

(6) 重建原始共同语。试图重建原始共同语的第一人是施莱哈尔，他通过比较印欧语系，拟测原始印欧语的单字、词性变化以及音韵系统，用构拟出的原始语写了一个寓言《山羊和马》。原始语的重建是亲属语言材料的汇聚点，或者说是解释音变的参照点。没有重建的原始语作为参照点，语言史研究就变成材料的堆积，无法理出清晰的头绪。

历史比较法问世以来，取得的最大成就是对语言之间的亲缘关系有了比较明确的认识，尤其是在印欧语系的谱系分类方面，获得了相当确凿的证据。其次是有助于人们了解原始母语的表现形态和使用地域。例如，欧洲学者现在很有把握地认为，原始印欧语起源于黑海以北的地区。(中国大百科全书总编辑委员会，1994)

历史比较法也有一定的局限性，主要表现在以下五个方面：

(1) 历史比较法主要依据文字史料，但有文字之前的语言也是不断发展变化的，有些语言要素早已消亡，由于没有记载，就缺少资料可资比较。其次，能搜集到的材料来自不同的语言，不同的时代，数量不均衡。此外，材料的价值也各有差异。印欧语系一些语言有丰富而古老的文字材料，如古希腊语、拉丁语、梵语、古波斯语，以及许多今天早已不再使用的文字所写的文献材料，但有些语言缺乏系统的材料可供比较。汉藏语系语言的情况与此相仿，有些语言的文字材料很丰富，如汉语，但有些语言至今尚无文字。

(2) 历史比较法只能构拟一种近似的系统，而不是一种实际存在的语言。梅耶(1957)认为，任何构拟都不能得出曾经说过的“共同语”，比较的方法只能得出一种相近的系统，而不能得出一种真正的语言和它所包含的一切表达形式。

(3) 历史比较法只比较方言或亲属语言之间的差异，而对于系统内部的一些不规则的差异却未予以应有的注意，因而碰到一种没有亲属关系的语言(如日语)时，历史比较法就“英雄无用武之地”了。

(4) 语言发展的情况十分复杂，有分化，有统一，也有相互影响。历史比较法只适用于语言的分化，但实际上语言现象还会通过扩散而渗入其他语言，如果从原始语的状态来说，也会有方言的分歧，但历史比较法无法照顾到这一点。所以布龙菲尔德说历史比较法“只能带领我们走很有限的一段路程”①。

(5) 单纯的历史比较法很难对亲属语言的发展规律有全面的认识，还需要借助历史、地理等相关学科的研究。如对某一地区语言进行比较研究，须结合该地区人文历史、地理概况等。

5.3.4　语料库分析法

语料库是按照一定的采样标准，采集自然的、连续的话语片段或语言文本，建成的具有一定规模的、能够代表一种语言或其变体的样本集合。语料库分析法指通过对大规模真实语料的调查来发现并总结自然语言的语言事实和语法规律。(刘颖，2014)具体分类如下(梁茂成，2012)：

1. 从应用的角度，分为通用语料库和专用语料库。

通用语料库，也称一般语料库。搜集不同类型、不同领域的语料，充分考虑对语料库各种可能的应用，不针对某个具体目的，具有广泛的代表性，如 BROWN 语料库、LOB 语料库、国家语委现代汉语通用平衡语料库。

专用语料库，又称专用目的语料库。一般由某一专门领域的语料构成，既可用来与通用语料库做对比，分析专门领域的语言特点，也可用来编纂专门领域的词典。典型的专用语料库如中国语言资源有声数据库、南京方言语音语料库等。

2. 根据语料的表达形式，分为书面语料库和口语语料库。

书面语料库，通常取材于图书、期刊、学术论文、报纸、信件等。如北京大学 CCL 语料库、上海交大科技英语语料库(JDEST)、国际英语学习者书面语语料库(ICLE)等。

口语语料库，既包括语音文件，也包括由口语转写而来的文本，是研究口语特征的重要工具。如汉语方言自然口语变异语料库、北京口语语料库、LLC 英国口语语料库、COLSEC 语料库。

3. 根据语种数量，分为单语、双语和多语语料库。

① [美]布龙菲尔德：《语言论》，商务印书馆，1980 年，第 393 页。

单语语料库，仅收集一种语言的语料，如英国国家语料库(BNC)、国家语委现代汉语平衡语料库。双语语料库，收录两种语言的语料，如汉英平行语料库(PCCE)。多语语料库，收录三种或三种以上语言的语料，如欧洲议会平行语料库。

4. 根据更新方式，分为静态语料库和动态语料库。

静态语料库，又称参照语料库。只收集某一固定时期的共时语言材料，建成之后，不再扩充，如LOB语料库。动态语料库，又称监控语料库。此类语料库没有量级和时间跨度的限制，不断地更新扩充语料，如北京语言大学HSK动态作文语料库。

5. 根据语料的选取时间，分为共时语料库和历时语料库。

共时语料库，收集某一时期的语料，常用于观察和研究某一时代的语言现状，如华语地区汉语共时语料库(LIVAC)等。历时语料库，收集不同时期的语料，常用于研究语言的发展轨迹，如赫尔辛基英语文本语料库。

6. 根据语料处理程度，分为纯文本语料库和标注语料库。

纯文本语料库，指未经任何加工的原始语料库，如汉语学习者口语语料库(未向学界开放)。标注语料库，指对原始语料进行语音、词性、语法、语义、语用一项或多项附码标记的语料库，如LLC英国口语语料库、中研院语料库(Sinica Corpus)。

语料库分析法的实施步骤：

1. 提出研究假设

阅读大量文献，发现以往研究中存在的问题或尚未解决的问题，并以此为切入点，提出有价值的、可以通过语料库分析得到验证的假设。

2. 选择语料库

不同的研究课题需要使用不同的语料库，应根据研究目标和研究对象，尽量选择大型的、具有代表性的语料库。例如，研究中国英语学习者的语言问题，可以使用“中国英语学习者语料库”；研究英国英语可以使用“英国国家语料库”；研究美国口语可以使用“MICASE语料库”。(梁茂成，2010)

3. 选择语料库处理工具

语料库处理工具大致可以分为通用语料库处理工具和专用语料库处理工具。前者功能全面，主要处理纯文本，包括词表分析工具、索引工具、主题词分析工具等。后者主要用于处理特定格式(如XML格式)的语料库，如ICECUP只能处理国际英语语料库。

对语言学者来说，使用频率最高、应用范围最广的是索引工具，其功能包括词表生成、“带语境的关键词”索引、搭配词统计、主题词提取、联想词统计及重组、语篇统计、词丛和词图统计等。常见的语料库索引工具有(杨惠中，2002)：

Wordsmith Tools，由英国利物浦大学Mike Scott设计，包含Concord(语境共现检索工具)、Wordlist(词频列表检索工具)、Keywords(关键词检索工具)、Splitter(文本分割工具)、Text Converter(文本替换工具)、Viewer(文本浏览工具)。

TACT(Text Analysis Computing Tools)，是加拿大多伦多大学开发的语料库索引软件包，由16个相对独立的执行程序组成，具有全文检索、语境中的关键词索引、词表生成与词频统计、搭配词自动提取等功能。

Concordance，是英国瓦特(R.J.C.Watt)在1999年开发的语料库索引软件。该软件为独立软件，可对任何语料库文本进行索引分析。

此外，还有用于英国国家语料库(BNC)的SARA、英国伯明翰大学COBUILD语料库索引器、上海交通大学语料库索引器(JDEST)，专门用于搭配研究的X-tract，独立索引软件Word Cruncher、Lexas，用于Mac平台的MonoConcord等。

4. 语言特征的标注和提取(梁茂成，2010)

如果研究的语言特征是可以从生文本中提取的词汇或短语，一般不需要对语料库进行标注。但更多情况下，为了增加分析的维度，还需对语料库进行自动或手动标注，如词性标注、句法标注、语用信息标注、错误标注、话语特征标注等。对语料库进行标注后，可提取相关特征出现的频数、语境等信息。

5. 统计分析和数据解释(梁茂成，2010)

语料库统计分析最常用的方法是卡方检验和对数似然率。根据研究需求不同，也可使用聚类分析、对应分析、相关分析、多元回归等方法。统计分析后，应结合研究前人的相关研究成果和理论，对所得数据做出解释。

语料库分析法利用计算机技术，快捷、准确、有效地对大量语言文本进行宏观考察和微观探究，为语言研究提供了量化语料和统计数据。

5.3.5　田野调查法

田野调查法又称田野工作法，指语言调查者通过实地调查，获取语言资料，是语言研究的重要方法。汉代扬雄著《方言》时就已运用这种方法，“雄常把三寸若翰，赍油素四尺，以问其异语，归即以铅摘次之于椠”①。

著名语言学家们都很重视田野调查，如赵元任、罗常培等。1936年，赵元任率丁声树、杨时逢、吴宗济、董同龢4个助理，赴湖北省实地调查了64个县，全部配有音档，还绘制了方言地图。1956年，为了进一步了解我国少数民族语言的情况，解决少数民族的文字问题和发展少数民族文化，国家组织了7个少数民族语言调查工作队，分赴全国少数民族地区进行大规模的语言调查。马学良带领调查苗瑶语的第二工作队，深入贵州凯里、台江等地进行调查。通过社会调查，对苗语方言分歧和语言的使用情况进行深入研究后，提出了为苗族创制4种文字的意见，并设计了4种文字方案。(奚博先，2008)

田野调查法的实施步骤具体如下：

1. 前期准备

根据研究目的，搜集文献；准备实验器材，包括录音、摄像、语音分析设备和其他辅助设备。

2. 拟定调查大纲

拟定调查大纲是田野调查的重要工作之一。根据研究需要不同，大纲的内容也不完

① 洪诚选注：《中国历代语言文字学文选》，江苏人民出版社，1982年，第100页。

全相同。如描写某一语言或方言的概貌，应制定包括语音、词汇、语法等基本情况的综合型大纲；如调查的是某个具体问题，制定的大纲应围绕具体问题尽可能详尽，以便进行深入调查。无论哪种调查大纲，都应包括以下两方面的内容：一是基本信息，包括调查时间、地点、合作人信息等；二是需要调查的具体问题。一般来说，初步制定的大纲往往不够全面，随着调查的不断深入，大纲也应不断修改和补充。调查大纲有助于研究者把握调查方向，明确调查重点，使调查工作顺利进行。

3. 选择语言调查合作人(戴庆厦，2008)

选取语言调查合作人是田野调查的重要一环。选择调查合作人的条件主要有以下几个：

(1) 土生土长、从小以该语言或该方言为母语、现在依然使用，无长期外出经历。最好家庭成员及交往对象也经常使用该语言或该方言。

(2) 年龄以 20—45 岁为宜。这一年龄段的人发音定型，词汇量较大，句型丰富，具有代表性。

(3) 文化程度不必很高，小学以上，认识常用字即可。

(4) 反应较快，有耐心，愿意与调查者合作。

(5) 为语音专题服务的，要求发音人发音器官正常，口齿清晰，语言表达流畅。

(6) 为语法专题服务的，要求发音人语言丰富，表达能力强。

(7) 为记录长篇语料服务的，要挑选了解民间民俗文化的合作人。

具备以上全部条件的合作人是比较理想的，但往往不易找到。权衡时主要考虑合作人发音的代表性、提供语料的可靠性。

4. 实施调查

正式调查，也是观察与访谈的阶段。由于调查目的、地点等不同，调查程序也不相同。调查时应注意以下几方面：

(1) 了解当地的禁忌和社交礼仪，入乡随俗。

(2) 仔细观察。如调查语音时，需要注意观察发音人的口形、舌位等细节。只有观察细致、深入，才能透过现象看本质，得到客观、准确的调查结果。

(3) 与合作人建立平等友好的关系，充分尊重、听取合作人的意见，调动合作人的积极性。

(4) 调查时要注意比较。例如调查某方言的词汇，要考虑周边方言是否有相同或相近的说法，为探讨语言间的相互关系、接触和影响做准备。

5. 撰写调查报告

调查报告的主要作用是为后续研究提供语言事实和材料，应尽可能详细说明调查过程和结果，通常包括以下几个部分：

(1) 标题。标题应明确调查主题。

(2) 调查过程。包括调查的起止时间、地点、调查方法、对象等。

(3) 调查的主要内容和结果，存在的问题等。

（4）附件。主要包括调查大纲、地图、访谈记录等能够说明问题、具有保存价值的资料。

田野调查可以获得真实、准确的第一手语料。调查者身处实地，面对的是一种语言或方言的众多使用者，能够避免单个发音人提供语料的局限。此外，田野调查记录的是实际使用的自然语料，能较好地反映当地的语言事实，为探讨语言或方言的内部差异、历史演变等提供丰富的语料。（戴庆厦，2006）

5.3.6　共时描写法

共时描写法，指对某一时期的一种或几种语言或方言的语音、词汇、语法系统进行描写。例如，我国两千年前的《方言》是扬雄对汉代的汉语方言词汇的共时描写，《中原音韵》是周德清对元代语音的共时描写，基本反映了 14 世纪北方方言的面貌。运用共时描写法应注意以下几点（黄弗同，1988）：

1. 通常先调查语音，再调查词汇和语法。

2. 语音方面，描写某个时期某种语言或方言的语音系统，一般先调查声调，再调查声母、韵母。先调查单字音，再考察音变，然后分析语音结构和音系特点。运用共时描写法，记录某种语言或方言的语音系统，可以与其他语言或方言对比，或与该语言或方言其他历史阶段进行历时比较研究。

3. 词汇方面，最好用国际音标注音，解释词义并附例句。

4. 语法方面，可与亲属语法之间进行共时比较，其结果可用于对语言进行类型划分。

共时描写法描写某个时期语言或方言的面貌，并使其系统化；从断代的角度揭示语言特征，是语言研究的基础。

第 6 章

语言学写作规范

规范指约定俗成或明文规定的标准。在长期的科学研究和传播活动中，语言学写作形成了一定的规范。语言学论文、专著的撰写都需要遵循相应的规范。根据写作的任务与目的，语言学写作规范主要包括标题、摘要、关键词、责任者、目录、文献综述、章节、文本、结语、参考文献①和致谢等方面。本章介绍语言学写作规范涉及的内容及注意事项。

6.1 标题

6.1.1 标题的定义

标题也称“题名”。根据《现代汉语词典》(第 7 版)，标题指“标明文章、作品等内容的简短语句”②。国家标准《科学技术报告、学位论文和学术论文的编写格式(GB 7713—87)》称标题为“题名”，定义为“以最恰当、最简明的词语反映报告、论文中最重要的特定内容的逻辑组合”③；国家标准《学位论文编写规则(GB/T 7713.1—2006)》指出：“题名以简明的词语恰当、准确地反映论文最重要的特定内容(一般不超过 25 字)。”④

6.1.2 标题的分类

按照形式分类，标题一般可以分为总标题、副标题和层次标题。

1. 总标题

即一般意义上的标题，如图书著作的书名、论文的题目、科学报告的题目等。总标题常简称为标题，反映文章最核心的内容。如无特别说明，标题即为总标题。

---

① 参见第 7 章。

② 中国社会科学研究院语言研究所词典编辑室编：《现代汉语词典》(第 7 版)，商务印书馆，2016 年，第 85 页。

③ 国家标准局：《中华人民共和国国家标准：科学技术报告、学位论文和学术论文的编写格式(GB 7713—87)》，中国标准出版社，1987 年，第 614 页。

④ 国家标准局：《中华人民共和国国家标准：学位论文编写规则(GB/T 7713.1—2006)》，中国标准出版社，2006 年，第 262 页。

2. 副标题

副标题具有限定、修饰、细分主标题的作用，可补充总标题，完整地表达作者意图。国家标准 GB 7713—87 规定："题名语意未尽，用副题名补充说明报告论文中的特定内容"[①]；国家标准 GB/T 7713.1—2006 也指出"题名内容层次很多，难以简化时，可采用题名和副题名相结合的方法，其中副题名起补充、阐明题名的作用"[②]。如：

《宁波方言的"鸭"[ɛ] 类词和"儿化"的残迹——从残迹现象看语言的发展》(徐通锵，1985)；

《分析方法刍议——评句子成分分析法》(陆俭明，1981)；

《通泰方言韵母研究——共时分布及历时溯源》(顾黔，1997)；

《天津方言阴平调值的演变过程——兼论天津方言的源流关系》(王临惠，2012)。

总标题与副标题之间应另起一行，用破折号连接。较之于总标题，副标题缩小或者限定研究范围，可以帮助读者了解研究成果的范围和深度，确定是否继续阅读，判定是精读还是浏览。

3. 层次标题

层次标题是除总标题外的不同级别的分标题，是对每章、每节、每条中心内容的概括，展现文章的逻辑结构、行文顺序和部分内容的层次，方便读者阅读和文献检索。

层次标题应简短明确，要采用概括性强的词语恰当地反映各逻辑段落的主要内容和中心思想。层次标题不宜过多，最好不超过四级，每一层次内标题不少于两个。为了版式的层级分明、美观醒目，通常用不同的字体、字号区分标题的层次。如本书目录页所示的层次标题。

6.1.3 标题的要求

1. 简明准确

标题内容要准确、简明地反映文章的内容。国家标准 GB 7713—87 规定，标题一般不超过 20 个字。使用外文题名时，不超过 10 个实词(国家标准局，1987)。例如，《小句中枢说》(邢福义，1999)、《汉语方言中的历史层次》(丁邦新，2012)、《见母的上古音值》(曾晓渝，2003)、《论"做"的字音》(李蓝，2003)，On non-predicative adjectives(吕叔湘、饶长溶，1981)，On the verbness of nouns in Pre-Qin times(朱德熙，1988)。

2. 通常由名词性短语构成

根据国家标准 GB 7713—87，"题名所用每一词语必须考虑到有助于选定关键词和编制题录、索引等二次文献可以提供检索的特定使用信息"[③]。标题不应过多使用修饰语，

---

① 国家标准局：《中华人民共和国国家标准：科学技术报告、学位论文和学术论文的编写格式(GB 7713—87)》，中国标准出版社，1987 年，614 页。

② 国家标准局：《中华人民共和国国家标准：学位论文编写规则(GB/T 7713.1—2006)》，中国标准出版社，2006 年，第 262 页。

③ 国家标准局：《中华人民共和国国家标准：科学技术报告、学位论文和学术论文的编写格式(GB 7713—87)》，中国标准出版社，1987 年，第 614 页。

应尽可能多地包含主题词。读者通过主题词搜索文献，可以大致理解文章核心内容，快速判断是否属于自己需要的文献。例如：《试论非谓形容词》（吕叔湘、饶长溶，1981）、《关于先秦汉语里名词的动词性问题》（朱德熙，1988）、《现代汉语词类问题考察》（胡明扬，1999）、《唐五代文献词语考释五则》（董志翘，2000）、《中古音声韵徽语今读分析》（赵日新，2003）。

3. 选用常用词

拟定标题时，应采用规范汉字，尽量选择常用词，使读者一目了然。避免使用不常用的缩略词、首字母缩写字、字符、代号和公式等。如果文章的研究对象是符号或缩略语，则应用引号标出，如《中国语境下"OK"语用变异的调查研究》（袁周敏，2012）。

6.2 摘要

6.2.1 摘要的定义

摘要又称"提要"、"文摘"。根据国家标准 GB 7713—87，摘要是"报告、论文的内容不加注释和评论的简短陈述"①。摘要能让读者尽快了解文章内容。国家标准《文摘编写规则》（GB 6447—86）指出摘要是"以提供文摘内容梗概为目的，不加评论和补充解释，简明、确切地记述文献重要内容的短文"。②

摘要主要包含研究目的、方法、结果和结论四个要素。目的指调查研究的前提、主题范围和任务等；方法指所用的理论、条件、对象、材料、手段、设备、程序等；结果指调查研究后得到的数据、事实等。结论包括对结果的分析、总结、预测等。具体写作时，可根据摘要类型及论文内容灵活运用。

6.2.2 摘要的类型

按照编写形式分类，摘要一般分为报道性摘要、指示性摘要和报道—指示性摘要。

1. 报道性摘要

国家标准 GB 6447—86 规定，报道性摘要是"指明一次文献的主题范围及内容梗概的简明文摘，也称简介"③。它全面真实地反映文献的主要内容，信息量大，参考价值高。一般适用于主题比较集中、学术或技术内容丰富新颖的文献，如学术论文、技术报告、专利说明书等。

语言学研究的报道性摘要应详细介绍研究的方法、结果和结论，目的和其他要素可

① 国家标准局：《中华人民共和国国家标准：科学技术报告、学位论文和学术论文的编写格式（GB 7713—87）》，中国标准出版社，1987 年，第 614 页。

② 国家标准局：《中华人民共和国国家标准：文摘编写规则（GB 6447—86）》，中国标准出版社，1986 年，第 1 页。

③ 国家标准局：《中华人民共和国国家标准：文摘编写规则（GB 6447—86）》，中国标准出版社，1986 年，第 1 页。

以略简，充分反映论文的创新点，使读者通过摘要了解论文的实质内容。报道性摘要以300—400 字为宜。例如：

关于殷墟卜辞的命辞是否问句的考察

裘锡圭

提要　甲骨学者长期以来把殷墟卜辞的命辞(提出所要占卜的事情的话)一律看作问句。70 年代以来，不少国外的甲骨学者提出了命辞基本上都不是问句的新看法。命辞究竟是不是问句，无论对甲骨学还是对古汉语语法的研究来说，都是一个很重要的问题。本文作者考察了已著录的全部殷墟卜辞，认为目前能够确定是问句的命辞，主要是早期卜辞中那些带句末语气词的“抑”和“执”的选择问句式命辞以及带“抑”的是非问句命辞，被很多人看作反复问句的“V 不 V”(如“雨不雨”)和“V 不”式卜辞，实际上是由命辞和验辞两部分组成的，“不 V”和“不”是验辞；目前能够确定不是问句的命辞，主要是一部分复句式命辞，如“今者(?)王勿比望乘伐下危(?)，弗其受有祐”、“壬勿田，其雨?”等，这些卜辞从语义上看不可能是问句。大部分命辞究竟应该看作陈述句还是看作是非问句，尚待研究。

南部吴语韵母的历史层次及其演变

施　俊

提要　本文讨论南部吴语上丽、瓯江及婺州三片支脂之韵的读音层次，指出上丽片支韵有五个层次。除上丽片开化、江山、广丰及玉山部分方言点有支韵Ⅳ层读音外，瓯江和婺州片各方言有支韵Ⅰ层、Ⅱ层、Ⅲ层、Ⅴ层(文)这四个层次。其中支韵Ⅰ层与歌韵读音相同，是上古音的遗留。支韵Ⅱ层与哈灰韵合流。支韵Ⅲ层在上丽和瓯江片方言中有较多的读音变体，前者主要表现在高元音 i 后裂化为 ie 而形成的读音对立，后者主要体现在高元音 i 在不同声母组下的读音变体，其中一个变体为 i 前裂化 ei，这是两片方言相区别的重要创新音变之一。文章指出南部吴语支韵的 ie 或 ei 不是反映《切韵》时期与脂之韵相区别的古老读音。支韵Ⅴ层是文读层读音。最后，文章还讨论了高元音裂化形成的读音对立可能会被误认为是文白读以及能否从某些层次中发现方言音系格局的本来面目等问题。

2. 指示性摘要

又称“解题性文摘”，向读者指示文献的主题范围、研究目的和方法，实际上是对标题的补充说明。较之报道性文摘，浓缩程度更高。不适用于语言学学术性论文，适用于篇幅长、内容散、创新少的综合性资、料性文章。语言学指示性摘要应以研究的目的要素为主，研究的方法、结果、结论和其他要素为辅，篇幅在 100—200 字为宜。例如：

国外认知语言学研究综观

文　旭

提要　认知语言学是研究建立在我们对世界的经验以及观察和概念化世界的方式基础之上的人类语言的一门新兴学科，是近年来国外语言学中的热点，其研究范围极其宽广。本文分七个部分介绍了该领域的研究状况：范畴化与典型理论、概念隐喻、意象及其维度、框架理论和脚本理论、拟象性、语法化和认知语用推理。作者认为，21世纪将是认知语言学的时代，了解国外的研究状况，引进与自创相结合，将对我国的认知语言学研究与发展起到巨大的推动作用。

二十年来汉语方言研究述评

詹伯慧

提要　本文对中国大陆二十年来汉语方言研究进行简要的评述。文章分四个部分：①将现代汉语方言研究七十多年的历史分为奠基期、普查期和飞跃期，从二十世纪七十年代末迄今二十年为飞跃期。②从学术机构和团体的建立，《方言》杂志的创办，学术会议的频繁举行和研究人才的培养四个方面论述近二十年汉语方言研究快速发展的情况。③通过有影响的重要著作，对二十年来汉语方言研究的内涵、特点和走势进行论述。④对二十年来汉语方言的研究发展提出看法。

3. 报道—指示性摘要

根据国家标准GB 6447—86，报道—指示性文摘是“以报道性文摘的形式表述一次文献中信息价值较高的部分，而以指示性文摘的形式表述其余部分的文摘”①。灵活性大，信息量多。

语言学的报道—指示性摘要，论文中价值较高的部分采用报道性摘要的形式详细表述，其余部分用指示性摘要的形式，篇幅200—300字为宜。例如：

长治方言纪略

侯精一

提要　长治市为山西省第三大城市，古属上党郡，历来是晋东南地区政治、经济、文化、交通的中心。据一九八二年的人口普查材料，连同郊区在内，长治市共有人口四十三万，其中回民约两万人。市区的话和郊区的话有些差别。市区汉民说话和回民说话，老

① 国家标准局：《中华人民共和国国家标准：文摘编写规则(GB 6447—86)》，中国标准出版社，1986年，第1页。

派说话和新派说话也有差别。本文前两节讨论市区老派汉民话，末了一节讨论长治方言的内部差异。全文共分三节。(壹)声韵调；(贰)词汇和语法例句；(叁)长治话的内部差别。(侯精一，1983)

先秦汉语名词、动词、形容词的发展

郭锡良

提要　从殷商到秦的一千多年里，汉语的名词、动词、形容词的变化很大。最明显的是数量增加很大，产生了一些新的小类。突出的有：表示度量衡单位的名词形成了完整的系统，表示天然单位的名词也已产生，并日益丰富；增加了大量意义比较抽象的单音形容词，新产生了大量双音形容词。然而，从语法方面来看，更重要的是三类词的句法功能的多样化、复杂化和结合关系的变化发展，形成了多功能交错的局面，带来了词类活用、词的兼类现象的发展。

通泰方言韵母研究
——共时分布及历时溯源

顾　黔

本文旨在对通泰方言的韵母系统进行共时描写并同时考察其历时发展。在通泰方言腹部地区，中古流摄分并离析，无独立韵类；所谓"支微入鱼"的现象普遍存在；咸山合流，今分三类。本文认为，江淮之间早期为吴语区，永嘉丧乱后大批北人历次南下，充实江淮间，使其间的方言性质发生了根本性的转移。因此，通泰方言与客、赣、晋西南方言同源而具有吴语色彩。文章指出，通泰、吴湘(徽)方言间诸多相同之处不是"吴音西播"的结果，而是原来相同或相近的方言因素在异地的共同保留。

根据使用语言分类，摘要一般分为中文摘要和英文摘要。国家标准GB 7713—87指出，"为了国际交流，还应有外文(多用英文)摘要"①。篇幅不宜超过250个实词。一般而言，英文摘要是中文摘要的译文，常用一般现在时、一般过去时；尽量使用主动态；数字通常用阿拉伯数字。语言学学术论文一般都有中、英文摘要。例如：

句法语义接口问题

陆俭明

摘要　本文从自然语言处理的角度探讨句法和语义的接口问题，认为可以有不同的探索的思路，文章对不同的探索思路做了一定的分析，并就每一种探索思路提出了一连

① 国家标准局：《中华人民共和国国家标准：科学技术报告、学位论文和学术论文的编写格式(GB 7713—87)》，中国标准出版社，1987年，第614页。

串需要我们进一步研究、解决的问题。

Abstract: In this paper, we discuss the issue of interface between syntax and semantics from the perspective of natural language processing. We propose the various approaches to link syntactic and semantic representations to each other. However, there are different problems for each approach need to be taken into consideration.

汉语方言中的历史层次

丁邦新

提要　汉语方言中的历史层次可能是语言中特有的现象，近年来引起研究者浓烈的兴趣。历史层次基本上指文白异读，一般的了解白读是白话音，文读就是读书音。除闽语以及极少数方言之外，其他方言的文白异读都是局部的、片面的，只有闽语等少数方言是相当全面的。官话、吴语、晋语、客家话、赣语、湘语、粤语大体跟北京音一样，文读未必是读书音，而是一种白话音，时间或早或晚。当两种白话音融合的时候，用其中一种强势的白话音来读书，因为用这种白话音读书，慢慢就成为文读。这是两种白话音的混合引起的现象，其中也许还有更早期的底层。另一种情形较为全面，就像闽语跟儋州话，白读是本有的，文读真的是所谓读书音，由于科举盛行，文读是为了读书从强势方言借进来的语音，以及离标准音远的地方引进的形形色色的外来方言。

That there is more than one historical stratum underlying a language is a topic that has drawn increasing attention of linguists working on Chinese dialectology in recent years. Generally speaking, the historical strata may consist of two different sets of readings, the colloquial versus the literary. The former represents a dailyspoken language, and the latter is usually used in reading. Except for Min and a few other dialects, the double-reading phenomena in all major Chinese dialect groups are sporadic and scattered. Similar to what we find in the Beijing dialect, the literal readings in the Mandarin, Wu, Jin, Hakka, Gan, Xiang, and Yue dialects belong, partially or wholly, to the daily-spoken language in different times, and were characteristically colloquial. When two colloquial layers coalesced, the prominent dialect was used for reading and eventually gave rise to the so-called literary readings. In addition, in some cases, a language may display an even earlier stratum of pronunciation. The Min dialects, however, demonstrate a different situation. Literary readings are so complete that in some extreme cases almost every morpheme may have two matching readings, a distribution in which the colloquial readings are the basic forms and the literary readings are really literal. Because of the traditional civil service examination, the literary readings were borrowed from the standard language or a nearby prestigious dialect. And, due to a mixture between the two layers, new readings may have been subsequently created.

6.2.3 摘要的要求

据国家标准《文摘编写规则》(GB 6447—86)和《科学技术报告、学位论文和学术论文的编写格式》(GB 7713—87),现将摘要要求概括如下。

1. 简明

摘要是一篇完整的短文,应表达简明、语义确切、字数适宜,如实、客观地反映文章的创新之处和作者特别强调的观点,避免语言学领域已成常识的内容。“中文摘要一般不宜超过 200—300 字;外文摘要不宜超过 250 个实词。如遇特殊需要字数可以略多。”①学位论文相对较长,摘要字数可以适当增加,中文 300—600 字,外文摘要实词 300 个左右。

2. 规范

摘要应采用规范化的名词术语(如地名、机构名和人名);新术语或尚无合适汉语术语的,可用原文或译文加括号注明。缩略语、略称、代号,首次出现时必须加以说明。摘要应采用国家颁布的法定计量单位,正确使用简化字和标点符号。一般不用图、表、化学结构式、非公知公用的符号和术语。

6.3 关键词

6.3.1 关键词的定义

国家标准 GB 7713—83 定义是“为了文献标引工作从报告、论文中选取出来用以表示全文主题内容信息款目的单词或术语”②。是从文中选取出来的文章最核心、出现频率最高的词语,能够最准确、最凝练地概括文章的对象、主题和观点等。

6.3.2 关键词的特点和要求

1. 关键词通常选用 3—8 个。关键词太少,不能全面反映文章内容;关键词太多,文章主旨不够明确。语言学论文一般选用 3—5 个关键词。例如:

《江苏境内长江两岸江淮官话与吴语边界的同言线》(顾黔、史皓元、石汝杰,2007)

关键词:方言分界;分区标准;同言线

《中古汉语的“儿”后缀》(竺家宁,2005)

关键词:汉语词缀;儿后缀;中古汉语;构词法

《北京话的轻声和轻音及普通话汉语拼音的注音》(魏钢强,2005)

---

① 国家标准局:《中华人民共和国国家标准:科学技术报告、学位论文和学术论文的编写格式(GB 7713—87)》,中国标准出版社,1987 年版,第 614 页。

② 国家标准局:《中华人民共和国国家标准:科学技术报告、学位论文和学术论文的编写格式(GB 7713—87)》,中国标准出版社,1987 年版,第 615 页。

关键词：北京话；普通话；轻声；轻音；汉语拼音

2. 关键词要有适当的深度，反映文章的核心内容。切忌仅从文章内容选择本领域的基础词语，尽量采用《汉语主题词表》或各专业主题词表提供的规范词。选取时，要体现文章的核心思想和创新点。例如：

《汉语方言连读变调的层级和类型》(李小凡，2004)

关键词：连读变调；变调层级；语音变调；音义变调；变调类型

《上海话在吴语分区上的地位——兼论上海话的混合方言性质》(游汝杰，2006)

关键词：上海话；吴语；语言接触；混合型方言

《汉语的层级变化》(李宇明，2014)

关键词：语言层级；语言规划；标准语；地域普通话；大华语；方言

3. 关键词一般为反映论文主题概念的名词或词组。如果某些缩略语已被社会广泛接受，亦可作为关键词。但要注意避免缩略语和意译汉语词组同时出现，以免重复。未被词表收录的新学科、新技术中的重要术语和地区、人物、文献等名称，也可作为关键词标注①。例如：

《关于 HSK 阅读理解测验构想效度的实证研究》(柴省三，2012)

关键词：篇章效应；阅读理解；HSK；构想效度；背景知识

《HSK 阅读理解试题的语料和命题》(黄理兵、郭树军，2008)

关键词：汉语水平考试(HSK)；阅读理解；语料；命题

4. 关键词应按照逻辑关系恰当排序。表达同一范畴的、概念和意义紧密相连的关键词，一般上位词在前，下位词在后。反映论文研究目的、对象、范围、方法、过程等内容的关键词在前，反映研究结果、意义等的关键词在后。(马利，2007)例如：

《吴徽语入声演变的方式》(曹志耘，2002)

关键词：吴语；徽语；入声；语音演变

《汉语亲属关系的语义表示和自动推理》(陈振宇、袁毓林，2010)

关键词：亲属词语；语义特征；亲属关系；自动推理；一阶谓词逻辑；运算规则；运算流程

《中古以后麻佳同韵的类型及其性质》(郑伟，2015)

关键词：《切韵》；中古金陵音系；麻佳同韵；现代方言；语音性质

5. 关键词的格式要求。关键词应排在摘要下方，关键词之间用分号或空格隔开。中英文关键词应一一对应。中文关键词前以“关键词”作为标识；英文关键词前以“Key words”作为标识。例如：

《南京方言宕江两摄入声韵的共时变异及历时演变研究》(顾黔，2015)

关键词：南京方言、入声韵、共时变异、历时演变

Key Words: Nanjing dialect, entering tone, synchronic variation, diachronic evolution

① 参见《中国高等学校社会科学学报编排规范》。

《"都"的语义功能和关联方向新解》(袁毓林,2005)

关键词:算子、约束、变量、左向条件、成分统制、焦点冲突、述谓关系

Key Words: operator; bind; variable; leftward binding condition; c-command; focus clash

6.4 责任者

6.4.1 责任方式与责任者

语言学研究成果类型主要有:论文(多为期刊论文、学位论文、会议论文)、图书著作、研究报告等。语言学学术论著的责任方式(即著作方式)主要有著(撰、述)、编(纂)、编著、译(翻译)、编译等。(叶继元等,2005)如下表:

表 6-1 责任方式举例

题名	责任者	责任方式
《通泰方言音韵研究》	顾黔	著
《汉语方言语法类编》	黄伯荣	主编
《如皋县志》	江苏省如皋地方志编纂委员会	编纂
《当代西方语言学要著研读》	陆丙甫等	编著
《汉语方言分区的理论与实践》	顾黔	译
《语言学史》	林祝敌	编译

除此以外,还有执笔、报告、口述、整理等其他责任方式。例如,《汉语"走出去"是件大好事》(高赛,2010),责任者是高赛,责任方式是执笔。

责任者指"对文献中的著作内容进行创造、整理,负有直接责任的个人或团体"①。图书的责任者通常称为"著者"。根据国家标准 GB 7713—87,责任者包括报告、论文的作者,学位论文的导师、评阅人、答辩委员会主席以及学位授予单位等。若责任者姓名附有汉语拼音,须遵照国家规定,姓在名前,名连成一词,不加连字符,不缩写。

主要责任者是指"对文献的知识内容或艺术内容负主要责任的个人或团体。主要责任者包括著者、编者、学位论文撰写者、专利申请者或所有者报告撰写者、标准提出者、析出文献的作者等"②。

语言学学术成果的责任者,是指对采用以上著作方式形成的语言学各种类型的研究成果及其内容承担具体责任的个人(含 2 人及 2 人以上的合作者)或团体。责任者可以

① 王绍平、陈兆山、陈钟鸣等编著:《图书情报词典》,汉语大词典出版社,1990 年,第 460—461 页。

② 国家标准局:《中华人民共和国国家标准:文后参考文献著录规则(GB/T 7714—2005)》,2005 年,第 1 页。

是单人或多人。例如：

《〈朴事通〉里的指代词》，作者是吕叔湘，那么责任者就是吕叔湘；

《语词探源的路径——以“埋单”为例》的作者是江蓝生，那么责任者就是江蓝生；

《三岁前儿童反复问句的发展》的作者是李宇明、唐志东，那么责任者就是李宇明和唐志东；

《“好”的话语功能及其虚化轨迹》，作者是邵敬敏和朱晓亚，那么责任者就是邵敬敏和朱晓亚。

当文献有几个责任者时，列居首位的责任者称“第一责任者”①。例如，《时间词“刚刚”的多角度考察》的责任者是邢福义、丁力、汪国胜、张邱林，其中邢福义列居首位，那么他就是第一责任者。同理，《评项楚〈敦煌变文〉选注》（吕叔湘、江蓝生，1990）的作者是吕叔湘和江蓝生，吕叔湘就是第一责任者。

责任者还可以是某个机构或团体。团体责任者指以机关团体（包括会议）名称发表著作的单位。例如，《南京大学图书馆俄文工具书分类目录》的责任者信息是“南京大学图书馆编”，该图书的责任者就是“南京大学图书馆”这个机构，称为团体作者，责任方式为“编”。

责任者的思想、学术水平与著作质量关系密切，因此识别文献的责任者对读者选择文献有重要意义。

6.4.2 署名

署名指作者在研究成果上标署自己的姓名，即为该研究成果的责任者。署名人须直接参与成果的研究或实验，并对该作品有重要贡献，对作品具有答辩能力且对作品负直接责任。责任者署名可分为以下几类：

1. 个体署名

个体署名应遵循实事求是的原则，署名人享有著作权，能够对研究成果直接负责。例如，《语法答问》，署名人为朱德熙；《晋语与官话研究》，署名人为侯精一；《论中国语言资源有声数据库的建设》，署名人为李宇明。

2. 合作者署名

研究成果由多人合作完成时，则合作者共同署名。《汉语普通话儿童的元音发展》由石锋、温宝莹共同署名；《关于汉语理解的若干语义、句法问题》由范继淹、徐志敏共同署名；《当前汉语规范的几个问题》由吕冀平、戴昭明共同署名。

3. 团体署名

研究成果的责任者是某单位、机构、团体时，应直接署单位、机构或团体的名称，并附执笔人。例如，《现代汉语通用词研究的若干原则和方法》，责任者是通用词研究课题组，执笔人为方世增。

① 王绍平、陈兆山、陈钟鸣等编著：《图书情报词典》，汉语大词典出版社，1990年，第460—461页。

6.4.3　责任者署名的格式

图书著作、期刊论文、学位论文等责任者署名格式各不相同。国家标准 GB 7713—87 指出，责任者署名“必要时可注明个人责任者的职务、职称、学位、所在单位名称及地址；如责任者系单位、团体或小组，应写明全称和地址”①。

图书著作的责任者署名一般在图书封面、题名页和版权页，以题名页为准，其次版权页。例如，王力《汉语史稿》的题名页和版权页均有王力署名：

中华现代学术名著丛书

汉语语音史

王力　著

商务印书馆 The Commercial Press

2010年·北京

图书在版编目(CIP)数据

汉语语音史/王力著.—北京：商务印书馆，2010
(中华现代学术名著丛书)
ISBN 978-7-100-07471-1

Ⅰ.①汉…　Ⅱ.①王…　Ⅲ.①语音—汉语史　Ⅳ.①H11

中国版本图书馆 CIP 数据核字(2010)第202409号

所有权利保留。
未经许可，不得以任何方式使用。

本书据商务印书馆 2008 年版排印

中华现代学术名著丛书
汉语语音史
王力　著

商务印书馆出版
(北京王府井大街36号　邮政编码 100710)
商务印书馆发行
北京瑞古冠中印刷厂印刷
ISBN 978-7-100-07471-1

2010年12月第1版　开本 880×1240　1/32
2010年12月北京第1次印刷　印张 23⅝　插页 1
定价：68.00元

期刊论文责任者署名在论文标题之下，例如，吕叔湘(1980)《丹阳方言的声调系统》：

丹阳方言的声调系统

吕叔湘

提要　丹阳方言处在吴语和江淮官话的交界，读书音接近江淮官话，说话音接近吴语，文白异读的字多。读书音有四个字调，分别相当于古音的平、上、去、入四声；连读不

① 国家标准局：《中华人民共和国国家标准：科学技术报告、学位论文和学术论文的编写格式(GB 7713—87)》，中国标准出版社，1987 年版，第 613 页。

变调。说话音有六个单字调(四个跟读书音的字调相同),连读多变调。两字组有六种调式;根据两字连调跟单字调的关系,可以把前一字分成甲、乙、丙、丁四类,把后一字分成A、B两类,这种分类遵循古音的四声和声母清浊分别。三字、四字连调各有六种调式,是两字调式的延长,应用的选择主要决定于首字的字类。此外,与数词、副词、助词、后缀、叠字、衬字有关的连读变调,各有或多或少的特殊情况。

根据《学位论文编写规则》(GB/T 7713.1—2006),学位论文的责任者包括学生姓名,指导教师姓名、职称等。例如,北京大学博士学位论文《面向中文信息处理的现代汉语短语结构规则研究》(詹卫东,1999)的责任者:

北京大学

博士学位论文

面向中文信息处理的
现代汉语短语结构规则研究

A Study of Constructing Rules of Phrases in Contemporary Chinese for Chinese Information Processing

姓　　名:詹卫东
学　　号:19620822
系　　别:中国语言文学系
专　　业:现代汉语
研究方向:计算语言学
导　　师:陆俭明教授　俞士汶教授

一九九九年五月二十五日

6.5　目录

图书著作、学位论文、长篇报告一般有目录,附相应的起始页码,短文无需目录。目录由著作、论文、报告的篇、章、条、附录等的序号、名称和页码组成,另页排在序之后。“整套报告、论文分卷编制时,每一分卷均应有全部报告、论文内容的目次页。”[①]例如,南

① 国家标准局:《中华人民共和国国家标准:科学技术报告、学位论文和学术论文的编写格式(GB 7713—87)》,中国标准出版社,1987年版,第615页。

京大学硕士学位论文《宿松方言语音研究》(吴正水,2014)的目录:

目录

6.6　文献综述

文献综述是"文献综合评述"的简称。指收集、阅读大量与研究问题相关的文献资料后，归纳整理、分析鉴别，评述其内容、问题和发展趋势等。文献综述有广义和狭义之分，区别在于是否对已有成果进行评述。根据文献综述的内容深度和侧重点，将其分为以下五种(张庆宗，2008)：

1. 背景式综述

是最常见的一种文献综述，通常写在文章的开头。介绍研究问题的意义、背景，指出在相关研究领域的地位和作用。读者可从中看出该研究问题与前期研究的相关性，了解前期研究存在的问题和不足。

2. 历史性综述

一种介绍性综述，主要用于追溯某一思想或理论的形成和发展过程。读者通过阅读历史性综述，可对某一学科、某一思想或理论有基本了解和认识。

3. 理论性综述

对解释同一现象或同一问题的不同理论进行综述，分别介绍不同理论，比较各理论的优势和劣势，评价他们对该现象或问题的解释力。当研究者需要整合多种理论或拓展某一理论时，往往作理论性综述。

4. 方法性综述

对研究方法进行综述，评价研究方法使用是否正确、得当，指出不同的研究设计、样本、测量方法可能会导致的不同研究结果等。

5. 整合性综述

整合某一研究问题相关的著作、论文和研究报告，为读者展现该研究问题的研究现状。

语言学文献综述，一般由前言、主体和总结组成。前言介绍写作目的、主要概念、研究范围、争论焦点和文献起止年月等。主体是文献综述的主要内容，撰写时可根据时间顺序，也可根据不同问题或不同观点进行综述。一般须对文献进行综合、比较、分析，阐明相关问题的研究历史、现状和发展方向，介绍已解决的问题，指出尚存的问题，便于读者了解该研究的切入点。总结是对文献中的主要观点进行概括，指出在研问题与前期相关研究的关联性，由此提出研究问题或研究假设。

在收集研究文献和成果时，要选择有价值的、能体现该阶段研究水平的著作，展现研究起源、发展现状和前景，为读者提供参考。在掌握丰富文献的基础上，把握文献的论点、论证、论据，准确阐述主题内容。

6.7 章节

6.7.1 章节的定义

章和节，都是文章的组成部分。语言学著作或论文通常分为若干章，章内又分为若干节。

国家标准《科技文献的章节编号方法》(CY/T 35—2001)规定了科技文献中章节编号方法的体系，第一层次为章，第二层次为节，还可以进一步细分，通常从1开始连续编号。节的编号只在所述章、节范围内连续。[①]

6.7.2 章节安排的要求

1. 标题简洁

章节标题应简洁、精练、明确，最好是词语的组合，字数不宜过多。

2. 主题相关

章节内容须与主题相关。可以提出问题、阐释主题，也可以围绕主题加以论证，得出结论。不能为了凑字数而安排与章节无关的内容，否则文章显得凌乱，缺乏系统，使人不知所云。

3. 内容系统

章节之间要有系统性。从第一章到最后一章，应由浅入深，围绕大标题，提出问题、分析问题、解决问题、得出结论。每章之内，第一节至最后一节，也是相似的过程。这样读者阅读起来，才能完整地理解研究目的、研究方法、论证过程和最终结果，明确各部分之间的关系，对主旨有更深刻的理解。

① 国家标准局:《中华人民共和国国家标准:科技文献的章节编号方法》(CY/T 35—2001)，中国标准出版社，2001年，第389页。

4. 逻辑严密

章节的安排应当符合逻辑，论证应当材料充分、有理有据，能够体现作者观点。根据材料作由因到果或者由果溯因的论述，才能得到读者的理解和认同。

5. 格式规范

章节应有顺序标志，可用汉字序号或阿拉伯数字，一般只用一套系统，不可混用。章节的标题应单列一行，章的标题字号应比节大。

自然科学类论著通常采用阿拉伯数字表示。语言学论著的章节序号可用汉字或阿拉伯数字表示。例如，南京大学博士学位论文《丹阳方言语音层次与历史演变》（徐娟娟，2012）目录的章节序号用汉字表示：

目　录

如果这样的层次不足以涵盖行文的结构,那么下一级标题可用阿拉伯数字及符号“.”组合表示。例如,复旦大学博士学位论文《汉语方言形容词重叠研究》(杨俊芳,2008)目录的章节序号:

目　录

目录的章节序号采用阿拉伯数字系统，章用阿拉伯数字表示，节用阿拉伯数字及符号“.”组合表示。例如，山东大学博士学位论文《现代汉语类词缀研究》(尹海良，2007)：

目　录

6.8 文本

语言学学术观点、学术思想的表达主要通过写作来实现，研究成果主要以著作、学位论文、学术报告等方式呈现。

6.8.1 表达要求

表达要简洁明确、符合逻辑、层次分明。词语选择恰当，句子结构完整，客观反映语言事实。言而有序，注意章节的先后顺序和逻辑关系。

文本表达要符合《中华人民共和国国家通用语言文字法(2000)》，除了一些古文献、古汉语论著，一般论著的撰写要使用规范汉字，避免使用旧体、异体和繁体字。国家标准GB/T 7713.1—2006 规定“学位论文一般应采用国家正式公布实施的简化汉字。学位论文一般以中文或英文为主撰写”①。语言学论文应规范使用语言学相关术语，如符号、数字、计量单位等。

中国语言文学专业一般要求用汉语撰写毕业论文。若学生在国外撰写毕业论文或指导教师是外国人，可以在征得所在学校和院系同意的情况下，用外语撰写论文。

6.8.2 格式要求

格式要求指字体、字号、位置等的要求。一般来说，不同形式的研究成果有较固定的格式。不同学术机构、不同期刊的格式要求不尽相同。兹以南京大学、复旦大学为例，列举本科毕业论文的格式要求：

南京大学本科毕业论文格式要求②

论文题目	三号宋体加粗
各部分标题	四号黑体
中文摘要、关键词内容	小四号楷体
英文摘要、关键词内容	小四号新罗马体(Times New Roman)
目录标题	三号宋体加粗
目录内容中章的标题	四号黑体
目录中其他内容	小四号宋体
正文	小四号宋体(行距 1.5 倍)

① 国家标准局:《中华人民共和国国家标准:学位论文编写规则(GB/T 7713.1—2006)》，中国标准出版社，2006年，261 页。

② 复旦大学中文系本科毕业论文工作管理办法，http://www.fdcollege.fudan.edu.cn/_s78/3e/3a/c9426a81466/page.psp，2016 年 7 月 12 日。

参考文献标题	四号黑体
参考文献内容	小四号宋体
注释内容	五号宋体
致谢、附录标题	四号黑体
致谢、附录内容	小四号宋体(行距 1.5 倍)
非正文部分的页码	五号罗马数字(Ⅰ、Ⅱ……)
论文页码	页脚居中、五号阿拉伯数字(新罗马体)连续编码

复旦大学中文系本科毕业论文格式要求①

毕业论文,必须提交打印稿。毕业论文必须题目、中文摘要、关键词、正文、注释、参考文献俱全。具体格式如下:

1. 论文题目。字体:宋体;字号:一号;字形:加粗。

2. 论文正文。统一按 Word 格式 A4 纸("页面设置"按 Word 默认值)编排、打印。字体:宋体;字号:小四号;字符间距:标准;行距:20 磅。

3. 参考文献。所有参考文献均以尾注形式列在论文篇末,内容及次序如下:著作为作者或编者、文献题名、出版地、出版社、出版年份、起止页码;论文为作者、文献题名、期刊名、出版时间、卷号或期号、起止页码。

6.8.3 符号要求

1. 标点符号

标点符号是"辅助文字记录语言的符号,是书面语的有机组成部分,用来表示语句的停顿、语气以及标示某些成分(主要是词语)的特定性质和作用"②。数字符号、货币符号、校勘符号、辞书符号、注音符号等特殊领域的专门符号不属于标点符号。关于标点符号的使用,有专门的国家标准《标点符号用法》(GB/T 15834—2011),见附录 6—1。该标准在 1955 年版《标点符号用法》(GB/T 15834—1955)的基础上进行修订和完善,增加了标点的种类,对标点的定义、用法作具体的增补和说明。语言学著作、学术论文、学位论文和研究报告的标点符号均应遵循此标准。

2. 国际音标

国际音标又称"国际语音字母",现有 100 多个符号。语言学研究,尤其是语音研究,常用国际音标记音。国际音标一个音素只用一个音标表示,一个音标只表示一个音素,记音准确、科学、严密;符号形体简单、清晰,大部分采用拉丁字母小写的印刷体,易认、易学、易记、易用;体系较完备,可依据实际情况增添附加符号或新字母,有广泛的适应性和较强的灵活性。最新版国际音标见表 6-2。

---

① 南京大学的本科毕业论文格式要求,http://jw.nju.edu.cn/ContentList.aspx? MType=PX-WZSY-ZXTZ&FType=WZSY&id=20150515-09363898~bf975034,2016 年 7 月 12 日。

② 国家标准局:《中华人民共和国国家标准:标点符号用法 GB/T 15834—2011》,中国标准出版社,2011 年版,第 1 页。

表 6－2 国际音标

国际音标（修订至 2005 年）

中文版© 2007 中国语言学会语音学分会

辅音（肺部气流）

	双唇	唇齿	齿	龈	龈后	卷舌	硬腭	软腭	小舌	咽	喉
爆发音	p b			t d		ʈ ɖ	c ɟ	k g	q ɢ		ʔ
鼻音	m	ɱ		n		ɳ	ɲ	ŋ	ɴ		
颤音	ʙ			r					ʀ		
拍音或闪音		ⱱ		ɾ		ɽ					
擦音	ɸ β	f v	θ ð	s z	ʃ ʒ	ʂ ʐ	ç ʝ	x ɣ	χ ʁ	ħ ʕ	h ɦ
边擦音				ɬ ɮ							
近音		ʋ		ɹ		ɻ	j	ɰ			
边近音				l		ɭ	ʎ	ʟ			

成对出现的音标，右边的为浊辅音。阴影区域表示不可能产生的音。

辅音（非肺部气流）

喷音	浊内爆音	喷音
ʘ 双唇音	ɓ 双唇音	ʼ 例如：
ǀ 齿音	ɗ 齿音/龈音	pʼ 双唇音
ǃ 龈（后）音	ʄ 硬腭音	tʼ 齿音/龈音
ǂ 腭龈音	ɠ 软腭音	kʼ 软腭音
ǁ 龈边音	ʛ 小舌音	sʼ 龈擦音

元音

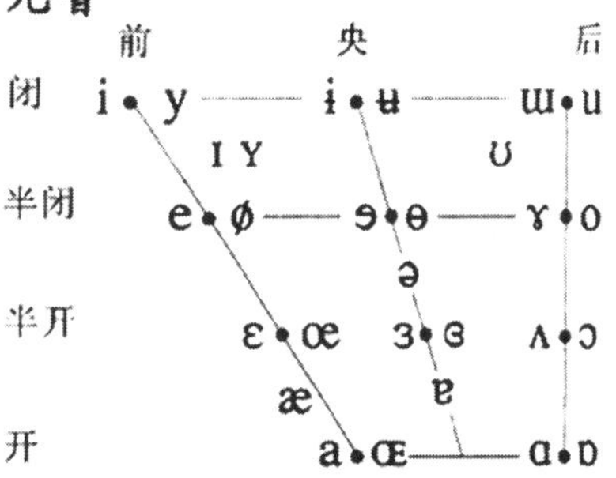

前　央　后

闭　i • y　ɨ • ʉ　ɯ • u

ɪ ʏ　ʊ

半闭　e • ø　ɘ • ɵ　ɤ • o

ə

半开　ɛ • œ　ɜ • ɞ　ʌ • ɔ

æ　ɐ

开　a • ɶ　ɑ • ɒ

成对出现的音标，右边的为圆唇元音。

其他符号

ʍ 唇-软腭清擦音

w 唇-软腭浊近音

ɥ 唇-硬腭浊近音

ʜ 会厌清擦音

ʢ 会厌浊擦音

ʡ 会厌爆发音

ɕ ʑ 龈-腭擦音

ɺ 龈边浊闪音

ɧ 同时发 ʃ 和 x

若有必要，塞擦音及双重调音可以用连音符连接两个符号，如：k͡p t͜s

超音段

ˈ 主重音

ˌ 次重音　ˌfoʊnəˈtɪʃən

ː 长　eː

ˑ 半长　eˑ

˘ 超短　ĕ

| 小（音步）组块

‖ 大（语调）组块

. 音节间隔　ɹi.ækt

‿ 连接（间隔不出现）

附加符号

如果是下伸符号，附加符号可以加在上方，例如：ŋ̊

̥ 清化	n̥ d̥	̤ 气声性	b̤ a̤	̪ 齿化	t̪ d̪
̬ 浊化	s̬ t̬	̰ 嘎裂声性	b̰ a̰	̺ 舌尖性	t̺ d̺
ʰ 送气	tʰ dʰ	̼ 舌唇	t̼ d̼	̻ 舌叶性	t̻ d̻
̹ 更圆	ɔ̹	ʷ 唇化	tʷ dʷ	̃ 鼻化	ẽ
̜ 略展	ɔ̜	ʲ 腭化	tʲ dʲ	ⁿ 鼻除阻	dⁿ
̟ 偏前	u̟	ˠ 软腭化	tˠ dˠ	ˡ 边除阻	dˡ
̠ 偏后	e̠	ˤ 咽化	tˤ dˤ	̚ 无闻除阻	d̚
̈ 央化	ë	̴ 软腭化或咽化	ɫ		
̽ 中-央化	e̽	̝ 偏高	e̝（ɹ̝ =龈浊擦音）		
̩ 成音节	n̩	̞ 偏低	e̞（β̞ =双唇浊近音）		
̯ 不成音节	e̯	̘ 舌根偏前	e̘		
˞ r 音色	ɚ a˞	̙ 舌根偏后	e̙		

声调与词重调

平调		非平调	
e̋ 或 ˥	超高	ě 或 ˩˥	升
é ˦	高	ê ˥˩	降
ē ˧	中	e᷄ ˦˥	高升
è ˨	低	e᷅ ˩˨	低升
ȅ ˩	超低	e᷈ ˧˦˧	升降
ꜜ	降阶	↗	整体上升
ꜛ	升阶	↘	整体下降

6.8.4 数字和公式要求

1. 数字

数字包括汉字数字和阿拉伯数字。国家标准《出版物上数字用法》(GB/T 15835—2011)规定了数字形式的选用和使用,语言学写作的数字使用应遵循此标准。具体如下:

(1) 选用阿拉伯数字

① 用于计量的数字

在使用数字进行计量的场合,为达到醒目、易于辨识的效果,应采用阿拉伯数字,如:34.05%。当数值伴随有计量单位时,特别是计量单位以字母表达时,应采用阿拉伯数字,如,346 Hz。

② 用于编号的数字

编号时,应采用阿拉伯数字,如,邮政编码:210023。

③ 已定型的含阿拉伯数字的词语

现代社会生活中出现的事物、现象、事件,其名称的书写形式中包含阿拉伯数字,已经广泛使用而稳定下来,应采用阿拉伯数字,如:4G 网络。

(2) 选用汉字数字

① 非公历纪年

干支纪年、农历月日、历史朝代纪年及其他传统上采用汉字形式的非公历纪年等,应采用汉字数字,如:腊月二十二。

② 概述

数字连用表示的概述、含"几"的概数,应采用汉字数字,如:三四个月。

③ 已定型的含汉字数字的词语

汉语中长期使用已经稳定下来的包含汉字数字形式的词语,应采用汉字数字,如:万一、一律。

(3) 选用阿拉伯数字和汉字数字均可

如果表达计量或编号所需要用到的数字个数不多,选择汉字数字还是阿拉伯数字在书写的简洁性和辨识的清晰性两方面没有明显差异,两种形式均可使用。如:公元 2016 年(公元二零一六年)。

国家标准 GB/T 15835—2011 还规定了阿拉伯数字、汉字数字以及阿拉伯数字与汉字数字同时使用时的形式,具体可参见《出版物上数字用法》。

2. 公式

国家标准 GB 7713—87 规定:"正文中的公式、算式或方程式等应编排序号,序号标注于该式所在行(当有续行时,应标注于最后一行)的最右边。较长的公式,另行居中横排。如公式必须转行时,只能在+,-,×,÷,<,>处转行。上下式尽可能在等号"="处对齐。"如南京师范大学硕士学位论文《基于语法功能匹配的句法分析算法》(卢俊之,

2008)中的公式:

用 TCT973 统计了词/短语在其上下文的条件下充当某项语法功能的概率信息,得到如下两部词典:

1. CLDict:左词条件概率词典,用公式表示为:

$$P(Word_i = FUNC_j \mid Word_{i-1}) \tag{3.11}$$

$$或\ P(PHR_i = FUNC_j \mid Word_{i-1}) \tag{3.12}$$

如果 $Word_i/PHR_i$ 为句首词/短语,则 $Word_{i-1}$ 为空位标记。

2. CRDict:右词条件概率词典,用公式表示为:

$$P(Word_i = FUNC_j \mid Word_{i+1}) \tag{3.13}$$

$$或\ P(PHR_i = FUNC_j \mid Word_{i+1}) \tag{3.14}$$

如果 $Word_i/PHR_i$ 为句末词/短语,则 $Word_{i+1}$ 为空位标记。

6.8.5 图表要求

国家标准 GB 7713—87、GB/T 7713.1—2006 等均规定了图表的使用规范,要求图表具有“自明性”,即只看图、图题和图例或者表、表题、表注等,不阅读正文,就可理解其意。

图包括曲线图、构造图、示意图、图解、框图、流程图、记录图、布置图、地图、照片、图版等。每一图应有简短确切的题名,连同图号置于图下。必要时,应将图上的符号、标记、代码,以及实验条件等,用最简练的文字,横排于图题下方,作为图例说明。曲线图的纵横坐标必须标注“量、标准规定符号、单位”。此三者只有在不必要标明的情况下方可省略。坐标上标注的量的符号和缩略词必须与正文中一致。照片图要求主题和主要显示部分的轮廓鲜明,便于制版。如用放大缩小的复制品,必须清晰,反差适中。照片上应该有表示目的物尺寸的标度。

本节以语言学的地图、表格的绘制为例,对图表的格式要求加以说明。

1. 语言地图

(1) 格式

常见的图片格式有 JPEG、BMP、GIF、TIFF、PSD、PNG、SWF、SVG、PCX、DXF、WMF、EMF、LIC(FLI/FLC)、EPS、TGA 等,出版物图片多采用 JPEG、TIFF、BMP、EPS 格式。

(2) 色彩模式

通常有 RGB 模式、CMYK 模式、位图模式、灰度模式,纸质杂志通常采用 CMYK 模式,电子杂志通常采用 RGB 模式。地图底色多用白色,避免出现黑色底图。地图上各要素颜色应具有较高的区别度,同时应控制色彩数量。

(3) 命名

地图名称常用“图”、“地图”作前缀,后接阿拉伯数字、罗马数字或字母序号,然后是地图名称。序号和名称之间用空格隔开,如“地图 1　中国方言分布”。英文地图名称前缀为“Figure”或缩写“Fig.”,后接序号、名称、说明等。地图说明应置于名称后括号内。

图名应置于地图下方，居中。

命名应准确、简短、精练，容易认读，一般是能反映该地图特定内容的词或词组，绝大多数是名词或名词性词组。

（4）内容

地图应包含地理基础信息，如经纬度、水系、行政区名称、行政区边界线等，以及附加的地图信息，如符号、比例尺、方向标（指北针）、地图序号、地图名称、图例说明、注记等。建议参照国家标准《专题地图信息分类与代码（GB/T 18317—2009）》等。

（5）其他

涉及国家边界的地图，应根据国家权威出版机构所编制的地图绘制，避免争议。

符号、文字、注记、说明不能相互压盖，地图线划粗细、符号大小、注记字体和走向、颜色应保持一致，各要素大小应保持协调美观。内容不应超出绘图区域范围边框线。

如文中地图为引用，则命名应采用原引用文献中的该地图名称，前缀和序号可根据情况修改，同时标明来源。

地图下通常要匹配相应的说明性文字，应与图中具体的语言特征符合。例如，图6-1，泰兴“字”的音读分布。

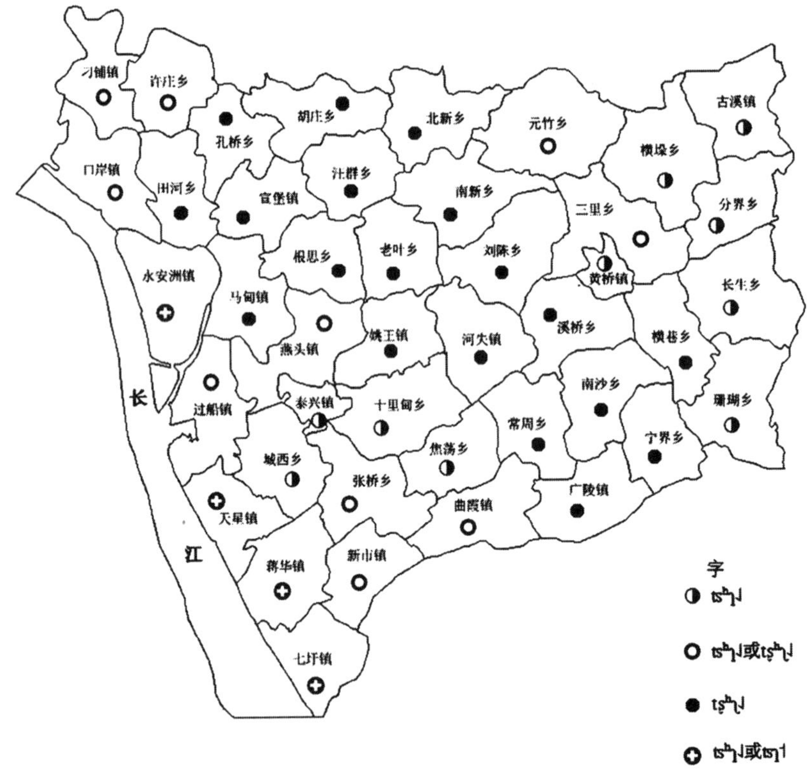

图 6-1　泰兴“字”的音读分布

2. 表格

图书正文的一种特殊表达形式，用表格往往比文字表述更为简明。

(1) 类型

① 统计型。各种数据的分类和统计，主体是数字和符号。

② 叙述型。用表格的形式表述某一内容，主体是文字。

③ 示意型。表述某一机构或事物的组成，如流程表、系统表等。

国家标准 GB/T 7713.1—2006 指出“表的编排建议采用国际通行的三线表”[①]。三线表是国际、国内编辑界均推荐使用的表格，栏头取消了斜线，表身不出现竖线，省略了横分隔线。整个表格通常只出现两根粗的反线(表格的起、止线)和表头下一根细的正线(表头线)。简洁明了，语言学著作、期刊、论文中已普遍采用。例如，南京师范大学硕士学位论文《汉语自闭症儿童隐喻和转喻理解研究》(郑芩，2014)中的表格：

表 6-3 两组儿童两种修辞类型和修辞程度条件下正确得分统计结果

被试组别		隐喻		转喻	
		新奇	常规	新奇	常规
自闭症儿童	Mean	3.20	3.27	2.47	2.20
(N=15)	SD	1.08	1.03	0.99	1.21
典型发展儿童	Mean	3.60	4.47	3.07	3.33
(N=15)	SD	1.06	1.19	0.80	1.05

表的编排，一般是内容和项目由左至右横排，数据依序竖排。

国家标准 GB 7713—87 规定“每一表应有简短确切的题名，连同表号置于表上。必要时应将表中的符号、标记、代码，以及需要说明事项，以最简练的文字，横排于表题下，作为表注，也可以附注于表下”[②]。期刊发表的论文按照期刊规定的格式要求编制。

(2) 表格的要求

① 表格应有标题，各栏均应标明“量或测试项目、标准规定符号、单位”[③]。只有在无必要标注的情况下方可省略。表中的缩略词和符号，须与正文一致。

② 表内不宜用“同上”、“同左”等，应填入具体数字或文字。“空白”代表未测或无此项，“—”或“…”代表未发现，“0”代表实测结果确为零。(GB 7713—87)表中文句应正确使用标点符号，但最后不用标点。表题末尾不加句号。

③ 表中的符号、标记、代码以及需要说明的事项，应以最简练的文字，横排于表题下，作为表注，也可以附注于表下。

---

① 国家标准局：《中华人民共和国国家标准：学位论文编写规则(GB/T 7713.1—2006)》，2006 年版，264 页。

② 国家标准局：《中华人民共和国国家标准：科学技术报告、学位论文和学术论文的编写格式(GB 7713—87)》，中国标准出版社，1987 年版，第 616 页。

③ 国家标准局：《中华人民共和国国家标准：科学技术报告、学位论文和学术论文的编写格式(GB 7713—87)》，中国标准出版社，1987 年版，第 616 页。

④ 表格一般不跨页显示，如果某个表需要跨页接排，续表应重复表头。

语言学研究成果的图表，通常用阿拉伯数字编号。序号可按全篇出现的先后顺序编码或分章依序编码。其标注形式应互相区别，如：图 1、图 1.1；表 1、表 1.1。

6.9 结语

结语是全篇文章的结束部分，常与引言相呼应。内容包括：点明论题，概括文章主要内容和研究结果；指出研究的不足或局限；提出有待深入研究的课题或指明研究的方向；阐明论题及研究结果的价值、意义或应用前景；提出相关建议以及对内容的补充说明等。一般不分条表述，不传达定量信息。

语言学研究成果的结语应是总体的结论，不是正文各段小结的总结。例如，《语言的"主观性"和"主观化"》(沈家煊，2001 年)的结语：

语言的"主观性"和"主观化"

沈家煊

五、结语

Langacker 和 Traugott 对主观化的研究，虽然取向不同，但又有不少相通之处。例如前面讲到英语完成体形成的历史过程，也可以用 Langacker 的主观化定义来说明。"He has finished"一句有两种意思，一是单纯表示结果(动作完成)，一是完成体(动作的完成跟当前有关)。单纯表示结果时，是以语法主语 he"他"为出发点，"他"是客观描写的对象，因此主语和动作完成(可视为一个抽象实体)之间的关系处在客观轴上。变为完成体后，出发点不再是语法主语，而是"言语场景"中的说话人"我"，"我"是主观识见的实体，是"言者主语"，"我"和动作完成之间的关系处在主观轴上。

按照 Langacker，主观化的程度高低跟语言编码形式的多少成反比：主观化程度越高，观察对象越是脱离舞台，在语句中登台呈现的语言形式就越少，可比较以上(23)的(a)(b)和(c)。按照 Traugott，主观化是说话人越来越从自我的视角出发，用会话隐涵义或语用推理来表达未用语言形式表达的意义，结果也是主观化程度越高相应的表达形式越少。主观化的共时相和历时相的关系还值得深入研究。共时研究和历时研究互相依赖、互相促进，这一点是肯定无疑的。

以上主要是对国外有关主观性和主观化的研究做了一个介绍。这方面的研究可以说还刚刚开始，总体上还不够深入，但值得引起我们的重视。汉语中有哪些表现主观性的方式，汉语的演变史中有哪些涉及主观化；汉语和世界其他语言相比在主观性和主观化上有哪些共通性，又有哪些自身的特点；主观化有没有反例，即有没有主观化减弱的情形。对这些问题我们都应该在国外已有研究成果的基础上做进一步的探索。

《通泰方言韵母研究——共时分布及历时溯源》(顾黔,1997)的结语:

通泰方言韵母研究

——共时分布及历时溯源

顾 黔

四 结语

咸山摄三四等韵母形式分布的范围,与前面讨论的流摄一等"楼走狗"等混入蟹止摄灰微韵(参阴声韵·果遇流摄)、"支微入鱼"的范围(参阴声韵·蟹止摄)大体相当,覆盖了江淮、吴、徽、湘。如此广袤的地区出现共同的平行演变,恐非偶然。张光宇(1993)认为这是反映吴语在历史上作为扩散中心的巨大势力。闽语的现状是"吴音南移",江淮方言的反映则是吴语底层的沉积,这个认识堪称精当。但是,张先生同时认为,老湘语呈现出与吴语相当一致的结构格局演化类型,是"吴音西播"的结果,并举出两例加以说明,"第一,鱼韵白读-(i)e,这种现象从长江口的崇明岛沿江上溯直到湖南中部大体一致。第二,蟹二-a,麻-o,歌-u,模-əu,侯-y在苏州、双峰呈现相当大的一致性,中间地带(徽语)也表现类似的倾向"。(《中国语文》,1993:3)

对此,笔者则更倾向于这样的理解。吴湘方言都是较早形成的,吴语的源头可以上溯到三千年前先周时代太伯仲雍奔吴。(《史记·吴太伯世家》)湘语源于古楚语,春秋时期楚国已与今湖南境内的居民有过战争接触,战国初年,楚国南取洞庭等地,西并沅澧流域,湖南全境均属楚,通行古楚语,后逐步演化为古湘语。吴楚地域上连成一片,语言应当相当接近,古代典籍中不时出现"吴楚"、"吴越"、"吴扬"等词语,吴与楚、越、扬并举,可见几地关系密切。江西地区素有吴头楚尾之称,当是吴楚交汇之处,东晋南北朝由于战乱,大批北人南下,或从秦雍(晋陕甘)沿汉水流域南迁,渡长江达洞庭;或从冀豫沿汝水南行,越江到鄱阳湖流域,又沿江南下到皖南、苏南;或从青徐渡淮水越长江到太湖流域。(谭其骧,1935)这次空前规模的大移民,使汉语方言的地理格局初具雏形,其先头部队像一个粗壮的楔子钉进江西地区,使"吴头楚尾"渐次具有客赣方言的特色。之后,随着历次的北人南徙,这种趋势得到进一步巩固和发展,安史之乱、黄巢起义、五代十国连年战争造成的分裂局面,使各方言间的差异进一步扩大。客赣语楔子越钉越深,将吴语与湘语远远地隔离,闽语被限在东南一隅,客赣方言基本形成。(周振鹤、游汝杰,1986)江淮之间水陆交通便利,大运河贯穿其间,名城扬州、命陵商贾云集,富甲天下,是繁忙的物资、人员集散地,可谓"通衢"。因而江淮地区方言性质发生了历史性的转变。

但是,这一切并不妨碍它们仍具许多共同性,就像一个家族的成员,虽然子孙散居各地,并与当地人民交往、通婚,却仍然具有这个家族的血统。吴、湘方言的"神合"之处太多了,全浊声母系统的保留;辅音韵尾萎缩的类型;支微入鱼;咸山摄三四等韵母的形式;鱼韵、麻韵等的读音……这一系列的对应或完全相同,仅靠"播迁"、"扩散",恐怕难以贯穿到底。如果理解为原有成分的保留和沉积,可能更合实际。因此,吴湘(徽)方言间诸多相同之处不是"吴音西播"的结果,而是原来相同或相近的方言因素在异地的共同保留。

6.10 致谢

6.10.1 致谢的定义

致谢指“对曾经给予论文的选题、构思或撰写以指导或建议，对考察或实验过程中做出某种贡献的人员，或给予过技术、信息、物质或经费帮助的单位、团体或个人致以谢意”。①

6.10.2 致谢与署名

致谢与署名不同。署名的责任者只限于直接参与课题研究、做出主要贡献、撰写论文并能对内容负责的人。致谢对象则包括“国家科学基金、资助研究工作的奖学金基金、合同单位、资助或支持的企业、组织或个人；协助完成研究工作和提供便利条件的组织或个人；在研究工作中提出建议和提供帮助的人；给予转载和引用权的资料、图片、文献、研究思想和设想的所有者；其他应感谢的组织或个人”②。

6.10.3 致谢的形式

图书论著的致谢通常写于序、前言或者后记中。《一百年前的苏州话》（丁邦新，2003）的致谢在自序中：

在这本书写作的过程中，许多人帮忙打字、校对、编制索引，例如李蓝博士、吴和得博士、郭必之博士、张雪兰小姐、许秀萍小姐、苏艳秋小姐等，在此一并向他们致谢。

我还要向上海教育出版社的诸位先生道谢。他们为本书的设计、排版花了许多心思；选用一幅晚清的苏州市井版画作为封面，更是增色。我们可以想像一百前在这一片市井里所说的话就是本书所描写的“吴侬软语”。

丁邦新
于清水湾香港科技大学
人文社会学院
西元二〇〇三年四月二十九日

① 王春林主编：《科技编辑大辞典》，第二军医大学出版社，2001年，第228页。

② 国家标准局：《中华人民共和国国家标准：科学技术报告、学位论文和学术论文的编写格式（GB7713—87）》，中国标准出版社，1987年版，617－618页。

《吴语文献资料研究》(石汝杰,2005)的致谢在前言中:

这一项工作得到很多位前辈学者和同好的帮助和支持,这里无法一一开列详细的名单,我还要借此机会,衷心地感谢这些帮助过我的师友。同时还要感谢早稻田大学古屋昭弘教授给本书写的热情洋溢的序言。也感谢好文出版的尾方敏裕社长允诺出版这一部读者面不会那么广的著作。

特别要声明的是,本书获得了熊本学园大学的出版助成,对此,我表示诚挚的感谢。

石汝杰

2008年12月

于熊本

《南部吴语语音研究》(曹志耘,2002)的致谢在后记中:

290 后　记

首先需要感谢我的朋友秋谷裕幸、太田斋、赵日新先生,他们慷慨地提供了亲手调查而尚未公开发表的方言材料。此外,潘悟云、王正刚、刘祥柏、严修鸿等先生和我的博士生张世方、黄晓东同学也提供了他们调查的部分方言材料,他们的协作精神是值得称赞的。

在写作和修改的过程中,我有幸得到多位学者的宝贵指教,他们是(音序):陈章太、戴庆厦、李如龙、李行健、刘勋宁、刘聿鑫、鲁国尧、梅祖麟、潘悟云、平山久雄、秋谷裕幸、徐超、杨端志、张振兴、郑张尚芳、朱广祁、庄初升。对上述学者,我表示深切的谢意。

邵纪琴、金中南两位先生多次帮我查找有关地方民政资料。周洪波、冯爱珍两位先生对本书的出版给予热情的支持。中国社会科学院语言研究所方言研究室的工作人员为本书的编排付出了大量心血。在此,我也向以上各位表示深切的谢意。

最后,我要感谢我的导师钱曾怡教授和我的家人。之所以把恩师和家人放在一起,是因为在我的生活中,恩师已经成了严师和慈母的双重角色。没有恩师的督促和悉心指导,就不会有这本书。同样,内人高丽对我的研究工作给予了一如既往的全力支持,如果说我的研究工作有什么成绩的话,应该说这其中有她的一半。

中文大学山水秀丽,人文荟萃,而我囚于斗室,头昏眼花当中所思无"非牛"者,所见无"非牛"者借庖丁语,实在是辜负了这块风水宝地。明天,我也要走出去,看看满山的松树和莨萁[$lo^{11-113}i^{0}$]蕨,汤溪方言,"萁"字声母脱落,眺望碧蓝的海水,呼吸这里如春天般的空气!

曹志耘

2000年12月21日

记于香港中文大学联合苑

期刊论文的致谢通常在首页的脚注中或附于文末,可以用不同于正文的字体及字体大小表达，以示区别。例如，《山东沂山地区方言简志》（钱曾怡、岳立静、刘娟、张燕芬，2015）的致谢在脚注中：

本文在调查和写作过程中得到沂源县史志办工作人员的支持和帮助，谨此致谢！①

《桂林方言词汇》（杨焕典，1982）的致谢在文末附记中：

附记：本文的发音合作人是陈锦珍、涂小英、刘桂丹、吴惠宁等同志，对于他们的帮助，谨致谢忱。

学位论文的致谢一般位于参考文献之后，如北京大学硕士学位论文《粤方言韵尾交替式造词研究》（高珮雯，2014）的致谢：

致　谢

终于，写到了致谢这一页。这篇毕业论文得以顺利完成，要感谢的人实在太多。

首先是我的导师李小凡教授。记得第一次向李老师表达我想跟随他学习的想法，是在大四下学期。当时在一教的一个小教室里，老师刚给研究生上完课，我简单地说明了一下个人情况，之后表达了我的担忧：因为本科没有上过古代语音学的课程，很多术语都听不懂。李老师先是纠正了我“古代语音学”的说法，随后还给我推荐了自学教材。这件事我一直深深地记着，那是第一次知道什么叫作“严谨”和“专业”。老实说，在报考汉语方言学的时候我对于这个专业的认识基本为零，以至于在北大的第一年过得非常痛苦，到真正学习基础课程的时候才知道，方言学远没有自己想的简单。天资愚钝，基础知识学得又不够扎实，许多时候总是感到很自卑。尤其每次的沙龙报告，面对自己肤浅的论文总是很没有信心。但是李老师从来都是仔细地审阅文章，一字一句地挑出里面的问题以及可取之处，无论文章再糟糕，他总是给予肯定的回应，总能让我在对自己的绝望中觉得一切还不至于那么坏。这次的毕业论文从选题、写作方向到写作框架，老师都给我提出了很多很好的建议，还把自己的书借给我用作参考。论文写作的后期，老师病倒住院，在病中还一直关心着我的论文进展，让我又感激又惭愧。惟愿老师早日康复，早日重返教坛。

另外我要衷心地感谢项梦冰教授。项老师是位很可爱的老师，第一次见他是在研一开学典礼的时候，老师刚从日本回来，背着双肩包，笑容可掬。之后知道老师茹素，还身体力行地给学生们推广素食，宣传环保，从他身上我大概懂得了什么是“社会责任感”。项老师无论在生活和学习上都很关心学生，有一次我跟他提到家父因病动手术的事，老师马上给我回邮件慰问家父的情况，还附上了两篇食疗的文章，让我很是感动。

李老师和项老师身上值得我学习的地方太多，希望将来无论到哪里，无论在什么岗位，我都能成为一个专业严谨、关心社会的人。

还要感谢在我的开题报告和沙龙报告上都提出过宝贵意见的陈宝贤老师、各位师兄

① 钱曾怡、岳立静、刘娟等：《山东沂山地区方言简志》，《方言》，2015年第2期，第122页。

师姐、师弟师妹，以及在北大课堂上给予我知识的各位老师。特别要感谢我的同门稚瑶和菲晖，谢谢她们在这三年里对我的帮助，让我更好地融入北大的学习和生活，让我知道方言大家庭的可爱。感谢罗言发师兄，感谢素未谋面却热情地帮助我找文献的余鹏师兄，感谢我的答辩秘书吕昉师妹，感谢所有在我的论文写作过程中帮助过我的朋友。感谢我的室友忍受我的坏脾气，特别是滨雁姊姊，感谢和她的相遇。感谢所有在北大相识的朋友们。

最后，我要感谢我的爸爸和妈妈，感谢他们给予我的教育，谢谢他们对我喋喋不休的关心照顾和唠唠叨叨的嘘寒问暖，没有他们就没有现在的我。感谢我的姐姐，谢谢她在我离家的七年里代我照顾好父母，谢谢妈妈先生下了她。

2014年5月
于燕园41楼

附录 6　中华人民共和国国家标准

GB/T 15834—2011
代替 GB/T 15834—1995

标点符号用法
General rules for punctuation

2011 - 12 - 30 发布　　2012 - 06 - 01 实施

中华人民共和国国家质量监督检验检疫总局
中国国家标准化管理委员会　　发　布

GB/T 15834—2011

目　次

GB/T 15834—2011

前 言

本标准按照 GB/T 1.1—2009 给出的规则起草。

本标准代替 GB/T 15834—1995，与 GB/T 15834—1995 相比，主要变化如下：

——根据我国国家标准编写规则(GB/T 1.1—2009)，对本标准的编排和表述做了全面修改；

——更换了大部分示例，使之更简短、通俗、规范；

——增加了对术语“标点符号”和“语段”的定义(2.1/2.5)；

——对术语“复句”和“分句”的定义做了修改(2.3/2.4)；

——对句末点号(句号、问号、叹号)的定义做了修改，更强调句末点号与句子语气之间的关系(4.1.1/4.2.1/4.3.1)；

——对逗号的基本用法做了补充(4.4.3)；

——增加了不同形式括号用法的示例(4.9.3)；

——省略号的形式统一为六连点“……”，但在特定情况下允许连用(4.11)；

——取消了连接号中原有的二字线，将连接号形式规范为短横线“-”、一字线“—”和浪纹线“～”，并对三者的功能做了归并与划分(4.13)；

——明确了书名号的使用范围(4.15/A.13)；

——增加了分隔号的用法说明(4.17)；

——“标点符号的位置”一章的标题改为“标点符号的位置和书写形式”，并增加了使用中文输入软件处理标点符号时的相关规范(第 5 章)；

——增加了“附录”：附录 A 为规范性附录，主要说明标点符号不能怎样使用和对标点符号用法加以补充说明，以解决目前使用混乱或争议较大的问题。附录 B 为资料性附录，对功能有交叉的标点符号的用法做了区分，并对标点符号误用高发环境下的规范用法做了说明。

本标准由教育部语言文字信息管理司提出并归口。

本标准主要起草单位：北京大学。

本标准主要起草人：沈阳、刘妍、于泳波、翁姗姗。

本标准所代替标准的历次版本发布情况为：

——GB/T 15834—1995。

GB/T 15834—2011

标点符号用法

1　范围

本标准规定了现代汉语标点符号的用法。

本标准适用于汉语的书面语(包括汉语和外语混合排版时的汉语部分)。

2　术语和定义

下列术语和定义适用于本文件。

2.1　标点符号 punctuation

辅助文字记录语言的符号,是书面语的有机组成部分,用来表示语句的停顿、语气以及标示某些成分(主要是词语)的特定性质和作用。

注:数学符号、货币符号、校勘符号、辞书符号、注音符号等特殊领域的专门符号不属于标点符号。

2.2　句子 sentence

前后都有较大停顿、带有一定的语气和语调、表达相对完整意义的语言单位。

2.3　复句 complex sentence

由两个或多个在意义上有密切关系的分句组成的语言单位,包括简单复句(内部只有一层语义关系)和多重复句(内部包含多层语义关系)。

2.4　分句 clause

复句内两个或多个前后有停顿、表达相对完整意义、不带有句末语气和语调、有的前面可添加关联词语的语言单位。

2.5　语段 expression

指语言片段,是对各种语言单位(如词、短语、句子、复句等)不做特别区分时的统称。

3　标点符号的种类

3.1　点号

点号的作用是点断,主要表示停顿和语气。分为句末点号和句内点号。

3.1.1　句末点号

用于句末的点号,表示句末停顿和句子的语气。包括句号、问号、叹号。

3.1.2　句内点号

用于句内的点号,表示句内各种不同性质的停顿。包括逗号、顿号、分号、冒号。

3.2　标号

标号的作用是标明,主要标示某些成分(主要是词语)的特定性质和作用。包括引号、括号、破折号、省略号、着重号、连接号、间隔号、书名号、专名号、分隔号。

4　标点符号的定义、形式和用法

4.1　句号

4.1.1 定义

句末点号的一种，主要表示句子的陈述语气。

4.1.2 形式

句号的形式是“。”。

4.1.3 基本用法

4.1.3.1 用于句子末尾，表示陈述语气。使用句号主要根据语段前后有较大停顿、带有陈述语气和语调，并不取决于句子的长短。

示例1：北京是中华人民共和国的首都。

示例2：（甲：咱们走着去吧？）乙：好。

4.1.3.2 有时也可表示较缓和的祈使语气和感叹语气。

示例1：请您稍等一下。

示例2：我不由地感到，这些普通劳动者也同样是很值得尊敬的。

4.2 问号

4.2.1 定义

句末点号的一种，主要表示句子的疑问语气。

4.2.2 形式

问号的形式是“？”。

4.2.3 基本用法

4.2.3.1 用于句子末尾，表示疑问语气（包括反问、设问等疑问类型）。使用问号主要根据语段前后有较大停顿、带有疑问语气和语调，并不取决于句子的长短。

示例1：你怎么还不回家去呢？

示例2：难道这些普通的战士不值得歌颂吗？

示例3：（一个外国人，不远万里来到中国，帮助中国的抗日战争。）这是什么精神？这是国际主义的精神。

4.2.3.2 选择问句中，通常只在最后一个选项的末尾用问号，各个选项之间一般用逗号隔开。当选项较短且选项之间几乎没有停顿时，选项之间可不用逗号。当选项较多或较长，或有意突出每个选项的独立性时，也可每个选项之后都用问号。

示例1：诗中记述的这场战争究竟是真实的历史描述，还是诗人的虚构？

示例2：这是巧合还是有意安排？

示例3：要一个什么样的结尾：现实主义的？传统的？大团圆的？荒诞的？民族形式的？有象征意义的？

示例4：（他看着我的作品称赞了我。）但到底是称赞我什么：是有几处画得好？还是什么都敢画？抑或只是一种对于失败者的无可奈何的安慰？我不得而知。

示例5：这一切都是由客观的条件造成的？还是由行为的惯性造成的？

4.2.3.3 在多个问句连用或表达疑问语气加重时，可叠用问号。通常应先单用，再叠用，最多叠用三个问号。在没有异常强烈的情感表达需要时不宜叠用问号。

示例：这就是你的做法吗？你这个总经理是怎么当的？？你怎么敢这样欺骗消费者？？？

4.2.3.4　问号也有标号的用法，即用于句内，表示存疑或不详。

示例1：马致远（1250？—1321），大都人，元代戏曲家、散曲家。

示例2：钟嵘（？—518），颍川长社人，南朝梁代文学批评家。

示例3：出现这样的文字错误，说明作者（编者？校者？）很不认真。

4.3　叹号

4.3.1　定义

句末点号的一种，主要表示句子的感叹语气。

4.3.2　形式

叹号的形式是"！"。

4.3.3　基本用法

4.3.3.1　用于句子末尾，主要表示感叹语气，有时也可表示强烈的祈使语气、反问语气等。使用叹号主要根据语段前后有较大停顿、带有感叹语气和语调或带有强烈的祈使、反问语气和语调，并不取决于句子的长短。

示例1：才一年不见，这孩子都长这么高啦！

示例2：你给我住嘴！

示例3：谁知道他今天是怎么搞的！

4.3.3.2　用于拟声词后，表示声音短促或突然。

示例1：咔嚓！一道闪电划破了夜空。

示例2：咚！咚咚！突然传来一阵急促的敲门声。

4.3.3.3　表示声音巨大或声音不断加大时，可叠用叹号；表达强烈语气时，也可叠用叹号，最多叠用三个叹号。在没有异常强烈的情感表达需要时不宜叠用叹号。

示例1：轰！！在这天崩地塌的声音中，女娲猛然醒来。

示例2：我要揭露！我要控诉！！我要以死抗争！！！

4.3.3.4　当句子包含疑问、感叹两种语气且都比较强烈时（如带有强烈感情的反问句和带有惊愕语气的疑问句），可在问号后再加叹号（问号、叹号各一）。

示例1：这么点困难就能把我们吓倒吗？！

示例2：他连这些最起码的常识都不懂，还敢说自己是高科技人才？！

4.4　逗号

4.4.1　定义

句内点号的一种，表示句子或语段内部的一般性停顿。

4.4.2　形式

逗号的形式是"，"。

4.4.3　基本用法

4.4.3.1　复句内各分句之间的停顿，除了有时用分号(见 4.6.3.1)，一般都用逗号。

示例 1：不是人们的意识决定人们的存在，而是人们的社会存在决定人们的意识。

示例 2：学历史使人更明智，学文学使人更聪慧，学数学使人更精细，学考古使人更深沉。

示例 3：要是不相信我们的理论能反映现实，要是不相信我们的世界有内在和谐，那就不可能有科学。

4.4.3.2　用于下列各种语法位置：

(a) 较长的主语之后。

示例 1：苏州园林建筑各种门窗的精美设计和雕镂功夫，都令人叹为观止。

(b) 句首的状语之后。

示例 2：在苍茫的大海上，狂风卷集着乌云。

(c) 较长的宾语之前。

示例 3：有的考古工作者认为，南方古猿生存于上新世至更新世的初期和中期。

(d) 带句内语气词的主语(或其他成分)之后，或带句内语气词的并列成分之间。

示例 4：他呢，倒是很乐意地、全神贯注地干起来了。

示例 5：(那是个没有月亮的夜晚。)可是整个村子——白房顶啦，白树木啦，雪堆啦，全看得见。

(e) 较长的主语中间、谓语中间或宾语中间。

示例 6：母亲沉痛的诉说，以及亲眼见到的事实，都启发了我幼年时期追求真理的思想。

示例 7：那姑娘头戴一顶草帽，身穿一条绿色的裙子，腰间还系着一根橙色的腰带。

示例 8：必须懂得，对于文化传统，既不能不分青红皂白统统抛弃，也不能不管精华糟粕全盘继承。

(f) 前置的谓语之后或后置的状语、定语之前。

示例 9：真美啊，这条蜿蜒的林间小路。

示例 10：她吃力地站了起来，慢慢地。

示例 11：我只是一个人，孤孤单单的。

4.4.3.3　用于下列各种停顿处：

(a) 复指成分或插说成分前后。

示例 1：老张，就是原来的办公室主任，上星期已经调走了。

示例 2：车，不用说，当然是头等。

(b) 语气缓和的感叹语、称谓语或呼唤语之后。

示例 3：哎哟，这儿，快给我揉揉。

示例 4：大娘，您到哪儿去啊？

示例5：喂，你是哪个单位的？

(c) 某些序次语（“第”字头、“其”字头及“首先”类序次语）之后。

示例6：为什么许多人都有长不大的感觉呢？原因有三：第一，父母总认为自己比孩子成熟；第二，父母总要以自己的标准来衡量孩子；第三，父母出于爱心而总不想让孩子在成长的过程中走弯路。

示例7：《玄秘塔碑》所以成为书法的范本，不外乎以下几方面的因素：其一，具有楷书点画、构体的典范性；其二，承上启下，成为唐楷的极致；其三，字如其人，爱人及字，柳公权高尚的书品、人品为后人所崇仰。

示例8：下面从三个方面讲讲语言的污染问题：首先，是特殊语言环境中的语言污染问题；其次，是滥用缩略语引起的语言污染问题；再次，是空话和废话引起的语言污染问题。

4.5 顿号

4.5.1 定义

句内点号的一种，表示语段中并列词语之间或某些序次语之后的停顿。

4.5.2 形式

顿号的形式是“、”。

4.5.3 基本用法

4.5.3.1 用于并列词语之间。

示例1：这里有自由、民主、平等、开放的风气和氛围。

示例2：造型科学、技艺精湛、气韵生动，是盛唐石雕的特色。

4.5.3.2 用于需要停顿的重复词语之间。

示例：他几次三番、几次三番地辩解着。

4.5.3.3 用于某些序次语（不带括号的汉字数字或“天干地支”类序次语）之后。

示例1：我准备讲两个问题：一、逻辑学是什么？二、怎样学好逻辑学？

示例2：风格的具体内容主要有以下四点：甲、题材；乙、用字；丙、表达；丁、色彩。

4.5.3.4 相邻或相近两数字连用表示概数通常不用顿号。若相邻两数字连用为缩略形式，宜用顿号。

示例1：飞机在6000米高空水平飞行时，只能看到两侧八九公里和前方一二十公里范围内的地面。

示例2：这种凶猛的动物常常三五成群地外出觅食和活动。

示例3：农业是国民经济的基础，也是二、三产业的基础。

4.5.3.5 标有引号的并列成分之间、标有书名号的并列成分之间通常不用顿号。若有其他成分插在并列的引号之间或并列的书名号之间（如引语或书名号之后还有括注），宜用顿号。

示例1：“日”、“月”构成“明”字。

示例2：店里挂着“顾客就是上帝”、“质量就是生命”等横幅。

示例3:《红楼梦》、《三国演义》、《西游记》、《水浒传》,是我国长篇小说的四大名著。

示例4:李白的"白发三千丈"(《秋浦歌》)、"朝如青丝暮成雪"(《将进酒》)都是脍炙人口的诗句。

示例5:办公室里订有《人民日报》(海外版)、《光明日报》和《时代周刊》等报刊。

4.6　分号

4.6.1　定义

句内点号的一种,表示复句内部并列关系分句之间的停顿,以及非并列关系的多重复句中第一层分句之间的停顿。

4.6.2　形式

分号的形式是";"。

4.6.3　基本用法

4.6.3.1　表示复句内部并列关系的分句(尤其当分句内部还有逗号时)之间的停顿。

示例1:语言文字的学习,就理解方面说,是得到一种知识;就运用方面说,是养成一种习惯。

示例2:内容有分量,尽管文章短小,也是有分量的;内容没有分量,即使写得再长也没有用。

4.6.3.2　表示非并列关系的多重复句中第一层分句(主要是选择、转折等关系)之间的停顿。

示例1:人还没看见,已经先听见歌声了;或者人已经转过山头望不见了,歌声还余音袅袅。

示例2:尽管人民革命的力量在开始时总是弱小的,所以总是受压的;但是由于革命的力量代表历史发展的方向,因此本质上又是不可战胜的。

示例3:不管一个人如何伟大,也总是生活在一定的环境和条件下;因此,个人的见解总难免带有某种局限性。

示例4:昨天夜里下了一场雨,以为可以凉快些;谁知没有凉快下来,反而更热了。

4.6.3.3　用于分项列举的各项之间。

示例:特聘教授的岗位职责为:一、讲授本学科的主干基础课程;二、主持本学科的重大科研项目;三、领导本学科的学术队伍建设;四、带领本学科赶超或保持世界先进水平。

4.7　冒号

4.7.1　定义

句内点号的一种,表示语段中提示下文或总结上文的停顿。

4.7.2　形式

冒号的形式是":"。

4.7.3　基本用法

4.7.3.1　用于总说性或提示性词语（如“说”、“例如”、“证明”等）之后，表示提示下文。

示例1：北京紫禁城有四座城门：午门、神武门、东华门和西华门。

示例2：她高兴地说：“咱们去好好庆祝一下吧！”

示例3：小王笑着点了点头：“我就是这么想的。”

示例4：这一事实证明：人能创造环境，环境同样也能创造人。

4.7.3.2　表示总结上文。

示例：张华上了大学，李萍进了技校，我当了工人：我们都有美好的前途。

4.7.3.3　用在需要说明的词语之后，表示注释和说明。

示例1：（本市将举办首届大型书市。）主办单位：市文化局；承办单位：市图书进出口公司；时间：8月15日—20日；地点：市体育馆观众休息厅。

示例2：（做阅读理解题有两个办法。）办法之一：先读题干，再读原文，带着问题有针对性地读课文。办法之二：直接读原文，读完再做题，减少先入为主的干扰。

4.7.3.4　用于书信、讲话稿中称谓语或称呼语之后。

示例1：广平先生：……

示例2：同志们、朋友们：……

4.7.3.5　一个句子内部一般不应套用冒号。在列举式或条文式表述中，如不得不套用冒号时，宜另起段落来显示各个层次。

示例：第十条　遗产按照下列顺序继承：

第一顺序：配偶、子女、父母。

第二顺序：兄弟姐妹、祖父母、外祖父母。

4.8　引号

4.8.1　定义

标号的一种，标示语段中直接引用的内容或需要特别指出的成分。

4.8.2　形式

引号的形式有双引号““ ””和单引号“‘ ’”两种。左侧的为前引号，右侧的为后引号。

4.8.3　基本用法

4.8.3.1　标示语段中直接引用的内容。

示例：李白诗中就有“白发三千丈”这样极尽夸张的语句。

4.8.3.2　标示需要着重论述或强调的内容。

示例：这里所谓的“文”，并不是指文字，而是指文采。

4.8.3.3　标示语段中具有特殊含义而需要特别指出的成分，如别称、简称、反语等。

示例1：电视被称作“第九艺术”。

示例2：人类学上常把古人化石统称为尼安德特人，简称“尼人”。

示例3：有几个“慈祥”的老板把捡来的菜叶用盐浸浸就算作工友的菜肴。

4.8.3.4 当引号中还需要使用引号时，外面一层用双引号，里面一层用单引号。

示例：他问："老师，'七月流火'是什么意思？"

4.8.3.5 独立成段的引文如果只有一段，段首和段尾都用引号；不止一段时，每段开头仅用前引号，只在最后一段末尾用后引号。

示例：我曾在报纸上看到有人这样谈幸福：

"幸福是知道自己喜欢什么和不喜欢什么。……

"幸福是知道自己擅长什么和不擅长什么。……

"幸福是在正确的时间做了正确的选择。……"

4.8.3.6 在书写带月、日的事件、节日或其他特定意义的短语（含简称）时，通常只标引其中的月和日；需要突出和强调该事件或节日本身时，也可连同事件或节日一起标引。

示例1："5·12"汶川大地震

示例2："五四"以来的话剧，是我国戏剧中的新形式

示例3：纪念"五四运动"90周年

4.9 括号

4.9.1 定义

标号的一种，标示语段中的注释内容、补充说明或其他特定意义的语句。

4.9.2 形式

括号的主要形式是圆括号"（ ）"，其他形式还有方括号"[ ]"、六角括号"〔 〕"和方头括号"【 】"等。

4.9.3 基本用法

4.9.3.1 标示下列各种情况，均用圆括号：

(a) 标示注释内容或补充说明。

示例1：我校拥有特级教师（含已退休的）17人。

示例2：我们不但善于破坏一个旧世界，我们还将善于建设一个新世界！（热烈鼓掌）

(b) 标示订正或补加的文字。

示例3：信纸上用稚嫩的字体写着："阿夷（姨），你好！"

示例4：该建筑公司负责的建设工程全部达到优良工程（的标准）。

(c) 标示序次语。

示例5：语言有三个要素：(1) 声音；(2) 结构；(3) 意义。

示例6：思想有三个条件：（一）事理；（二）心理；（三）伦理。

(d) 标示引语的出处。

示例7：他说得好："未画之前，不立一格；既画之后，不留一格。"（《板桥集·题画》）

(e) 标示汉语拼音注音。

示例8："的(de)"这个字在现代汉语中最常用。

4.9.3.2 标示作者国籍或所属朝代时，可用方括号或六角括号。

示例1:[英] 赫胥黎《进化论与伦理学》

示例2:〔唐〕杜甫著

4.9.3.3 报刊标示电讯、报道的开头，可用方头括号。

示例:【新华社南京消息】

4.9.3.4 标示公文发文字号中的发文年份时，可用六角括号。

示例:国发〔2011〕3号文件

4.9.3.5 标示被注释的词语时，可用六角括号或方头括号。

示例1:〔奇观〕奇伟的景象。

示例2:【爱因斯坦】物理学家。生于德国，1933年因受纳粹政权迫害，移居美国。

4.9.3.6 除科技书刊中的数学、逻辑公式外，所有括号(特别是同一形式的括号)应尽量避免套用。必须套用括号时，宜采用不同的括号形式配合使用。

示例:〔茸(róng)毛〕很细很细的毛。

4.10 破折号

4.10.1 定义

标号的一种，标示语段中某些成分的注释、补充说明或语音、意义的变化。

4.10.2 形式

破折号的形式是“——”。

4.10.3 基本用法

4.10.3.1 标示注释内容或补充说明(也可用括号，见4.9.3.1;二者的区别另见B.1.7)。

示例1:一个矮小而结实的日本中年人——内山老板走了过来。

示例2:我一直坚持读书，想借此唤起弟妹对生活的希望——无论环境多么困难。

4.10.3.2 标示插入语(也可用逗号，见4.4.3.3)。

示例:这简直就是——说得不客气点——无耻的勾当!

4.10.3.3 标示总结上文或提示下文(也可用冒号，见4.7.3.1、4.7.3.2)。

示例1:坚强，纯洁，严于律己，客观公正——这一切都难得地集中在一个人身上。

示例2:画家开始娓娓道来——

数年前的一个寒冬，……

4.10.3.4 标示话题的转换。

示例:“好香的干菜，——听到风声了吗?”赵七爷低声说道。

4.10.3.5 标示声音的延长。

示例:“嘎——”传过来一声水禽被惊动的鸣叫。

4.10.3.6 标示话语的中断或间隔。

示例1:“班长他牺——”小马话没说完就大哭起来。

示例 2:“亲爱的妈妈,你不知道我多爱您。——还有你,我的孩子!”

4.10.3.7　标示引出对话。

示例:——你长大后想成为科学家吗?

——当然想了!

4.10.3.8　标示事项列举分承。

示例:根据研究对象的不同,环境物理学分为以下五个分支学科:

——环境声学;

——环境光学;

——环境热学;

——环境电磁学;

——环境空气动力学。

4.10.3.9 用于副标题之前。

示例:飞向太平洋

——我国新型号运载火箭发射目击记

4.10.3.10　用于引文、注文后,标示作者、出处或注释者。

示例 1:先天下之忧而忧,后天下之乐而乐。

——范仲淹

示例 2:乐浪海中有倭人,分为百余国。

——《汉书》

示例 3:很多人写好信后把信笺折成方胜形,我看大可不必。(方胜,指古代妇女戴的方形首饰,用彩绸等制作,由两个斜方部分叠合而成。——编者注)

4.11　省略号

4.11.1　定义

标号的一种,标示语段中某些内容的省略及意义的断续等。

4.11.2　形式

省略号的形式是“……”。

4.11.3　基本用法

4.11.3.1　标示引文的省略。

示例:我们齐声朗诵起来:“……俱往矣,数风流人物,还看今朝。”

4.11.3.2　标示列举或重复词语的省略。

示例 1:对政治的敏感,对生活的敏感,对性格的敏感……这都是作家必须要有的素质。

示例 2:他气得连声说:“好,好……算我没说。”

4.11.3.3　标示语意未尽。

示例 1:在人迹罕至的深山密林里,假如突然看见一缕炊烟……

示例 2:你这样干,未免太……!

4.11.3.4　标示说话时断断续续。

示例:她磕磕巴巴地说:“可是……太太……我不知道……你一定是认错了。”

4.11.3.5　标示对话中的沉默不语。

示例:“还没结婚吧?”

“……”他飞红了脸,更加忸怩起来。

4.11.3.6　标示特定的成分虚缺。

示例:只要……就……

4.11.3.7　在标示诗行、段落的省略时,可连用两个省略号(即相当于十二连点)。

示例 1:从隔壁房间传来缓缓而抑扬顿挫的吟咏声——

床前明月光,疑是地上霜。

…………

示例 2:该刊根据工作质量、上稿数量、参与程度等方面的表现,评选出了高校十佳记者站。还根据发稿数量、提供新闻线索情况以及对刊物的关注度等,评选出了十佳通讯员。

…………

4.12　着重号

4.12.1　定义

标号的一种,标示语段中某些重要的或需要指明的文字。

4.12.2　形式

着重号的形式是“.”标注在相应文字的下方。

4.12.3　基本用法

4.12.3.1　标示语段中重要的文字。

示例 1:诗人需要表现,而不是证明。

示例 2:下面对本文的理解,不正确的一项是:……

4.12.3.2　标示语段中需要指明的文字。

示例:下边加点的字,除了在词中的读法外,还有哪些读法?

着急　子弹　强调

4.13　连接号

4.13.1　定义

标号的一种,标示某些相关联成分之间的连接。

4.13.2　形式

连接号的形式有短横线“-”、一字线“—”和浪纹线“～”三种。

4.13.3　基本用法

4.13.3.1　标示下列各种情况,均用短横线:

(a) 化合物的名称或表格、插图的编号。

示例1:3-戊酮为无色液体,对眼及皮肤有强烈的腐蚀性。

示例2:参见下页表2-8、表2-9。

(b) 连接号码,包括门牌号码、电话号码,以及用阿拉伯数字表示年月日等。

示例3:安宁里东路26号院3-2-11室

示例4:联系电话:010-88842603

示例5:2011-02-15

(c) 在复合名词中起连接作用。

示例6:吐鲁番-哈密盆地

(d) 某些产品的名称和型号。

示例7:WZ-10直升机具有复杂天气和夜间作战的能力。

(e) 汉语拼音、外来语内部的分合。

示例8:shuōshuō-xiàoxiào(说说笑笑)

示例9:盎格鲁-撒克逊人

示例10:让-雅克·卢梭("让-雅克"为双名)

示例11:皮埃尔·孟戴斯-弗朗斯("孟戴斯-弗朗斯"为复姓)

4.13.3.2　标示下列各种情况,一般用一字线,有时也可用浪纹线:

(a) 标示相关项目(如时间、地域等)的起止。

示例1:沈括(1031—1095),宋朝人。

示例2:2011年2月3日—10日

示例3:北京—上海特别旅客快车

(b) 标示数值范围(由阿拉伯数字或汉字数字构成)的起止。

示例4:25～30 g

示例5:第五～八课

4.14　间隔号

4.14.1　定义

标号的一种,标示某些相关联成分之间的分界。

4.14.2　形式

间隔号的形式是"·"。

4.14.3　基本用法

4.14.3.1　标示外国人名或少数民族人名内部的分界。

示例1:克里斯蒂娜·罗塞蒂

示例2:阿依古丽·买买提

4.14.3.2　标示书名与篇(章、卷)名之间的分界。

示例:《淮南子·本经训》

4.14.3.3　标示词牌、曲牌、诗体名等和题名之间的分界。

示例1:《沁园春·雪》

示例2:《天净沙·秋思》

示例3:《七律·冬云》

4.14.3.4 用在构成标题或栏目名称的并列词语之间。

示例4:《天·地·人》

4.14.3.5 以月、日为标志的事件或节日,用汉字数字表示时,只在一、十一和十二月后用间隔号;当直接用阿拉伯数字表示时,月、日之间均用间隔号(半角字符)。

示例1:“九一八”事变　　“五四”运动

示例2:“一·二八”事变　　“一二·九”运动

示例3:“3·15”消费者权益日　　“9·11”恐怖袭击事件

4.15 书名号

4.15.1 定义

标号的一种,标示语段中出现的各种作品的名称。

4.15.2 形式

书名号的形式有双书名号“《 》”和单书名号“〈 〉”两种。

4.15.3 基本用法

4.15.3.1 标示书名、卷名、篇名、刊物名、报纸名、文件名等。

示例1:《红楼梦》(书名)

示例2:《史记·项羽本纪》(卷名)

示例3:《论雷峰塔的倒掉》(篇名)

示例4:《每周关注》(刊物名)

示例5:《人民日报》(报纸名)

示例6:《全国农村工作会议纪要》(文件名)

4.15.3.2 标示电影、电视、音乐、诗歌、雕塑等各类用文字、声音、图像等表现的作品的名称。

示例1:《渔光曲》(电影名)

示例2:《追梦录》(电视剧名)

示例3:《勿忘我》(歌曲名)

示例4:《沁园春·雪》(诗词名)

示例5:《东方欲晓》(雕塑名)

示例6:《光与影》(电视节目名)

示例7:《社会广角镜》(栏目名)

示例8:《庄子研究文献数据库》(光盘名)

示例9:《植物生理学系列挂图》(图片名)

4.15.3.3 标示全中文或中文在名称中占主导地位的软件名。

示例:科研人员正在研制《电脑卫士》杀毒软件。

4.15.3.4　标示作品名的简称。

示例:我读了《念青唐古拉山脉纪行》一文(以下简称《念》),收获很大。

4.15.3.5　当书名号中还需要书名号时,里面一层用单书名号,外面一层用双书名号。

示例:《教育部关于提请审议〈高等教育自学考试试行办法〉的报告》

4.16　专名号

4.16.1　定义

标号的一种,标示古籍和某些文史类著作中出现的特定类专有名词。

4.16.2　形式

专名号的形式是一条直线,标注在相应文字的下方。

4.16.3　基本用法

4.16.3.1　标示古籍、古籍引文或某些文史类著作中出现的专有名词,主要包括人名、地名、国名、民族名、朝代名、年号、宗教名、官署名、组织名等。

示例1:孙坚人马被刘表率军围得水泄不通。(人名)

示例2:于是聚集冀、青、幽、并四州兵马七十多万准备决一死战。(地名)

示例3:当时乌孙及西域各国都向汉派遣了使节。(国名、朝代名)

示例4:如咸宁二年到太康十年,匈奴、鲜卑、乌桓等族人徙居塞内。(年号、民族名)

4.16.3.2　现代汉语文本中的上述专有名词,以及古籍和现代文本中的单位名、官职名、事件名、会议名、书名等不应使用专名号。必须使用标号标示时,宜使用其他相应标号(如引号、书名号等)。

4.17　分隔号

4.17.1　定义

标号的一种,标示诗行、节拍及某些相关文字的分隔。

4.17.2　形式

分隔号的形式是"/"。

4.17.3　基本用法

4.17.3.1　诗歌接排时分隔诗行(也可使用逗号和分号,见4.4.3.1/4.6.3.1)。

示例:春眠不觉晓/处处闻啼鸟/夜来风雨声/花落知多少。

4.17.3.2　标示诗文中的音节节拍。

示例:横眉/冷对/千夫指,俯首/甘为/孺子牛。

4.17.3.3　分隔供选择或可转换的两项,表示"或"。

示例:动词短语中除了作为主体成分的述语动词之外,还包括述语动词所带的宾语和/或补语。

4.17.3.4　分隔组成一对的两项,表示"和"。

示例1:13/14次特别快车

示例2:羽毛球女双决赛中国组合杜婧/于洋两局完胜韩国名将李孝贞/李敬元。

4.17.3.5 分隔层级或类别。

示例：我国的行政区划分为：省(直辖市、自治区)/省辖市(地级市)/县(县级市、区、自治州)/乡(镇)/村(居委会)。

5 标点符号的位置和书写形式

5.1 横排文稿标点符号的位置和书写形式

5.1.1 句号、逗号、顿号、分号、冒号均置于相应文字之后，占一个字位置，居左下，不出现在一行之首。

5.1.2 问号、叹号均置于相应文字之后，占一个字位置，居左，不出现在一行之首。两个问号(或叹号)叠用时，占一个字位置；三个问号(或叹号)叠用时，占两个字位置；问号和叹号连用时，占一个字位置。

5.1.3 引号、括号、书名号中的两部分标在相应项目的两端，各占一个字位置。其中前一半不出现在一行之末，后一半不出现在一行之首。

5.1.4 破折号标在相应项目之间，占两个字位置，上下居中，不能中间断开分处上行之末和下行之首。

5.1.5 省略号占两个字位置，两个省略号连用时占四个字位置并须单独占一行。省略号不能中间断开分处上行之末和下行之首。

5.1.6 连接号中的短横线比汉字“一”略短，占半个字位置；一字线比汉字“一”略长，占一个字位置；浪纹线占一个字位置。连接号上下居中，不出现在一行之首。

5.1.7 间隔号标在需要隔开的项目之间，占半个字位置，上下居中，不出现在一行之首。

5.1.8 着重号和专名号标在相应文字的下边。

5.1.9 分隔号占半个字位置，不出现在一行之首或一行之末。

5.1.10 标点符号排在一行末尾时，若为全角字符则应占半角字符的宽度(即半个字位置)，以使视觉效果更美观。

5.1.11 在实际编辑出版工作中，为排版美观、方便阅读等需要，或为避免某一小节最后一个汉字转行或出现在另外一页开头等情况(浪费版面及视觉效果差)，可适当压缩标点符号所占用的空间。

5.2 竖排文稿标点符号的位置和书写形式

5.2.1 句号、问号、叹号、逗号、顿号、分号和冒号均置于相应文字之下偏右。

5.2.2 破折号、省略号、连接号、间隔号和分隔号置于相应文字之下居中，上下方向排列。

5.2.3 引号改用双引号“﹃”、“﹄”和单引号“﹁”、“﹂”，括号改用“︵”、“︶”，标在相应项目的上下。

5.2.4 竖排文稿中使用浪线式书名号“﹏﹏”，标在相应文字的左侧。

5.2.5 着重号标在相应文字的右侧，专名号标在相应文字的左侧。

5.2.6 横排文稿中关于某些标点不能居行首或行末的要求，同样适用于竖排文稿。

附录 A(规范性附录)
标点符号用法的补充规则

A.1　句号用法补充规则

图或表的短语式说明文字,中间可用逗号,但末尾不用句号。即使有时说明文字较长,前面的语段已出现句号,最后结尾处仍不用句号。

示例 1:行进中的学生方队

示例 2:经过治理,本市市容市貌焕然一新。这是某区街道一景

A.2　问号用法补充规则

使用问号应以句子表示疑问语气为依据,而并不根据句子中包含有疑问词。当含有疑问词的语段充当某种句子成分,而句子并不表示疑问语气时,句末不用问号。

示例 1:他们的行为举止、审美趣味,甚至读什么书,坐什么车,都在媒体掌握之中。

示例 2:谁也不见,什么也不吃,哪儿也不去。

示例 3:我也不知道他究竟躲到什么地方去了。

A.3　逗号用法补充规则

用顿号表示较长、较多或较复杂的并列成分之间的停顿时,最后一个成分前可用"以及(及)"进行连接,"以及(及)"之前应用逗号。

示例:压力过大、工作时间过长、作息不规律,以及忽视营养均衡等,均会导致健康状况的下降。

A.4　顿号用法补充规则

A.4.1　表示含有顺序关系的并列各项间的停顿,用顿号,不用逗号。下例解释"对于"一词用法,"人"、"事物"、"行为"之间有顺序关系(即人和人、人和事物、人和行为、事物和事物、事物和行为、行为和行为等六种对待关系),各项之间应用顿号。

示例:〔对于〕表示人,事物,行为之间的相互对待关系。(误)

〔对于〕表示人、事物、行为之间的相互对待关系。(正)

A.4.2　用阿拉伯数字表示年月日的简写形式时,用短横线连接号,不用顿号。

示例:2010、03、02(误)

2010－03－02(正)

A.5　分号用法补充规则

分项列举的各项有一项或多项已包含句号时,各项的末尾不能再用分号。

示例:本市先后建立起三大农业生产体系:一是建立甘蔗生产服务体系。成立糖业服务公司,主要给农民提供机耕等服务;二是建立蚕桑生产服务体系。……;三是建立热作服务体系。……。(误)

本市先后建立起三大农业生产体系:一是建立甘蔗生产服务体系。成立糖业服务公

司，主要给农民提供机耕等服务。二是建立蚕桑生产服务体系。……。三是建立热作服务体系。……。（正）

A.6 冒号用法补充规则

A.6.1 冒号用在提示性话语之后引起下文。表面上类似但实际不是提示性话语的，其后用逗号。

示例 1：郦道元《水经注》记载："沼西际山枕水，有唐叔虞祠。"（提示性话语）

示例 2：据《苏州府志》载，苏州城内大小园林约有 150 多座，可算名副其实的园林之城。（非提示性话语）

A.6.2 冒号提示范围无论大小（一句话、几句话甚至几段话），都应与提示性话语保持一致（即在该范围的末尾要用句号点断）。应避免冒号涵盖范围过窄或过宽。

示例：艾滋病有三个传播途径：血液传播，性传播和母婴传播，日常接触是不会传播艾滋病的。（误）

艾滋病有三个传播途径：血液传播，性传播和母婴传播。日常接触是不会传播艾滋病的。（正）

A.6.3 冒号应用在有停顿处，无停顿处不应用冒号。

示例 1：他头也不抬，冷冷地问："你叫什么名字？"（有停顿）

示例 2：这事你得拿主意，光说"不知道"怎么行？（无停顿）

A.7 引号用法补充规则

"丛刊"、"文库"、"系列"、"书系"等作为系列著作的选题名，宜用引号标引。当"丛刊"等为选题名的一部分时，放在引号之内，反之则放在引号之外。

示例 1："汉译世界学术名著丛书"

示例 2："中国哲学典籍文库"

示例 3："20 世纪心理学通览"丛书

A.8 括号用法补充规则

括号可分为句内括号和句外括号。句内括号用于注释句子里的某些词语，即本身就是句子的一部分，应紧跟在被注释的词语之后。句外括号则用于注释句子、句群或段落，即本身结构独立，不属于前面的句子、句群或段落，应位于所注释语段的句末点号之后。

示例：标点符号是辅助文字记录语言的符号，是书面语的有机组成部分，用来表示语句的停顿、语气以及标示某些成分（主要是词语）的特定性质和作用。（数学符号、货币符号、校勘符号等特殊领域的专门符号不属于标点符号。）

A.9 省略号用法补充规则

A.9.1 不能用多于两个省略号（多于 12 点）连在一起表示省略。省略号须与多点连续的连珠号相区别（后者主要是用于表示目录中标题和页码对应和连接的专门符号）。

A.9.2 省略号和"等"、"等等"、"什么的"等词语不能同时使用。在需要读出来的地方用"等"、"等等"、"什么的"等词语，不用省略号。

示例：含有铁质的食物有猪肝、大豆、油菜、菠菜……等。（误）

含有铁质的食物有猪肝、大豆、油菜、菠菜等。(正)

A.10 着重号用法补充规则

不应使用文字下加直线或波浪线等形式表示着重。文字下加直线为专名号形式(4.16);文字下加浪纹线是特殊书名号(A.13.6)。着重号的形式统一为相应项目下加小圆点。

示例:下面对本文的理解,不正确的一项是(误)

下面对本文的理解,**不正确**的一项是(正)

A.11 连接号用法补充规则

浪纹线连接号用于标示数值范围时,在不引起歧义的情况下,前一数值附加符号或计量单位可省略。

示例:5 公斤～100 公斤(正)

5～100 公斤(正)

A. 12 间隔号用法补充规则

当并列短语构成的标题中已用间隔号隔开时,不应再用“和”类连词。

示例:《水星·火星和金星》(误)

《水星·火星·金星》(正)

A.13 书名号用法补充规则

A.13.1 不能视为作品的课程、课题、奖品奖状、商标、证照、组织机构、会议、活动等名称,不应用书名号。下面均为书名号误用的示例:

示例 1:下学期本中心将开设《现代企业财务管理》、《市场营销》两门课程。

示例 2:明天将召开《关于“两保两挂”的多视觉理论思考》课题立项会。

示例 3:本市将向 70 岁以上(含 70 岁)老年人颁发《敬老证》。

示例 4:本校共获得《最佳印象》、《自我审美》、《卡拉 OK》等六个奖杯。

示例 5:《闪光》牌电池经久耐用。

示例 6:《文史杂志社》编辑力量比较雄厚。

示例 7:本市将召开《全国食用天然色素应用研讨会》。

示例 8:本报将于今年暑假举行《墨宝杯》书法大赛。

A.13.2 有的名称应根据指称意义的不同确定是否用书名号。如文艺晚会指一项活动时,不用书名号;而特指一种节目名称时,可用书名号。再如展览作为一种文化传播的组织形式时,不用书名号;特定情况下将某项展览作为一种创作的作品时,可用书名号。

示例 1:2008 年重阳联欢晚会受到观众的称赞和好评。

示例 2:本台将重播《2008 年重阳联欢晚会》。

示例 3:“雪域明珠——中国西藏文化展”今天隆重开幕。

示例 4:《大地飞歌艺术展》是一部大型现代艺术作品。

A.13.3 书名后面表示该作品所属类别的普通名词不标在书名号内。

示例:《我们》杂志

A.13.4　书名有时带有括注。如果括注是书名、篇名等的一部分,应放在书名号之内,反之则应放在书名号之外。

示例1:《琵琶行(并序)》

示例2:《中华人民共和国民事诉讼法(试行)》

示例3:《新政治协商会议筹备会组织条例(草案)》

示例4:《百科知识》(彩图本)

示例5:《人民日报》(海外版)

A.13.5　书名、篇名末尾如有叹号或问号,应放在书名号之内。

示例1:《日记何罪!》

示例2:《如何做到同工又同酬?》

A.13.6　在古籍或某些文史类著作中,为与专名号配合,书名号也可改用浪线式“﹏﹏”,标注在书名下方。这可以看作是特殊的专名号或特殊的书名号。

A.14　分隔号用法补充规则

分隔号又称正斜线号,须与反斜线号“\”相区别(后者主要是用于编写计算机程序的专门符号)。使用分隔号时,紧贴着分隔号的前后通常不用点号。

附录B(资料性附录)
标点符号若干用法的说明

B.1　易混标点符号用法比较

B.1.1　逗号、顿号表示并列词语之间停顿的区别

逗号和顿号都表示停顿,但逗号表示的停顿长,顿号表示的停顿短。并列词语之间的停顿一般用顿号,但当并列词语较长或其后有语气词时,为了表示稍长一点的停顿,也可用逗号。

示例1:我喜欢吃的水果有苹果、桃子、香蕉和菠萝。

示例2:我们需要了解全局和局部的统一,必然和偶然的统一,本质和现象的统一。

示例3:看游记最难弄清位置和方向,前啊,后啊,左啊,右啊,看了半天,还是不明白。

B.1.2　逗号、顿号在表列举省略的“等”、“等等”之类词语前的使用

并列成分之间用顿号,末尾的并列成分之后用“等”、“等等”之类词语时,“等”类词前不用顿号或其他点号;并列成分之间用逗号,末尾的并列成分之后用“等”类词时,“等”类词前应用逗号。

示例1:现代生物学、物理学、化学、数学等基础科学的发展,带动了医学科学的进步。

示例2:写文章前要想好,文章主题是什么,用哪些材料,哪些详写,哪些略写,等等。

B.1.3　逗号、分号表示分句间停顿的区别

当复句的表述不复杂、层次不多，相连的分句语气比较紧凑、分句内部也没有使用逗号表示停顿时，分句间的停顿多用逗号。当用逗号不易分清多重复句内部的层次（如分句内部已有逗号），而用句号又可能割裂前后关系的地方，应用分号表示停顿。

示例1：她拿起钥匙，开了箱上的锁，又开了首饰盒上的锁，往老地方放钱。

示例2：纵比，即以一事物的各个发展阶段做比；横比，则以此事物与彼事物相比。

B.1.4　顿号、逗号、分号在标示层次关系时的区别

句内点号中，顿号表示的停顿最短、层次最低，通常只能表示并列词语之间的停顿；分号表示的停顿最长、层次最高，可以用来表示复句的第一层分句之间的停顿；逗号介于两者之间，既可表示并列词语之间的停顿，也可表示复句中分句之间的停顿。若分句内部已用逗号，分句之间就应用分号（见B.1.3示例2）。用分号隔开的几个并列分句不能由逗号统领或总结。

示例1：有的学会烤烟，自己做挺讲究的纸烟和雪茄；有的学会蔬菜加工，做的番茄酱能吃到冬天；有的学会蔬菜腌渍、窖藏，使秋菜接上春菜。

示例2：动物吃植物的方式多种多样，有的是把整个植物吃掉，如原生动物；有的是把植物的大部分吃掉，如鼠类；有的是吃掉植物的要害部位，如鸟类吃掉植物的嫩芽。（误）。

动物吃植物的方式多种多样：有的是把整个植物吃掉，如原生动物；有的是把植物的大部分吃掉，如鼠类；有的是吃掉植物的要害部位，如鸟类吃掉植物的嫩芽（正）。

B.1.5　冒号、逗号用于“说”、“道”之类词语后的区别

位于引文之前的“说”、“道”后用冒号。位于引文之后的“说”、“道”分两种情况：处于句末时，其后用句号；“说”、“道”后还有其他成分时，其后用逗号。插在话语中间的“说”、“道”类词语后只能用逗号表示停顿。

示例1：他说：“晚上就来家里吃饭吧。”

示例2：“我真的很期待。”他说。

示例3：“我有件事忘了说……”他说，表情有点为难。

示例4：“现在请皇上脱下衣服，”两个骗子说，“好让我们为您换上新衣。”

B.1.6　不同点号表示停顿长短的排序

各种点号都表示说话时的停顿。句号、问号、叹号都表示句子完结，停顿最长。分号用于复句的分句之间，停顿长度介于句末点号和逗号之间，而短于冒号。逗号表示一句话中间的停顿，又短于分号。顿号用于并列词语之间，停顿最短。通常情况下，各种点号表示的停顿由长到短为：句号＝问号＝叹号＞冒号（指涵盖范围为一句话的冒号）＞分号＞逗号＞顿号。

B.1.7　破折号与括号表示注释或补充说明时的区别

破折号用于表示比较重要的解释说明，这种补充是正文的一部分，可与前后文连读；而括号表示比较一般的解释说明，只是注释而非正文，可不与前后文连读。

示例1：在今年——农历虎年，必须取得比去年更大的成绩。

示例2:哈雷在牛顿思想的启发下,终于认出了他所关注的彗星(该星后人称为哈雷彗星)。

B.1.8 书名号、引号在“题为……”、“以……为题”格式中的使用

“题为……”、“以……为题”中的“题”,如果是诗文、图书、报告或其他作品可作为篇名、书名看待时,可用书名号;如果是写作、科研、辩论、谈话的主题,非特定作品的标题,应用引号。即“题为……”、“以……为题”中的“题”应根据其类别分别按书名号和引号的用法处理。

示例1:有篇题为《柳宗元的诗》的文章,全文才2000字,引文不实却达11处之多。

示例2:今天一个以“地球·人口·资源·环境”为题的大型宣传活动在此间举行。

示例3:《我的老师》写于1956年9月,是作者应《教师报》之约而写的。

示例4:“我的老师”这类题目,同学们也许都写过。

B.2 两个标点符号连用的说明

B.2.1 行文中表示引用的引号内外的标点用法

当引文完整且独立使用,或虽不独立使用但带有问号或叹号时,引号内句末点号应保留。除此之外,引号内不用句末点号。当引文处于句子停顿处(包括句子末尾)且引号内未使用点号时,引号外应使用点号;当引文位于非停顿处或者引号内已使用句末点号时,引号外不用点号。

示例1:“沉舟侧畔千帆过,病树前头万木春。”他最喜欢这两句诗。

示例2:书价上涨令许多读者难以接受,有些人甚至发出“还买得起书吗?”的疑问。

示例3:他以“条件还不成熟,准备还不充分”为由,否决了我们的提议。

示例4:你这样“明日复明日”地要拖到什么时候?

示例5:司马迁为了完成《史记》的写作,使之“藏之名山”,忍受了人间最大的侮辱。

示例6:在施工中要始终坚持“把质量当生命”。

示例7:“言之无文,行而不远”这句话,说明了文采的重要。

示例8:俗话说:“墙头一根草,风吹两边倒。”用这句话来形容此辈再恰当不过。

B.2.2 行文中括号内外的标点用法

括号内行文末尾需要时可用问号、叹号和省略号。除此之外,句内括号行文末尾通常不用标点符号。句外括号行文末尾是否用句号由括号内的语段结构决定:若语段较长、内容复杂,应用句号。句内括号外是否用点号取决于括号所处位置:若句内括号处于句子停顿处,应用点号。句外括号外通常不用点号。

示例1:如果不采取(但应如何采取呢?)十分具体的控制措施,事态将进一步扩大。

示例2:3分钟过去了(仅仅才3分钟!),从眼前穿梭而过的出租车竟达32辆!

示例3:她介绍时用了一连串比喻(有的状如树枝,有的貌似星海……),非常形象。

示例4:科技协作合同(包括科研、试制、成果推广等)根据上级主管部门或有关部门的计划签订。

示例5:应把夏朝看作原始公社向奴隶制国家过渡时期。(龙山文化遗址里,也有俯身葬。俯身者很可能就是奴隶。)

示例6:问:你对你不喜欢的上司是什么态度?

答:感情上疏远,组织上服从。(掌声,笑声)

示例7:古汉语(特别是上古汉语),对于我来说,有着常人无法想象的吸引力。

示例8:由于这种推断尚未经过实践的考验,我们只能把它作为假设(或假说)提出来。

示例9:人际交往过程就是使用语词传达意义的过程。(严格说,这里的"语词"应为语词指号。)

B.2.3 破折号前后的标点用法

破折号之前通常不用点号;但根据句子结构和行文需要,有时也可分别使用句内点号或句末点号。破折号之后通常不会紧跟着使用其他点号;但当破折号表示语音的停顿或延长时,根据语气表达的需要,其后可紧接问号或叹号。

示例1:小妹说:"我现在工作得挺好,老板对我不错,工资也挺高。——我能抽支烟吗?"(表示话题的转折)

示例2:我不是自然主义者,我主张文学高于现实,能够稍稍居高临下地去看现实,因为文学的任务不仅在于反映现实。光描写现存的事物还不够,还必须记住我们所希望的和可能产生的事物。必须使现象典型化。应该把微小而有代表性的事物写成重大的和典型的事物。——这就是文学的任务。(表示对前几句话的总结)

示例3:"是他——?"石一川简直不敢相信自己的耳朵。

示例4:"我终于考上大学啦!我终于考上啦——!"金石开兴奋得快要晕过去了。

B.2.4 省略号前后的标点用法

省略号之前通常不用点号。以下两种情况例外:省略号前的句子表示强烈语气、句末使用问号或叹号时;省略号前不用点号就无法标示停顿或表明结构关系时。省略号之后通常也不用点号,但当句末表达强烈的语气或感情时,可在省略号后用问号或叹号;当省略号后还有别的话、省略的文字和后面的话不连续且有停顿时,应在省略号后用点号;当表示特定格式的成分虚缺时,省略号后可用点号。

示例1:想起这些,我就觉得一辈子都对不起你。你对梁家的好,我感激不尽!……

示例2:他进来了,……一身军装,一张朴实的脸,站在我们面前显得很高大,很年轻。

示例3:这,这是……?

示例4:动物界的规矩比人类还多,野骆驼、野猪、黄羊……,直至塔里木兔、跳鼠,都是各行其路,决不混淆。

示例5:大火被渐渐扑灭,但一片片油污又旋即出现在遇难船旁……。清污船迅速赶来,并施放围栏以控制油污。

示例6:如果……,那么……。

B.3　序次语之后的标点用法

B.3.1　“第”、“其”字头序次语，或“首先”、“其次”、“最后”等作序次语时，后用逗号(见4.4.3.3)。

B.3.2　不带括号的汉字数字或“天干地支”作序次语时，后用顿号(见 4.5.3.2)。

B.3.3　不带括号的阿拉伯数字、拉丁字母或罗马数字作序次语时，后面用下脚点(该符号属于外文的标点符号)。

示例 1：总之，语言的社会功能有三点：1. 传递信息，交流思想；2. 确定关系，调节关系；3. 组织生活，组织生产。

示例 2：本课一共讲解三个要点：A. 生理停顿；B. 逻辑停顿；C. 语法停顿。

B.3.4　加括号的序次语后面不用任何点号。

示例 1：受教育者应履行以下义务：(一) 遵守法律、法规；(二) 努力学习，完成规定的学习任务；(三) 遵守所在学校或其他教育机构的制度。

示例 2：科学家很重视下面几种才能：(1) 想象力；(2) 直觉的理解力；(3) 数学能力。

B.3.5　阿拉伯数字与下脚点结合表示章节关系的序次语，末尾不用任何点号。

示例：3 停顿

3.1　生理停顿

3.2　逻辑停顿

B.3.6　用于章节、条款的序次语后宜用空格表示停顿。

示例：第一课　春天来了

B.3.7　序次简单、叙述性较强的序次语后不用标点符号。

示例：语言的社会功能共有三点：一是传递信息；二是确定关系；三是组织生活。

B.3.8　同类数字形式的序次语，带括号的通常位于不带括号的下一层。通常第一层是带有顿号的汉字数字；第二层是带括号的汉字数字；第三层是带下脚点的阿拉伯数字；第四层是带括号的阿拉伯数字；再往下可以是带圈的阿拉伯数字或小写拉丁字母。一般可根据文章特点选择从某一层序次语开始行文，选定之后应顺着序次语的层次向下行文，但使用层次较低的序次语之后不宜反过来再使用层次更高的序次语。

示例：一、……

(一) ……

1. ……

(1) ……

①/a. ……

B.4　文章标题的标点用法

文章标题的末尾通常不用标点符号，但有时根据需要可用问号、叹号或省略号。

示例 1：看看电脑会有多聪明，让它下盘围棋吧

示例 2：猛龙过江：本店特色名菜

示例 3:严防“电脑黄毒”危害少年

示例 4:回家的感觉真好

——访大赛归来的本市运动员

示例 5:里海是湖,还是海?

示例 6:人体也是污染源!

示例 7:和平协议签署之后……

第 7 章

语言学引文规范

语言学的引文规范，是语言学研究涉及的参考文献、引用内容、引文标注及其他相关著录的规则和要求。合理引用参考文献，遵守引文规范，是语言学者的基本素养，也是语言学学科健康有序发展的保障。本章从基本概念的辨析入手，介绍语言学的引文、注释、参考文献的格式与要求，以便学术新人了解、掌握引文规范。

7.1 引文、注释、参考文献概念辨析

7.1.1 引文

狭义的"引文"也叫引语，《现代汉语词典》(第 7 版)的解释是："引自其他书籍、文章或文件等的语句。"[①]《汉语大词典》的解释是："引自其他典籍、文章的文句。"[②]

广义的引文通常有两层含义：一是指"引语"；二是指参考文献(Bibliographic References)，即写作过程中引用、参考的文献作者、题名等信息，通常附在论文或图书的章节之后，有时也以注释(附注或脚注)的形式出现。(叶继元等，2014)

本章下文如无特殊说明，引文均指狭义的概念。

7.1.2 注释

注释，亦称"注解"，是对书籍、文章中的词语、引文出处等所做的说明[③]。叶继元等(2014)指出：注释的内容是一种补充材料，可以是与正文某一特殊问题密切相关的简短的交代，也可以是需要另外补充的有关题旨的小段评论。

注释包括题名注、作者注、文献注、术语注、论据注等，是对书籍、文章的补充说明或解释。排在该页地脚的注释为"脚注"，文末的为"尾注"，紧接注释对象排印于正文中的

---

① 中国社会科学院语言研究所词典编辑室：《现代汉语词典》，第 7 版，商务印书馆，2016 年，第 1565 页。

② 汉语大词典编辑委员会汉语大词典编纂处：《汉语大词典》(上卷)，汉语大词典出版社，1997 年，第 2184 页。

③ 辞海编辑委员会：《辞海》(缩印本)，上海辞书出版社，2000 年，第 1093 页。

为"夹注"或"随文注"。

7.1.3 参考文献

本章参考国家标准《信息与文献 参考文献著录规则》(GB/T 7714—2015),定义"参考文献"为:"对一个信息资源或其中一部分进行准确和详细著录的数据,位于文末或文中的信息源。"①

7.2 引文的类型和要求

7.2.1 引文的类型

根据引用的方式,引文可分为直接引用与间接引用两种类型。

1. 直接引用

直接引用亦称"明引",指直接引用他人作品的部分内容,须用双引号标注。

例如,《玄应〈一切经音义〉唇音声母考察》(王曦,2016)中的直接引用:

王力(1980a:18—19)则运用反切比较法进行研究,认为"玄应反切中,帮系与非系混用","轻唇还没有从重唇分出"。

2. 间接引用

间接引用也称"暗引",指借鉴、吸收他人成果,但不采用原文,用自己的语言表达文献中的观点、论据等。一般有以下两种情况:

(1) 综合归纳或概述引文内容,常用"某某说"、"某某主张"、"某某认为"等方式引出。

(2) 转引,作者无原始文献,根据二手资料、译文或他人引用的资料加以引用。

间接引用也应列入参考文献中,并标明出处、页码。

例如,《汉语中的非话题主语》(刘丹青,2016)中的间接引用:

根据陆烁、潘海华(2009),无定的类指解读需要有通称算子(即类指算子)约束,主要是要求属性谓语。

7.2.2 引文的要求

《高等学校哲学社会科学研究学术规范(试行)》明确指出②:

1. 引文应以原始文献和第一手资料为原则。凡引用他人观点、方案、资料、数据等,无论曾否发表,无论是纸质或电子版,均应详加注释。凡转引文献资料,应如实说明。

---

① 中华人民共和国国家质量监督检验检疫总局,中国国家标准化管理委员会:《中华人民共和国国家标准:信息与文献 参考文献著录规则(GB/T 7714—2015)》,中国标准出版社,2015年,第1页。

② 教育部社会科学委员会:《高等学校哲学社会科学研究学术规范(试行)》(教育部社会科学委员会2004年6月22日第一次全体会议讨论通过),2004年。

2. 学术论著应合理使用引文，对已有学术成果的介绍、评论、引用和注释，应力求客观、公允、准确。伪注、伪造、篡改文献和数据等，均属学术不端行为。

在上述原则的指导下，引文应遵循以下要求：

1. 忠实原著，不断章取义

无论是直接引用还是间接引用，引用原文还是引用原意，都应忠于原始文献和第一手资料，客观准确、表意完整，不可断章取义、曲解原文。

2. 不过度引用

过度引用指主要观点和论据以引用为主，或引用他人成果多于自己的论证。《中华人民共和国著作权法实施条例》规定，应适当引用他人已经发表的作品：

(1) 引用的目的仅限于介绍、评论某一作品或说明某一问题；

(2) 所引用部分不能构成引用人作品的主要部分或实质部分；

(3) 不得损害被引用作品著作权人的利益。语言学学术引用要在"必须、适当、合理"的条件下科学引用，不能过度引用。

3. 不能"引而不用"，亦不能"用而不引"

"引而不用"指列出参考文献或有文献注释，但在实际写作过程中没有引用或参考。"用而不引"是指引用别人的观点、论据、成果等，却没有标注、列出参考文献或文献注释。

4. 选取最优文献或最佳版本

(1) 选择最权威、最具代表性的参考文献。

(2) 选取恰当的文献版本。

(3) 应尽量避免转引参考文献，确实需要转引时须注明原始文献和转引文献。

7.3 注释的类型和格式

7.3.1 注释的类型

1. 根据内容，注释可分为题注、手稿日期注、作者注、基金项目注、图表注、词语注等类型。

(1) 题注、收稿日期注、作者注、基金项目注

题注，对标题做补充说明。

收稿日期注，注明收稿日期和修改稿返回日期，可反映期刊的出版周期。

作者注，注明作者的基本信息，以便读者与作者联系。

基金项目注，注明文章得到某基金项目的资助，可反映研究的重要性。

例如，《长江中下游沿岸方言"支微入鱼"的地理分布及成因》(顾黔，2016)有作者注

和基金项目注：

作者简介：顾黔，女，1963年生，江苏泰兴人，博士，教授，博士生导师，研究方向为方言学、音韵学。基金项目：国家社科基金重大项目“汉语方言自然口语变异有声数据库建设”(12&ZD177)。

(2) 图表注

对图、表中的量值或符号等进行说明，一般采用小于正文半号字，在图或表下标注，如《南京方言宕江两摄入声韵的共时变异及历时演变研究》(顾黔，2015)的表注：

表7-1 南京方言宕江两摄入声调的层次

例字 ʔ	声调层次		
	第一层	第二层	第三层
削	siopʔ^{5}/ɕyoʔ^{5}/ɕyeʔ^{5}	ɕiɔ^{31}	ɕye^{55}
学	ɕyoʔ^{5}/ɕyeʔ^{5}	ɕye^{24}	ɕye^{35}
各	koʔ^{5}/kəʔ^{5}	ko^{44}/kə^{44}	kə^{51}
鹤	xoʔ^{5}/xəʔ^{5}	xo^{44}/xə^{44}	xə^{51}

说明：表1的层次是从声调的角度考虑的，未考虑韵母层次。韵母的层次分析详见下文第四部分。

(3) 词语注

常见的有外文专业术语及缩写字的注解、中文翻译外国人名的注解等，一般采用加括号的方法，把注解内容写在括号中，如《淳安威坪方言古全清平声字的声母浊化》(袁丹等，2015)的词语注：

CPP(Cepstral Peak Prominence)是测量发声态的一种新方法，其特点是比较可靠，受到元音音质和基频的影响比较小。

2. 按位置不同，注释可分为脚注、夹注、尾注三种。

(1) 脚注，即页下注。注在当页下端，经常使用连续编号。

(2) 夹注，也叫“文中注”、“段中注”。在要注释的字、词、句后加括号，在括号中写明注文。夹注不宜频繁出现。

(3) 尾注，置于正文结尾的注释。

7.3.2 注释的格式要求

注释应遵循以下要求：

1. 注释放置于当页下(脚注)。注释序号用①，②，③……标识，每页单独排序。

2. 一般应包括责任者、题名、时间等。

3. 同一篇作品注释的格式应统一，不能出现几种不同的格式。

4. 引自中译本，不得标注为外文文献。

不同出版物、不同出版机构对注释格式的要求不同。本节附《〈中国社会科学〉杂志社关于引文注释的规定》，供语言学者参考，详见附录7。

7.4 参考文献的著录要求

我国的国家标准《信息与文献 参考文献著录规则(GB/T 7714—2015)》[①]，规定了参考文献的著录项目、著录顺序、著录符号、著录方法等，为语言学参考文献的著录规范提供了依据。下面主要根据国家标准，简要介绍语言学参考文献的著录要求。[②]

7.4.1 参考文献的著录格式

本节分别介绍语言学专著、专著中的析出文献、连续出版物中的析出文献和电子文献的著录格式。

1. 专著

指"以单行本或多卷册(在限定的期限内出齐)形式出版的印刷型或非印刷型出版物，包括普通图书、古籍、学位论文、会议文集、汇编、标准、报告、多卷书、丛书等"[③]。专著的著录格式为：

主要责任者. 题名:其他题名信息[文献类型标识/文献载体标识]. 其他责任者. 版本项. 出版地:出版者，出版年:引文页码[引用日期]. 获取和访问路径.

文献载体标识是电子文献必备，其他文献任选。

其他责任者是任选项目。

引用日期、获取和访问路径是联机文献必备项目，其他电子文献任选。

例 7-1

[1] 李荣. 切韵音系[M]. 北京:科学出版社, 1956:99—118.

[2] 布龙菲尔德. 语言论[M]. 袁家骅，赵世开，甘世福，译. 北京:商务印书馆，2009.

[3] 中国社会科学院语言研究所. 方言调查字表[M]. 北京:商务印书馆，1981.

[4] 陈晓锦，张双庆. 首届海外汉语方言国际研讨会论文集[C]. 广州:暨南大学出版社，2009.

[5] 顾黔. 通泰方言音韵研究[M]. 南京:南京大学出版社，2001.

[6] 邓文宝. 南唐近事[M]. 刻本. 1699(康熙三十八年).

[7] Chomsky, Noam. Aspects of the Theory of Syntax[M]. Cambridge, Mass.: MIT Press，1965.

[8] Chao, Yuen Ren. A Grammar of Spoken Chinese[M]. Berkeley: University of

① 中华人民共和国国家质量监督检验检疫总局和中国国家标准化管理委员会于2015年5月发布。

② 不同期刊著录要求不尽相同，学者可根据要求酌情处理。

③ 中华人民共和国国家质量监督检验检疫总局，中国国家标准化管理委员会:《中华人民共和国国家标准:信息与文献 参考文献著录规则(GB/T 7714—2015)》，中国标准出版社，2015年，第1页。

California Press,1968.

[9] 赵耀东. 新时代的工业工程师 [M/OL]. 台北:天下文化出版社,1998 [1998-09-26] . http://www.ie.nthu.edu.tw/info/ie.newie.htm.

2. 专著中的析出文献

析出文献指"从整个信息资源中析出的具有独立篇名的文献"①。从专著中析出有独立著者、独立篇名的文献与源文献的关系用"//"表示,著录格式为:

析出文献主要责任者. 析出文献题名[文献类型标识/文献载体标识]. 析出文献其他责任者//专著主要责任者. 专著题名:其他题名信息. 版本项. 出版地:出版者, 出版年:析出文献的页码[引用日期]. 获取和访问路径.

例 7-2

[1] 王福堂. 武宁方言中的浊声母[M].//北京大学语言学研究中心《语言学论丛》编委会. 语言学论丛:第四十二辑. 北京:商务印书馆,2010:179—188.

[2] 拉波夫. 在社会环境里研究语言[M].//中国社会科学院语言研究所语言学情报研究室. 语言学译丛:第1辑. 北京:中国社会科学出版社,1985:15—18.

[3] 郑张尚芳. 浙西南方言的 tɕ 声母脱落现象[M].//梅祖麟. 吴语和闽语的比较研究.上海:上海教育出版社,1995:50—74.

[4] Malinowski, B. The Problem of Meaning in Primitive Languages [A]. Supplement I // C. K. Ogden & I. A. Richards. The Meaning of Meaning. San Diego, New York and London: Harcourt Brace Jovanovich Inc., 1923.

3. 连续出版物中的析出文献

连续出版物指"通常载有年卷期号或年月日顺序号,并计划无限期连续出版发行的印刷或非印刷形式的出版物"②。连续出版物中的析出文献著录格式为:

析出文献主要责任者. 析出文献题名[文献类型标识/文献载体标识]. 连续出版物题名:其他题名信息,年,卷(期):页码 [引用日期]. 获取和访问途径.

例 7-3

[1] 王洪君. 也谈古吴方言覃谈寒桓四韵的关系[J]. 中国语文,2004,(4):358—362.

[2] 王士元. 语言演化研究的几个议题[J]. 语言研究,2015,35(3):1.

[3] 丁邦新. 从历史层次论吴闽关系[J]. 方言,2006,(1):1—5.

[4] Labov W. Resolving the Neogrammarian Controversy [J]. Language,1981, 57(2):267-308.

[5] Li,Songqing. Identity Constructions in Bilingual Advertising: A Critical-cogni-

---

① 中华人民共和国国家质量监督检验检疫总局,中国国家标准化管理委员会:《中华人民共和国国家标准:信息与文献 参考文献著录规则(GB/T 7714—2015)》,中国标准出版社,2015年,第1页。

② 中华人民共和国国家质量监督检验检疫总局,中国国家标准化管理委员会:《中华人民共和国国家标准:信息与文献 参考文献著录规则(GB/T 7714—2015)》,中国标准出版社,2015年,第1页。

tive Approach[J]. Applied Linguistics，2015,11：1－26.

在同一刊物上连载的文献，其后续部分不必另行著录，可在原参考文献后直接注明后续部分的年份、卷、期、部分号、页码等，例如：

例 7－4

[1] 李蓝，曹茜蕾. 汉语方言中的处置式和“把”字句(上)(下)[J]. 方言，2013，(01)：11—30；2013，(02)：97—110.

从报纸中析出的文献，应在报纸名后著录其出版日期与版次，如“范兆飞.中古太原士族群体的流动与秩序[N].中国社会科学报，2014－12－17(1)”。

4. 电子文献

“指以数字方式将图、文、声、像等信息存储在磁、光、电介质上，通过计算机、网络或相关设备使用的记录有知识内容或艺术内容的信息资源，包括电子公告、电子图书、电子期刊、数据库等。”①凡属电子专著、电子专著中的析出文献、电子连续出版物中的析出文献，著录格式按上述有关规则处理。其他电子资源根据以下格式著录(GB/T 7714—2015)：

主要责任者. 题名：其他题名信息[文献类型标识/文献载体标识]. 出版地：出版者，出版年：引文页码(更新或修改日期)[引用日期]. 获取和访问路径.

例 7－5

[1]北京市人民政府办公厅. 关于转发北京市企业投资项目核准暂行实施办法的通知：京正办发[2005]37 号[A/OL].(2005－07－12)[2011－07－12]. http://china.findlaw.cn/fagui/p_1/39934.html.

7.4.2 著录文字与著录符号

1. 著录文字

(1) 参考文献原则上要求使用信息资源本身的语种著录。必要时，可采用双语著录。用双语著录时，首先用原语种著录，然后用其他语种。例如：

李宇明. 汉语的层级变化[J]. 中国语文，2014，(06)：550—558＋576.

LI，Yuming. Hierarchical Change of the Chinese Language[J]. Studies of the Chinese Language，2014，(06)：550－558＋576.

(2) 卷期号、页码、出版年、版次、更新或修改日期、引用日期、顺序编码制的参考文献序号等用阿拉伯数字。外文书的版次用序数词的缩写形式表示。

(3) 西文期刊刊名的缩写，可参照 ISO 4《信息与文献——出版物题名和标题缩写规则》。

2. 著录符号

.　用于题名项、析出文献题名项、其他责任者、析出文献其他责任者、连续出版物的

① 中华人民共和国国家质量监督检验检疫总局，中国国家标准化管理委员会：《中华人民共和国国家标准：信息与文献　参考文献著录规则(GB/T 7714—2015)》，中国标准出版社，2015 年，第 2 页。

年卷期或其他标志识项、版本项、出版项、连续出版物中析出文献的出处项、获取和访问路径以及数字对象唯一标识符前。每一条参考文献的结尾可用“.”号。

：　用于其他题名信息、出版者、引文页码、析出文献的页码、专利号前。

，　用于同一著作方式的责任者、“等”、“译”字样、出版年、期刊年卷期标识中的年和卷号前。

；　用于同一责任者的合订题名以及期刊后续的年卷期标识与页码前。

//　用于专著中的析出文献的出处项前。

（）用于期刊年卷期标识中的期号、报纸的版次、电子文献更新或修改日期以及非公元纪年。

[ ] 用于文献序号、文献类型标志、电子文献的引用日期以及自拟的信息。

/　用于合期的期号间以及文献载体标志前。

—　用于起讫序号和起讫页码间。

7.4.3　著录细则

1. 责任者

(1) 个人著者采用姓在前名在后的著录格式。西方著者的名可以用缩写字母，缩写名后省略缩写点。其中译名可以只著录其姓；同姓不同名的，中译名不仅要著录其姓，还需著录其名的首字母。用汉语拼音书写的人名，姓全大写，其名可缩写，取每个汉字拼音的首字母。

例7－6

[1] 方光焘　　原题：方光焘

[2] CHOMSKY N 或 Chomsky N　　原题：Noam Chomsky

[3] 索绪尔　　原题：F. de Saussure

[4] 昂温 G，昂温 P S　　原题：(英)G.昂温(G. Unwin)，P.S.昂温(P.S.Unwin)

[5] FANG Guangtao 或 FANG G T　　原题：方光焘

[6] 罗杰瑞　　原题：Jerry Norman

(2) 著作方式相同的责任者不超过3个时，全部照录。超过3个时，著录前3个责任者，其后加“等”或与之相应的词。

例7－7

[1] 叶蜚声，徐通锵　　原题：叶蜚声　徐通锵

[2] 丁声树，吕叔湘，李　荣，等

原题：丁声树　吕叔湘　李　荣　孙德宣　管燮初　傅　婧　黄盛璋　陈治文

[3] BROWNELL Hiram H，HEATHER H Potter

原题：Brownell Hiram H.，and Heather H. Potter.

[4] FORDHAM E W，ALI A，TURNER D A，et al

原题：Evenst W. Fordham　Amiad Ali　David A. Turner　John R.Chrters

(3)无责任者或者责任者情况不明的文献，主要责任者应注明“佚名”或与之相应的词。采用顺序编码制排列的参考文献可省略此项，直接著录题名。

例 7－8

[1] 佚名. 描金凤[M]. 郑州：中州古籍出版社，1989.

[2] Anon. 1981. Coffee drinking and cancer of the pancreas [J]. Br Med J, 283：628.

2. 题名

题名包括书名、刊名、报纸名、专利名、报告名、标准名、学位论文名、档案名、舆图名、析出的文献名等。

其他题名信息包括副标题，说明文字，多卷书的分卷书名、卷次、册次，专利号，报告号，标准号等，可根据具体情况决定取舍。

不同文献有不同的文献类型标识，具体如下①：

表 7－2　文献类型和标识代码

普通图书	M
会议录	C
汇编	G
报纸	N
期刊	J
学位论文	D
报告	R
标准	S
专利	P
数据库	DB
计算机程序	CP
电子公告	EB
档案	A
舆图	CM
数据集	DS
其他	Z

① 中华人民共和国国家质量监督检验检疫总局，中国国家标准化管理委员会：《中华人民共和国国家标准：信息与文献　参考文献著录规则(GB/T 7714—2015)》，中国标准出版社，2015 年，附录 B。

表7-3　电子资源载体和标识代码

载体类型	标识代码
磁带	MT
磁盘	DK
光盘	CD
联机网络	OL

3. 版本与页码

(1) 版本

第1版无须著录，其他版本应著录。版本用阿拉伯数字、序数缩写形式或其他标识表示。古籍的版本可著录“写本”、“抄本”、“刻本”、“活字本”等。

例7-9

[1] 龟井星. 毛诗考. 写本

[2] 龟井星. 古序翼. 抄本. 1983

(2) 页码

专著、期刊中析出文献的页码或引文页码，应采用阿拉伯数字著录。引自序言或扉页题词的页码，可按实际情况著录。

例7-10

[1] 徐通锵. 历时语言学[M]. 北京：商务印书馆，2008：126.

[2] 赵元任. 赵元任语言学论文集[M]. 北京：商务印书馆，2002：序3—5.

4. 出版项

出版项包括出版地、出版者、出版年、引文页码、析出文献的页码、引用日期等，按出版地、出版者、出版年的顺序著录。具体如下(GB/T 7714—2015)：

(1) 出版地

① 出版地著录出版者所在地的城市名称。对同名异地或不为人们熟悉的城市名，宜在城市名后附省名、州名或国名等限定语，如“Cambridge, Eng.”、“Cambridge, Mass.”。附在出版地之后的省名、州名、国名等，以及作为限定语的机关团体名称，可按国际公认的方法缩写。

② 文献中载有多个出版地，只著录第一个或处于显要位置的出版地。

例7-11

[1] 北京：科学出版社，2013　　　原题：科学出版社 北京 上海 2013

[2] London: Butterworths, 1978

原题：Butterworths London Boston Sydney Wellington Durban Toronto 1978

③ 无出版地的中文文献著录“出版地不详”，外文文献著录“S. l.”，置于方括号内。无出版地的电子资源可省略此项。

(2) 出版者

① 出版者可按著录信息源所载的形式著录,也可按国际公认的简化形式或缩写形式著录。

例 7 - 12

[1] 语文出版社	原题:语文出版社
[1] Cambridge University Press	原题:Cambridge University Press
[3] IRRI	原题:International Rice Research Institute
[4] Wiley	原题:John Wiley and Sons Ltd.

② 文献中载有多个出版者,只著录第一个或处于显要位置的出版者。

例 7 - 13

Chicago: ALA, 1978

原题:American Library Association/Chicago

Canadian Library Association/Ottawa 1978

③ 无出版者的中文文献著录"出版者不详",外文文献著录"s. n.",置于方括号内。无出版者的电子资源可省略此项。

例 7 - 14

陆心源. 仪顾堂集. [出版者不详],1898(光绪二十四年)

乐史. 太平寰宇记. [出版者不详],1882(光绪八年)

(3) 出版日期

① 出版年采用公元纪年,用阿拉伯数字著录。如有其他纪年形式,将原有的纪年形式置于圆括号"( )"内,如"1705(康熙四十四年)"、"1947(民国三十六年)"。

② 报纸的出版日期按照"YYYY - MM - DD"格式,用阿拉伯数字著录,如"2000 - 02 - 12"。

③ 出版年无法确定时,可依次选用版权年、印刷年、估计的出版年。估计的出版年需置于方括号"[ ]"内。

(4) 公告日期、更新日期、引用日期

根据 GB/T 7408—2005,电子资源的更新或修改日期、引用日期按照"YYYY -MM - DD"格式,用阿拉伯数字著录。

7.4.4 参考文献在正文中的标注法

正文中参考文献的标注方法可采用顺序编码制,即按正文中参考文献出现的先后顺序连续编码;也可采用著者-出版年制,标注内容由著者姓名与出版年构成。

西方著者也可只标注姓氏与出版年,置于"( )"内。集体著者著述的文献可标注机关团体名称。倘若正文中已提及著者姓名,则在其后的"( )"内只须著录出版年,例如《汉语

中的非话题主语》(刘丹青,2016)的标注:

朱德熙(1982:96)认为,"说话的人选来作主语的是他最感兴趣的话题……通常说主语是话题……二者也不能混同"。

正文中引用同一著者在同一年出版的多篇文献时,出版年后应用小写字母a,b,c……区别。例如《再析"不"、"没"的对立与中和》(侯瑞芬,2016)中对同一作者在同一年出版的多篇文献的标注:

沈家煊(2010a)对"不"和"没"的区别有了新的认识……

……当然语境不同可推导出的意思也不同(参看沈家煊,2010b)。

7.4.5 参考文献表的排序

参考文献在文末有两种排序方法。一是按各篇文献在正文中出现的顺序排列。二是先将各篇文献按文种分类,然后按著者姓名音序和出版年排列,中文文献还可按著者姓名的笔画数目排列。

1. 顺序编码制

参考文献表采用顺序编码制组织时,各篇文献按在正文出现的顺序依次列出。

例7-15

[1] 周骥.浅论汉语古精见组字的腭化现象[J].安徽文学,2007(5).

[2] 田恒金.精见两组声母腭化规律例外现象及其成因[J].湖北教育学报,2005(4).

[3] 吴凤山.如皋方言研究[M].北京:中国文联出版社,2006.

[4] [美] 王士元.语言的发生和演变[A].北京大学中文系编《语言学论丛》第11辑[C].北京:商务印书馆,1993.

[5] 彭建国.湘语知庄章声母的读音类型与历史演变[J].语言科学,2009(4).

[6] 桑宇红.知庄章组声母在现代南方方言的读音类型[J].河北师范大学学报,2008.

[7] 顾黔.通泰方言音韵研究[M].南京:南京大学出版社,2001.

2. 著者-出版年制

采用著者-出版年制组织时,各篇文献先按文种分类,然后按著者姓名音序和出版年排列。中文文献可按汉语拼音音序排列,也可按笔画笔顺排列。如《语言研究方法导论》(金立鑫,2007)按著者-出版年制编排:

Austin,J. L. 1962. How to do things with words. Oxford: Oxford University Press.

Hockett,C. F. 1987. 现代语言学教程,中译本,北京:北京大学出版社.

……

朱晓农. 2004. 从上海方言论元音内在时长. 石锋、沈钟伟编《乐在其中——王世元先生七十华诞庆祝文集》. 203—212,天津:南开大学出版社.

朱晓农. 2005. 元音大转移和元音高化链移,《民族语文》(1).

附录 7 《中国社会科学》杂志社关于引文注释的规定[①]

为便于学术交流和推进本社期刊编辑工作的规范化，在研究和借鉴其他人文社会科学学术期刊注释规定的基础上，我们对原有引文注释规范进行了补充和完善，特制定新的规定。本规定适用于《中国社会科学》、《历史研究》和《中国社会科学内部文稿》。

一、注释体例及标注位置

文献引证方式采用注释体例。

注释放置于当页下(脚注)。注释序号用①，②……标识，每页单独排序。正文中的注释序号统一置于包含引文的句子(有时候也可能是词或词组)或段落标点符号之后。

二、注释的标注格式

(一) 非连续出版物

1. 著作

标注顺序：责任者与责任方式/文献题名/出版地点/出版者/出版时间/页码。

责任方式为著时，“著”可省略，其他责任方式不可省略。

引用翻译著作时，将译者作为第二责任者置于文献题名之后。

引用《马克思恩格斯全集》、《列宁全集》等经典著作应使用最新版本。

示例：

赵景深：《文坛忆旧》，上海：北新书局，1948 年，第 43 页。

谢兴尧整理：《荣庆日记》，西安：西北大学出版社，1986 年，第 175 页。

蒋大兴：《公司法的展开与评判——方法·判例·制度》，北京：法律出版社，2001 年，第 3 页。

任继愈主编：《中国哲学发展史(先秦卷)》，北京：人民出版社，1983 年，第 25 页。

实藤惠秀：《中国人留学日本史》，谭汝谦、林启彦译，香港：中文大学出版社，1982 年，第 11—12 页。

金冲及主编：《周恩来传》，北京：人民出版社、中央文献出版社，1989 年，第 9 页。

佚名：《晚清洋务运动事类汇钞五十七种》上册，北京：全国图书馆文献缩微复制中心，1998 年，第 56 页。

狄葆贤：《平等阁笔记》，上海：有正书局，出版时间不详，第 8 页。

《马克思恩格斯全集》第 31 卷，北京：人民出版社，1998 年，第 46 页。

2. 析出文献

标注顺序：责任者/析出文献题名/文集责任者与责任方式/文集题名/出版地点/出版者/出版时间/页码。

① 中国社会科学杂志社：中国社会科学杂志社关于引文注释的规定：http://www.cssn.cn/ts/ts_bdhd/201310/t20131029_753132.shtml，2016 年 6 月 1 日。

文集责任者与析出文献责任者相同时,可省去文集责任者。

示例:

杜威·佛克马:《走向新世界主义》,王宁、薛晓源编《全球化与后殖民批评》,北京:中央编译出版社,1999年,第247—266页。

鲁迅:《中国小说的历史的变迁》,《鲁迅全集》第9册,北京:人民文学出版社,1981年,第325页。

唐振常:《师承与变法》,《识史集》,上海:上海古籍出版社,1997年,第65页。

3. 著作、文集的序言、引论、前言、后记

(1) 序言、前言作者与著作、文集责任者相同。

示例:

李鹏程:《当代文化哲学沉思》,北京:人民出版社,1994年,"序言",第1页。

(2) 序言有单独的标题,可作为析出文献来标注。

示例:

楼适夷:《读家书,想傅雷(代序)》,傅敏编《傅雷家书》(增补本),北京:三联书店,1988年,第2页。

黄仁宇:《为什么称为"中国大历史"?——中文版自序》,《中国大历史》,北京:三联书店,1997年,第2页。

(3) 责任者层次关系复杂时,可以通过叙述表明对序言的引证。为了表述紧凑和语气连贯,责任者与文献题名之间的冒号可省去,出版信息可括注起来。

示例:

见戴逸为北京市宣武区档案馆编、王灿炽纂《北京安徽会馆志稿》(北京:北京燕山出版社,2001年)所做的序,第2页。

4. 古籍

(1) 刻本

标注顺序:责任者与责任方式/文献题名/卷次、篇名、部类(选项)/版本、页码。

部类名及篇名用书名号表示,其中不同层次可用中圆点隔开,原序号仍用汉字数字,下同。页码应注明a、b面。

示例:

姚际恒:《古今伪书考》卷3,光绪三年苏州文学山房活字本,第9页a。

(2) 点校本、整理本

标注顺序:责任者与责任方式/文献题名/卷次、篇名、部类(选项)/出版地点/出版者/出版时间/页码。可在出版时间后注明"标点本"、"整理本"等。

示例:

毛祥麟:《墨余录》,上海:上海古籍出版社,1985年,第35页。

(3) 影印本

标注顺序:责任者与责任方式/文献题名/卷次、篇名、部类(选项)/出版地点/出版

者/出版时间/(影印)页码。可在出版时间后注明“影印本”。为便于读者查找,缩印的古籍,引用页码还可标明上、中、下栏(选项)。

示例:

杨钟羲:《雪桥诗话续集》卷5,沈阳:辽沈书社,1991年影印本,上册,第461页下栏。

《太平御览》卷690《服章部七》引《魏台访议》,北京:中华书局,1985年影印本,第3册,第3080页下栏。

(4) 析出文献

标注顺序:责任者/析出文献题名/文集责任者与责任方式/文集题名/卷次/丛书项(选项,丛书名用书名号)/版本或出版信息/页码。

示例:

管志道:《答屠仪部赤水丈书》,《续问辨牍》卷2,《四库全书存目丛书》,济南:齐鲁书社,1997年影印本,子部,第88册,第73页。

(5) 地方志

唐宋时期的地方志多系私人著作,可标注作者;明清以后的地方志一般不标注作者,书名其前冠以修纂成书时的年代(年号);民国地方志,在书名前冠加“民国”二字。新影印(缩印)的地方志可采用新页码。

示例:

乾隆《嘉定县志》卷12《风俗》,第7页b。

民国《上海县续志》卷1《疆域》,第10页b。

万历《广东通志》卷15《郡县志二·广州府·城池》,《稀见中国地方志汇刊》,北京:中国书店,1992年影印本,第42册,第367页。

(6) 常用基本典籍,官修大型典籍以及书名中含有作者姓名的文集可不标注作者,如《论语》、二十四史、《资治通鉴》、《全唐文》、《册府元龟》、《清实录》、《四库全书总目提要》、《陶渊明集》等。

示例:

《旧唐书》卷9《玄宗纪下》,北京:中华书局,1975年标点本,第233页。

《方苞集》卷6《答程夔州书》,上海:上海古籍出版社,1983年标点本,上册,第166页。

(7) 编年体典籍,如需要,可注出文字所属之年月甲子(日)。

示例:

《清德宗实录》卷435,光绪二十四年十二月上,北京:中华书局,1987年影印本,第6册,第727页。

(二) 连续出版物

1. 期刊

标注顺序:责任者/文献题名/期刊名/年期(或卷期,出版年月)。

刊名与其他期刊相同,也可括注出版地点,附于刊名后,以示区别;同一种期刊有两个以上的版别时,引用时须注明版别。

示例:

何龄修:《读顾诚〈南明史〉》,《中国史研究》1998年第3期。

汪疑今:《江苏的小农及其副业》,《中国经济》第4卷第6期,1936年6月15日。

魏丽英:《论近代西北人口波动的主要原因》,《社会科学》(兰州)1990年第6期。

费成康:《葡萄牙人如何进入澳门问题辨证》,《社会科学》(上海)1999年第9期。

董一沙:《回忆父亲董希文》,《传记文学》(北京)2001年第3期。

李济:《创办史语所与支持安阳考古工作的贡献》,《传记文学》(台北)第28卷第1期,1976年1月。

黄义豪:《评黄龟年四劾秦桧》,《福建论坛》(文史哲版)1997年第3期。

苏振芳:《新加坡推行儒家伦理道德教育的社会学思考》,《福建论坛》(经济社会版)1996年第3期。

叶明勇:《英国议会圈地及其影响》,《武汉大学学报》(人文科学版)2001年第2期。

倪素香:《德育学科的比较研究与理论探索》,《武汉大学学报》(社会科学版)2002年第4期。

2. 报纸

标注顺序:责任者/篇名/报纸名称/出版年月日/版次。

早期中文报纸无版次,可标识卷册、时间或栏目及页码(选注项)。同名报纸应标示出版地点以示区别。

示例:

李眉:《李劼人轶事》,《四川工人日报》1986年8月22日,第2版。

伤心人(麦孟华):《说奴隶》,《清议报》第69册,光绪二十六年十一月二十一日,第1页。

《四川会议厅暂行章程》,《广益丛报》第8年第19期,1910年9月3日,"新章",第1—2页。

《上海各路商界总联合会致外交部电》,《民国日报》(上海)1925年8月14日,第4版。

《西南中委反对在宁召开五全会》,《民国日报》(广州)1933年8月11日,第1张第4版。

(三)未刊文献

1. 学位论文、会议论文等

标注顺序:责任者/文献标题/论文性质/地点或学校/文献形成时间/页码。

示例:

方明东:《罗隆基政治思想研究(1913—1949)》,博士学位论文,北京师范大学历史系,2000年,第67页。

任东来:《对国际体制和国际制度的理解和翻译》,全球化与亚太区域化国际研讨会论文，天津，2000 年 6 月，第 9 页。

2. 手稿、档案文献

标注顺序：文献标题/文献形成时间/卷宗号或其他编号/收藏机构或单位。

示例：

《傅良佐致国务院电》，1917 年 9 月 15 日，北洋档案 1011—5961，中国第二历史档案馆藏。

《党外人士座谈会记录》，1950 年 7 月，李劼人档案，中共四川省委统战部档案室藏。

（四）转引文献

无法直接引用的文献，转引自他人著作时，须标明。标注顺序：责任者/原文献题名/原文献版本信息/原页码（或卷期）/转引文献责任者/转引文献题名/版本信息/页码。

示例：

章太炎：《在长沙晨光学校演说》，1925 年 10 月，转引自汤志钧《章太炎年谱长编》下册，北京：中华书局，1979 年，第 823 页。

（五）电子文献

电子文献包括以数码方式记录的所有文献（含以胶片、磁带等介质记录的电影、录影、录音等音像文献）。

标注项目与顺序：责任者/电子文献题名/更新或修改日期/获取和访问路径/引用日期。

示例：

王明亮：《关于中国学术期刊标准化数据库系统工程的进展》，1998 年 8 月 16 日，http://www.cajcd.cn/pub/wml.txt/980810－2.html，1998 年 10 月 4 日。

扬之水：《两宋茶诗与茶事》，《文学遗产通讯》（网络版试刊）2006 年第 1 期，http://www.literature.org.cn /Article.asp? ID＝199，2007 年 9 月 13 日。

（六）外文文献

1. 引证外文文献，原则上使用该语种通行的引证标注方式。

2. 本规范仅列举英文文献的标注方式如下：

（1）专著

标注顺序：责任者与责任方式/文献题名/出版地点/出版者/出版时间/页码。文献题名用斜体，出版地点后用英文冒号，其余各标注项目之间，用英文逗点隔开，下同。

示例：

Peter Brooks，*Troubling Confessions*：*Speaking Guilt in Law and Literature*，Chicago：University of Chicago Press，2000，p.48.

Randolph Starn and Loren Partridge，*The Arts of Power*：*Three Halls of State in Italy*，*1300－1600*，Berkeley：California University Press，1992，pp.19－28.

（2）译著

标注顺序：责任者/文献题名/译者/出版地点/出版者/出版时间/页码。

示例：

M. Polo, *The Travels of Marco Polo*, trans. by William Marsden, Hertfordshire: Cumberland House, 1997, pp.55, 88.

（3）期刊析出文献

标注顺序：责任者/析出文献题名/期刊名/卷册及出版时间/页码。析出文献题名用英文引号标识，期刊名用斜体，下同。

示例：

Heath B. Chamberlain, "On the Search for Civil Society in China," *Modern China*, vol. 19, no. 2 (April 1993), pp.199－215.

（4）文集析出文献

标注顺序：责任者/析出文献题名/文集题名/编者/出版地点/出版者/出版时间/页码。

示例：

R. S. Schfield, "The Impact of Scarcity and Plenty on Population Change in England," in R. I. Rotberg and T. K. Rabb, eds., *Hunger and History: The Impact of Changing Food Production and Consumption Pattern on Society*, Cambridge, Mass: Cambridge University Press, 1983, p.79.

（5）档案文献

标注顺序：文献标题/文献形成时间/卷宗号或其他编号/藏所。

Nixon to Kissinger, February 1, 1969, Box 1032, NSC Files, Nixon Presidential Material Project (NPMP), National Archives Ⅱ, College Park, MD.

三、其他

（一）再次引证时的项目简化

同一文献再次引证时只须标注责任者、题名、页码，出版信息可以省略。

示例：

赵景深：《文坛忆旧》，第 24 页。

鲁迅：《中国小说的历史的变迁》，《鲁迅全集》第 9 册，第 326 页。

（二）间接引文的标注

间接引文通常以"参见"或"详见"等引领词引导，反映出与正文行文的呼应，标注时应注出具体参考引证的起止页码或章节。标注项目、顺序与格式同直接引文。

示例：

参见邱陵编著：《书籍装帧艺术简史》，哈尔滨：黑龙江人民出版社，1984 年，第 28—29 页。

详见张树年主编：《张元济年谱》，北京：商务印书馆，1991 年，第 6 章。

（三）引用先秦诸子等常用经典古籍，可使用夹注，夹注应使用不同于正文的字体。

示例 1：

庄子说惠子非常博学,“惠施多方,其书五车”。(《庄子·天下》)

示例2:

天神所具有道德,也就是“保民”、“裕民”的道德;天神所具有的道德意志,代表的是人民的意志。这也就是所谓“天聪明自我民聪明,天明畏自我民明畏”,(《尚书·皋陶谟》)“民之所欲,天必从之”。(《尚书·泰誓》)

第 8 章

语言学成果发表规范

语言学成果多以论文、专著、研究报告等方式呈现。通常是将稿件投寄报刊编辑部、出版社、学术会议等。在发表过程中，须遵循特定的学术规范。本章从期刊、图书、网络和学术交流四个方面，归纳语言学成果发表规范，供语言学者参考。

8.1 期刊投稿注意事项

8.1.1 期刊种类与等级

新闻出版总署于 2005 年 9 月 30 日颁布《期刊出版管理规定》，指出："本规定所称期刊又称杂志，是指有固定名称，用卷、期或者年、季、月顺序编号，按照一定周期出版的成册连续出版物。"[①]详见附录 8 - 1。

1. 期刊种类

期刊有合法与非法之分。合法期刊一般有国内主管单位、详细的通信地址；印刷出版地均在国内；除自办发行外，大多通过邮局征订和发行，常常有邮发代码。合法期刊可分为正式期刊和非正式期刊。

正式期刊由国家指定的行政管理部门审核批准，并在省、自治区、直辖市新闻出版局登记注册，领取"报刊登记证"，编入"国内统一刊号"。刊号由国际标准刊号(ISSN)[②]和国内统一刊号(CN)两部分组成。

国内统一刊号 CN 标准格式：以 CN 为前缀，由 6 位数字和分类号组成，结构格式为 CNXX - XXXX/YY。CN 后面两位数字是各省、自治区、直辖市地区号，如 11 -北京市，12 -天津市，13 -河北省；"-"后的 4 位数字为序号，范围为 0001—9999，其中 0001—0999 为报纸序号，1000—5999 为印刷版连续出版物的序号，6000—8999 为网络连续出版物的序号，9000—9999 为有形的电子连续出版物(如光盘等)的序号；"/"后的字母为图书分类

① 新闻出版总署：《期刊出版管理规定》，2005 年。

② 应为"连续出版物号"，为方便计，也可简称"刊号"，下同。

号，两个字符位的图书分类号通常是按《中国图书馆分类法》给出的大类代码和一位代表二级类目的数字组成。

非正式期刊指通过行政部门审核领取“内部报刊准印证”作为行业内部交流的期刊（一般只限行业内交流，不公开发行），属内部资料。（叶继元等，2014）

非法期刊一般具有以下特征（陈图文，2005）：

(1) 自称为核心期刊或国际级、国家级期刊，吸引作者眼球。

(2) 杜撰中国标准刊号（ISSN 号和 CN 号），蒙骗作者。

(3) 杜撰不存在的出版、发行单位或者盗取已经存在的出版、发行单位的名称，具有一定的隐蔽性和欺骗性。

(4) 没有准确、详细的地址，只提供 E-mail 地址。

(5) 收录论文包罗万象，任何内容的论文，只要投稿，即可采用。

(6) 收取高额的版面费，以谋利为目的。

(7) 利用境外刊号，从事非法出版活动，逃避国内执法部门的制裁。

可以通过以下途径鉴别非法期刊（叶继元等，2014）：

(1) 登录国家新闻出版广电总局网站查询。网址为 http://www.sapprft.gov.cn/。

(2) 登录中国知网查询。网址为 http://www.cnki.net/。

(3) 登录中国记者网查询。网址为 http://press.gapp.gov.cn/。

2. 期刊等级

期刊数量众多，类型多种多样，通常以学术影响力划分等级。2013 年，新闻出版总署启动报刊编辑部体制改革和学术期刊改革，计划评定学术期刊的权威性，从国家层面首次大规模评价学术期刊的质量和水平，具有重要意义。

(1) 核心期刊

核心期刊最初是文献计量学的一个概念，始于 20 世纪 30 年代，由英国文献学家布拉德福（B. C. Bradford）首先提出。20 世纪 70 年代，核心期刊概念传入中国；80 年代，国内开始探讨核心期刊筛选方法、特点等问题；90 年代，开始大规模筛选中文核心期刊，每隔数年筛选一次，至今已 20 多年。影响较大的有中国科学院、中国科技信息研究所、中国社会科学院、北京大学、南京大学筛选的核心期刊或来源期刊。

近 20 年来，中国核心期刊的内涵发生了较大变化，评选方法、指标等也在变化：由载文量/率的统计，发展到文摘量/率、引文量/率、利用量/率（阅读、借阅、复印、下载等）的统计；由定量方法发展至定量与定性相结合的方法；除了第一层文献计量学意义上的含义外，还被理解为“高质量的优秀期刊”（实际上二者是有区别的）。（叶继元等，2014）

目前学界一般认为，中国的核心期刊是指有 CN 编号（国内统一连续出版物号），刊载某学科或主题领域文献密度大，文载率、引文率、利用率等相对较高，影响力较大，同行认可，反映该学科或主题领域的代表性期刊。

(2) 国家级期刊、省级期刊

按期刊社所属的机构性质分，有国家级、省市级及其以下级期刊。“国家级”期刊，是由党中央、国务院及所属各部门，或中国科学院、中国社会科学院、各民主党派和全国性人民团体主办的期刊，以及国家一级专业学会主办的会刊。省级期刊通常指由各省、自治区、直辖市及其所属部、委办、厅、局主办的期刊以及由各本、专科院校主办的学报（刊）。（叶继元等，2014）

（3）CN 刊物、ISSN 刊物

CN 是国内统一刊号的英文缩写，ISSN 是国际标准刊号的英文缩写。CN 刊物指在我国境内注册、国内公开发行的刊物，该类刊物的刊号均标注有 CN 字母。ISSN 刊物指在境外注册，国内外公开发行的刊物，该类刊物的刊号前标注有 ISSN 字母。现在许多期刊同时具有 CN 和 ISSN 两种刊号，称为“双刊号刊物”。（叶继元等，2014）

8.1.2　期刊评价指标与工具

1. 学术期刊评价常用指标

学刊学术影响力受影响因子、他引率、基金论文比等指标的影响，它们从不同方面反映了期刊的学术质量属性。常用指标如下[①]：

（1）影响因子：国际上通行的期刊评价指标，由美国 SCI 创始人 E. Garfield 于 1972 年提出。计算公式为：影响因子＝前 n 年的期刊论文在当年所产生的被引频次之和/前 n 年的期刊论文数之和。一般来说，影响因子越大，期刊的学术影响力也越大。

（2）他引率：指期刊被他刊引用的次数占该刊总被引次数的比例，计算公式为：他引率＝被他刊引用的次数/期刊被引用的总次数。期刊他引率可用于衡量某期刊学术交流的广度、专业面的宽窄以及学科的交叉程度。通常他引率越高，表示该刊被同行的认同性越高，学术交流他引率的范围越大、程度越深。

（3）基金论文比：指来源期刊中，各类基金资助的论文占全部论文的比例，是衡量期刊论文学术质量的重要指标。一般说来，期刊载文的基金资助比例高，表示该刊学术水平较高。

（4）总被引频次：指该期刊自创刊以来所登载的全部论文在统计当年被引用的总次数。此项指标可以显示该期刊被使用和受重视的程度，以及在学术交流中的作用和地位，一定程度上反映了刊物的实力，是评价其学术性和社会效益的客观标准之一。

（5）被引半衰期：指该期刊在统计当年被引用的全部次数中，较新的一半是在多长一段时间内发表的。被引半衰期是测度期刊老化速度的一个指标，通常是针对某一学科或专业领域的文献总和而言的。

（6）摘转率：在中国大陆，被《新华文摘》、《中国社会科学文摘》、《中国高等学校学术文摘》和中国人民大学书报资料中心的各种复印资料等文摘性刊物转摘的摘转率，已成为衡量其他各种刊物质量高低的一个重要指标。

2. 学术期刊评价工具

目前，如何正确评价基础科学研究成果已引起广泛关注。被科学引文索引（SCI）、社

① 参见叶继元：《图书馆学学术规范与方法论研究》，科学出版社，2014 年；林海清、翁志辉：《浅议学术期刊常用评价指标及其局限性》，《农业图书情报学刊》，2010 年第 2 期，第 192—194 页。

会科学引文索引(SSCI)收录科技论文的多寡,是衡量国家基础科学的研究水平、科技实力和科技论文水平高低的重要评价指标。国内人文社会科学多以 CSSCI 等作为学术期刊评价工具。(叶继元等,2014)

国内中文期刊评价工具主要有《中文核心期刊要目总览》、《中国科学引文索引》(CSCI)、《中文社会科学引文索引》(CSSCI)、《中国科技论文与引文数据库》(CSTPCD)和《中国科技期刊引证报告》(CJCR)。

国外期刊评价工具主要有科学引文索引(SCI)、工程索引(EI)、科技会议录索引(ISTP/ISSHP)和其他索引工具,如《科学文摘》、《化学文摘》等。其中,SCI、EI、ISTP 是世界著名的三大科技文献检索系统,是国际公认的科学统计与科学评价的主要检索工具。(叶继元等,2014)

国内外学术期刊评价工具的具体介绍请参见附录 8-2。

8.1.3 投稿

1. 选择拟投稿期刊

选择合适期刊,是投稿的关键。选择国内投稿期刊,通常应注意是否为核心期刊,是否为本学科的著名刊物,征稿范围与研究方向是否一致等。选择国外投稿期刊,通常应注意有无学会协助,出版周期是否稳定,是否为本学科的著名刊物,是否为三大索引来源(SSCI、SCI、EI)期刊等。具体而言,选择合适的投稿期刊应考虑以下几个因素(任胜利,2004;陈滢生、薛章林,2014):

(1) 论文水平自我评估

投稿前,应对自己论文的价值贡献、等级水平做出客观评估,包括理论价值评估,即是否开辟新领域、有突破或创见;实用价值评估,即是否具有经济效益、技术效益或社会效益;论文分类,即所撰论文为理论论文、理论与技术论文、技术论文,还是综述、评论和简报、快报等。不同类型的论文的投向取决于目标期刊的类型,即理论型(学术型)期刊、技术型期刊等。

(2) 期刊的报道范围

投稿前应认真阅读拟投稿期刊的"作者须知"、"投稿须知"或"征稿简则",尤其要注意其中有关刊载论文范围的说明。此外,应仔细研读拟投稿期刊最近几期的目录和相关论文,以确认自己稿件是否相符。

(3) 期刊的显示度

简单而有效的判断方法是检索期刊的网上信息是否丰富,如期刊的网络版内容是否及时更新、可否免费让读者阅读全文、期刊是否被主要检索系统收录等。在其他条件近似的情况下,应尽可能将稿件投向显示度相对较高的期刊。

(4) 期刊的学术影响力

期刊的学术影响力可从影响因子的大小、是否被国内外检索工具收录、是否为学科核心期刊等方面考察。期刊的总被引频次和影响因子越高,表明期刊被读者阅读和使用的可能性越大。科技期刊的学术地位和学术影响表现在期刊所收录论文的水平、主编、编辑单位、在专业人员心中的地位等方面。期刊的排名与影响力等通常在网上可搜索到相关信息。

(5) 出版周期和载文量

出版周期是指期刊的出版频率，一般分为年刊、半年刊、季刊、双月刊、月刊、半月刊、旬刊、周刊和不定期刊。一般来说，应尽量选择出版周期短、容量大的期刊投稿。

(6) 是否收取版面费

拟投稿期刊是否收费及其收费标准，外文期刊可在作者须知的“Page Charge”、“Publication Charge”、“Printing Cost”等条目找到，中文期刊的“作者须知”或“投稿须知”通常也有说明。不同国家、不同刊物收费标准不同。中国的核心期刊一般不收费，英国刊物和欧洲的学术刊物一般也不收费，美国各学会、协会资助的学术刊物收费较普遍。

(7) 对作者、语种的要求

有的科技期刊对作者有资格要求，如要求作者具有某国国籍、属某地区、某研究机构、某协会会员等资格。有些期刊要求投稿论文必须为英文，有些则不做要求。

(8) 期刊的口碑

目前，国内“期刊点评网”有国内各学科期刊的介绍，以及投稿者对所投期刊的印象和评价。也可通过与同行交流、请教专家等了解期刊口碑。

2. 国内外语言学高质量期刊

(1) 2014—2015 年 CSSCI 语言学来源期刊

南京大学中国社会科学研究评价中心 2017 年 1 月 16 日发布“关于《中文社会科学引文索引(CSSCI)来源期刊和收录集刊(2017—2018)目录》的公示”，其中语言学期刊(包括扩展版来源期刊)共 33 种，详见表 8-1。

表 8-1　语言学 CSSCI 来源期刊(2014—2015)

	期刊名称	主办(管)单位	CN 号
核心版	当代修辞学	复旦大学	CN31-2043/H
	当代语言学	中国社会科学院语言研究所	CN11-3879/H
	方言	中国社会科学院语言研究所	CN11-1052/H
	古汉语研究	湖南师范大学	CN43-1145/H
	汉语学报	华中师范大学	CN42-1729/H
	民族语文	中国社会科学院民族学与人类学研究所	CN11-1216/H
	世界汉语教学	北京语言大学	CN11-1473/H
	外国语	上海外国语大学	CN31-1038/H
	外语电化教学	上海外国语大学	CN31-1036/G4
	外语教学	西安外国语大学	CN61-1023/H
	外语教学理论与实践	华东师范大学外语学院	CN31-1964/H
	外语教学与研究	北京外国语大学	CN11-1251/G4

续 表

	期刊名称	主办(管)单位	CN 号
核心版	外语界	上海外国语大学	CN31-1040/H
	外语研究	解放军国际关系学院	CN32-1001/H
	外语与外语教学	大连外国语大学	CN21-1060/H
	现代外语	广东外语外贸大学	CN44-1165/H
	语文研究	山西省社会科学院	CN14-1059/H
	语言教学与研究	北京语言大学	CN11-2888/H
	语言科学	江苏师范大学语言研究所	CN32-1687/G
	语言文字应用	教育部语言文字应用研究所	CN11-2888/H
	语言研究	华中科技大学中国语言研究所	CN42-1025/H
	中国翻译	中国外文局对外传播研究中心等	CN11-1354/H
	中国外语	高等教育出版社	CN11-5280/H
	中国语文	中国社会科学院语言研究所	CN11-1053/H
扩展版	汉语学习	延边大学	CN22-1026/H
	华文教学与研究	暨南大学华文学院等	CN44-1669/G4
	解放军外国语学院学报	解放军外国语学院	CN41-1164/H
	日语学习与研究	对外经济贸易大学	CN11-1619/H
	上海翻译	上海市科技翻译学会	CN31-1937/H
	外语学刊	黑龙江大学	CN23-1071/H
	西安外国语大学学报	西安外国语大学	CN61-1457/H
	语言与翻译	语言与翻译杂志社	CN65-1015/H
	中国俄语教学	北京外国语大学	CN11-2727/H

(2) 2014 年 SSCI 收录的语言学相关期刊

2014 年 SSCI 收录语言学学科期刊 172 种，其中被 SCI、SSCI、A&HCI 共同收录期刊 3 种，如 *Computational Linguistics*(《计算语言学》)、*Natural Language Engineering*(《自然语言工程》)、*Phonetica*(《语音学》)。

SCI、SSCI 共同收录语言学期刊 9 种，如 *American Journal of Speech-Language Pathology*(《美国言语病理学杂志》)、*Brain and Language*(《大脑与语言》)、*Clinical Linguistics & Phonetics*(《临床语言学与语音学》)、*International Journal of Language & Communication Disorders*(《国际语言及交流障碍杂志》)等。

SSCI、A&HCI 共同收录语言学期刊 127 种，如 *Cognitive Linguistics*(《认知语言学》)、*Dialectologia et Geolinguistica*(《方言学与地理语 言学》)、*Functions of Language*(《语言的功能》)、*Natural Language & Linguistic Theory*(《自然语言与语言理论》)、*Theoretical Linguistics*(《理论语言学》)、*Zeitschrift für Dialektologie und Linguistik*(《方言学与语言学杂志》)等。

选定期刊后，作者应谨慎投稿。在投稿时，须明确不存在学术失范问题，即抄袭、剽窃、挂名、一稿多投、低水平重复研究、捏造数据、完整成果拆分发表等。作者应了解出版部门的投稿方式和稿件处理程序。稿件被接受后，知识产权归属若有争议，或对国家、组织、他人等的权益造成损失，作者须承担法律责任。

3. 投稿注意事项

近年来，一稿多投、重复发表、胡乱挂靠基金资助项目、编造、抄袭、剽窃及虚假引用等学术不端行为愈演愈烈，严重败坏学术风气，破坏学术公平，阻碍学术发展和科技进步，严重损害我国的国际学术声誉和形象。(韩国秀，2010)作者作为稿件责任人，撰写、署名和发表时都应做到学术自律，遵守学术规范。

(1) 遵守法律法规

新闻出版工作有特定的法令法规，从事科研工作的广大作者不一定都了解国家在新闻出版行业中特定的法令法规。除认真学习国家相关的法令法规外，作者对新闻出版行业的法令法规也应有所了解，否则将容易造成不可估量的损失和恶劣的后果。(叶继元等，2014)

(2) 不侵犯他人知识产权

《教育部关于严肃处理高等学校学术不端行为的通知》(教社科[2009]3 号)界定了学术不端的行为：

① 抄袭、剽窃、侵吞他人学术成果；

② 篡改他人学术成果；

③ 伪造或者篡改数据、文献，捏造事实；

④ 伪造注释；

⑤ 未参加创作，在他人学术成果上署名；

⑥ 未经他人许可，不当使用他人署名；

⑦ 其他学术不端行为。

我国的《著作权法》、《专利法》、《刑法》在保护知识产权方面亦有相关规定，在打击学术不端行为方面起到一定的法律保障作用。教育部下发的《关于加强学术道德建设的若干意见》，对学术道德规范做出了明确的界定，提出要建立学术惩戒处罚制度，对保护知识产权、遏制学术腐败起到重要作用。(王玉辉，2007)2012 年 11 月 13 日，中华人民共和国教育部令第 34 号公布《学位论文作假行为处理办法》，进一步补充和完善了学术规范，详见附录 8-3。

目前，许多期刊要求作者签署“论文版权协议”，保证文中无政治错误，无政治、军事和科学技术泄密情况；保证全体作者的署名及排序没有异议；多单位合作的稿件，保证单位排序没有异议，且无知识产权纠纷。一旦发现论文涉及剽窃、抄袭、伪造数据等违规行为，作者将受到严肃处理。

20 世纪 70 年代初，国外开始研究防抄袭软件，1991 年第一个自然语言文本抄袭识别软件 Word Check 诞生。2006 年，中国知网开始研发基于全文的“学术不端文献检测系统”。(李晓、赵春燕，2010)

“学术不端文献检测系统”是一种反剽窃软件，用于检测抄袭、伪造、一稿多投、篡改、不正当署名、一个成果多篇发表等学术不端行为。将任意一篇需要检测的文章，比对资源库中的文献，原则上，只要有相同的句子，就能被检测系统发现。该系统以《中国学术文献网络出版总库》为全文比对数据库，范围涵盖中国学术期刊网络出版总库、中国博士论文网络出版总库、中国优秀硕士论文网络出版总库、中国报纸全文数据库、中国专利全文数据库、中国科技成果数据库、中国年鉴网络出版总库、中国工具书数据库、中国标准数据库等。（叶继元等，2014）

（3）摒弃功利性学术价值观

研究者本身应提高学术道德修养，深入学习和了解有关法律规范，加强自我约束力。作为科学研究者，应对学术研究本身有发自内心的浓厚兴趣和强烈追求。急功近利是违背学术发展规律的，弄虚作假也许会使一些人或单位在短期内获名得利，但经不起历史的检验。（张治国，2009）

4. 投稿方式

目前，投稿主要有三种方式：在线投稿、E-mail 投稿和纸质投稿。

（1）在线投稿

随着学术期刊数字出版与传播的快速发展，期刊的投稿方式已经发生了巨大变化。目前，国际一流学术期刊基本都已采用了在线投稿方式。常见的投稿系统有：Scholar One Manuscripts、Editorial Manager、Elsevier Editorial System、EJPress、Open Journal Systems，等等。这些在线投稿系统虽然界面风格各有不同，但总体功能相似，极大地方便了编者、作者、审稿人之间的联系与沟通，对提高出版效率、降低出版成本具有重要作用。（叶继元等，2014）有些杂志只支持在线投稿，不接受其他投稿方式，如《中国语文》。

作者投稿时，只需点击“作者投稿”即可进入投稿界面，如果是第一次投稿，应先注册，然后使用注册的用户名和密码登录投稿系统，如图 8－1。点击“向导式投稿”，根据系统提示填写相关信息，投稿完成后点击提交，完成后屏幕上就会显示稿件的信息和处理状态。

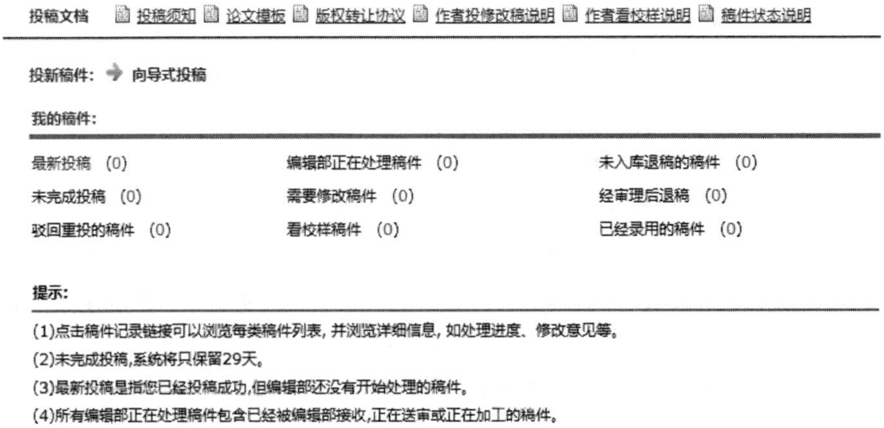

图 8－1 《中国语文》投稿界面

在线投稿时应严格遵循期刊的相关要求，按规定的程序填写或添加投稿信息，如中图分类号、摘要、文件类型、辅助信息等。查询拟投稿期刊的最新要求，以便及时修改稿件。通过网页的投稿可以采取暂时保存的形式分多次完成投稿任务，在最终递交稿件前，投稿系统需要作者确认所有项目均已完成并且允许作者修改。通常情况下投稿完成以后就不允许作者对已投的稿件进行修改，除非编辑要求作者做某些修改。(任胜利，2012)

(2) E-mail 投稿

E-mail 投稿指将论文以电子邮件附件的形式发送至拟投稿期刊编辑部的邮箱。不同的期刊在电子邮箱采稿方式上是不同的，通常可以分为两种。一种是有专门的编务人员负责电子稿件的收发，在这种情形下，期刊社往往只对外提供一个期刊社的电子邮箱，而不提供编辑个人的电子邮箱，当作者的稿件被成功接收以后，编务人员就将这些稿件分发到各个栏目编辑的手中，再由编辑对稿件进行加工整理。另一种是作者直接将电子稿件发送到栏目编辑或责任编辑的邮箱中，由编辑自行决定稿件的取舍。(张炯，2007)

投稿时，要确保 E-mail 地址准确无误；注意分辨真假邮箱。此外，有些杂志，如《方言》，编辑部邮箱和投稿邮箱是不一样的，作者在投稿时需注意。投稿成功后，作者通常会收到一份来自编辑或系统的确认函，表明邮件已经被接收。作者可根据确认函提供的稿件编号跟踪稿件状态及进行投稿后的联系(如要求加快稿件处理速度)，可通过 Email 与编辑联络。若稿件录用后仍需要修改，编辑会通过邮件通知作者需要修改的细节，作者应该通过指定的方式递交修改稿。(任胜利，2012)

(3) 纸质投稿

将纸质文稿邮寄到期刊编辑部是传统的投稿方式，也是长期以来最主要的投稿方式。(张炯，2007)投稿前，须查询期刊编辑部的通信地址，最好多打印几份稿件备用。同时，应注明自己的联系方式，包括电话、E-mail 和通信地址，以便联系。

5. 正确对待退修稿

论文在发表前须经过审稿程序，通常实行"三审一定"的审稿制度。每阶段审稿都有三种结果:决定录用、退修、退稿。一般情况下，直接录用的稿件不多，大部分稿件都要经过修改。能否正确对待编辑的修改建议，对论文是否能够发表十分重要。待发表的稿件，作者应参考编辑部的修改意见，仔细修改，及时返回给编辑部。另外，稿件修改录用后，要勤与编辑部联系，询问稿件刊期和发表时间，以便早日发表。(叶继元等，2014)

对于退稿，作者应秉持谦虚、积极的学术态度。编辑部退稿除了稿件的质量问题，还有多种非学术的原因，有时候是同类稿留下的太多，有时候是约稿发表不过来，有时候是期刊风格和作者的文风不同等。作者应对编辑部的工作特点有所了解，不要因为退稿而影响工作。(王波，2008)

8.2 图书出版注意事项

学术出版是出版活动的基本组成部分，(谢寿光，2016)亦是学术交流系统的重要组成部分。学术著作是记录和传播学术成就的有效工具，相对于期刊论文，内容更加丰富和深入。一方面，研究者的学术成果是以出版物体现的，出版是学术成果的基本表现形式。另一方面，只有正式出版，学术成果才能得到传播，获得同行的评价，研究者的学术成绩才能得到肯定。(叶继元,2014)本节介绍图书的出版规范、投稿程序及注意事项等。

8.2.1 语言学出版社

我国各类出版社为数众多，王东波、周冰清(2011)将100家语言学出版社分成八类：综合类出版社(19家)、高校出版社(20家)、教育出版社(16家)、人民出版社(22家)、古籍出版社(7家)、语言文字出版社(6家)、民族出版社(4家)、其他类出版社(6家)。具体请见附录8-4。

综合类出版社的图书主要集中在国内学者著作和历史文献上，还有一些工具书[①]。例如：商务印书馆出版的《马氏文通》、《新著国语文法》、《现代汉语词典》(第7版)等；中华书局出版的《十三经注疏》、《王力全集》等；中国社会科学出版社出版的《认知语言学与汉语名词短语》等。

高校类出版社出版了大量国内学术著作，包括语言学概论、语用、语义和句法等理论语言学方面的著作，也有外语教学、认知语言学、心理语 言学、比较语言学和翻译学等应用语言学方面的书籍。例如北京大学出版社出版的《汉语的韵律、词法与句法》，南京大学出版社出版的《中国社会语言学》、《汉语方言共同音系研究》，上海外语教育出版社出版的《新编语用学概要》、《语用学与英语学习》等。

教育类出版社出版了语言学各个方面的著作，如江苏教育出版社出版的《现代汉语方言大词典》(40卷)、《语法论稿》、《徐复语言文字学晚稿》等，上海教育出版社出版的《江淮官话与吴语边界的方言地理学研究》、《话题的结构与功能》、《汉语历史音韵学》、《当代吴语研究》，湖南教育出版社出版的《系统功能语法概论》、《语篇分析概要》、《语用学概论》等。

人民出版社出版了一些语言学著作，如上海人民出版社的《方言与中国文化》、广东人民出版社《广州方言研究》、内蒙古人民出版社的《现代汉语词汇概要》等。

古籍出版社主要出版古代工具书方面的著作，如上海古籍出版社的《说文解字注》、岳麓书社的《经传释词》、齐鲁书社的《说文解字义证》、凤凰出版社的《经义述闻》、中国书店出版社的《宋本广韵》等。

其他类出版社主要有译文类、法律类等出版社，译文类出版社以出版翻译学方面的著作为主，如《当代翻译理论》、《当代西方翻译理论探索》、《语言与翻译的政治》等；法律类出版社出版了与语言学交叉学科的著作，如《法律语言学教程》、《语言与法律研究的新视野》等。

---

① 语言学出版社分类及介绍均参考王东波、周冰清：《对语言学最有学术影响的百家出版社分析——基于CSSCI(2000—2007年度)数据》，《出版科学》，2011年第1期，第66—71页。

8.2.2 图书出版规范

学术著作是科研成果的物化形式之一，是知识传播与传承的重要载体，而学术著作的出版规范则是这一知识生产过程的质量保障标准，更是科学精神的一种重要体现。(张濮，2013)一部好的学术著作是内容和形式的统一，书稿的内容和形式都应遵循一定的规范。(叶继元等，2014)

1. 内容要求

2001年12月25日，国务院颁布《出版管理条例》[①]，指出任何出版物不得含有下列内容：

(1) 反对宪法确定的基本原则的；

(2) 危害国家统一、主权和领土完整的；

(3) 泄露国家秘密、危害国家安全或者损害国家荣誉和利益的；

(4) 煽动民族仇恨、民族歧视，破坏民族团结，或者侵害民族风俗、习惯的；

(5) 宣扬邪教、迷信的；

(6) 扰乱社会秩序，破坏社会稳定的；

(7) 宣扬淫秽、赌博、暴力或者教唆犯罪的；

(8) 侮辱或者诽谤他人，侵害他人合法权益的；

(9) 危害社会公德或者民族优秀文化传统的；

(10) 有法律、行政法规和国家规定禁止的其他内容的。

2012年9月，新闻出版总署发布了《关于进一步加强学术著作出版规范的通知(新出政发〔2012〕11号)》，对学术著作出版规范提出了严格的要求，指出学术著作应在理论上有创新见解，或在实践中有新的发明，或具有重要的文化积累价值。杜绝学术抄袭、剽窃；符合《出版管理条例》、《图书出版管理规定》、《图书质量管理规定》和国家相关法律、法规、规章和标准；保障内容、编校、装帧设计、印制质量。详见附录8-6。

此外，学术著作的内容还应满足以下要求(叶继元等，2014)：

(1) 具有科学性。学术著作的内容应与主题联系紧密，说理要充分、论据要可靠、结论要正确。

(2) 有明确的读者定位。学术专著要有一定数量规模的、明确的读者群体，如教材类著作，应符合特定层次的教学大纲的要求和教学特点，书稿内容的深浅程度和叙述方式要适应读者对象的认知特点，注意现代化教学对多媒体教学资源的要求，提供立体的、多媒体的教学资源。

2. 形式规范

学术图书的形式规范，主要包括：

(1) 书稿组成部分完整，包括封面、内封、内容简介、书名页、版权页、前言或序(原序、译者的话)、目录、正文(包括图、表)、参考文献等。必要时正文后可加附录、索引、后记等。

---

① 2016年国务院对《出版管理条例》进行第四次修订，详见附录8-5。

(2) 章节安排合理,段落层次分明,叙述清楚;文字简洁明了、通顺达意;语言流畅,表达清晰;没有语法错误,规范使用专业术语。

(3) 引文、注释、参考文献、索引等的标注和著录符合国家或国际有关标准规范。

8.2.3 作者投稿程序

作者联系出版社使图书得以出版,通常要经过以下几个环节(叶继元等,2014):

第一步,准备材料。

(1) 书稿样张。

(2) 选题申请表。范本可从出版社网站下载。

(3) 自我介绍。包括个人基本信息(姓名、性别、学历、所在单位、联系方式等)和学术研究经历(已发表的出版物、科研活动、获奖情况等)。

第二步,发送材料。将第一步准备好的材料邮寄给出版社,或用电子邮件发给出版社。

根据《著作权法》,出版社收稿后6个月内必须将处理意见通知作者,否则视为同意出版。如果出版社认为没有出版价值,会安排退稿(通常用挂号或快件寄发)。如果出版社认为有出版价值,会与作者取得联系,商谈下一步的有关事宜。

第三步,洽谈出版事宜。包括:

(1) 书稿的修改意见;

(2) 交稿时间;

(3) 稿酬的支付标准和支付方式;

(4) 是否需要作者自行包销;

(5) 约稿合同(或出版合同)的有关条款;

(6) 其他可能涉及的问题。

第四步,正式签订出版合同。原则上,选题立项后,需签订图书约稿协议,一般在选题立项一个月内进行。自然投稿或已经完成的书稿,一经出版社接受,可直接签订图书出版合同。

(1) 约稿协议

图书约稿协议,是出版商向作者或著作权人约定其撰写著作并承诺出版的一种协议,反映了出版社与作者达成的约稿意向,规定了双方的权利和义务,具有法律效力。选题申报获批后,出版社会和作者(著作权人)签订约稿协议。双方达成约稿后,作者需按协议要求时间,将原稿(附带说明、正文、附件、书稿电子文档)等按照齐、清、定及该社投稿规范的要求,一并交给出版社登记。

(2) 出版合同

作者交稿后,书稿经出版社同意接受出版,约稿协议自然失效,此时需要按照《著作权法》签订图书出版合同。出版合同规定了作者把著作权中的专有出版权转让给出版社,由此产生的双方具有的权利与义务关系,具有法律效力。双方签订出版合同后,即可进入图书编辑加工阶段。不签订出版合同,不利于保护作者和出版者的权益,不利于加强出版管理和著作权管理及促进出版繁荣。在合同约定期间，出版社享有专有出版权，他人不得出版该作品。合同期满后经协商同意可以续订。对合作作品，须有全体作者书面授权的著作权人代表与出版社签署出版合同。

每一家出版社的出版合同，内容都差不多，主要包括：

① 授权范围。出版合同里面一般都包括中文简体版、中文繁体版、其他语种和数字版权的授权。

② 稿酬。稿酬主要有稿费和版税两种形式。稿费通常按字数给，比如千字100元。

③ 合同期限。一般为五年。

④ 支付版税的时间间隔。

⑤ 作者购书折扣。

第五步，收到样书。即按出版合同，出版社寄给作者一定数量的样书(通常为10～50册)。

第六步，获得报酬。即作者按出版合同的约定获得出版社支付的稿酬。

8.2.4　注意事项

作者向出版社投稿时应注意以下事项：

(1) 内容在意识形态方面没有瑕疵。

(2) 投稿作品不得侵犯他人的著作权，不得侵犯他人的名誉权、肖像权、姓名权等人身权利。

(3) 投稿作品应当符合"齐、清、定"的要求。

齐，就是要求书稿内容完整齐全，不缺页、不缺件，所有内容(内容简介、前言、目录、正文、插图、附录、参考文献、索引等)一次性交齐。

清，即稿件清楚。文、图要符合出版要求。手写稿字迹清楚，标点正确，外文的大小写和正斜体要标注清楚。

定，交稿前对内容审定无误，除特殊情况，不再对内容做改动和增减。

8.3　网络发表注意事项

《伯尔尼公约》规定，不论作品复制件的制作方式如何，只要从这部作品的性质来看，复制件的发行方式能满足公众的合理需要，就构成正式意义上的"出版"。因此，我们可以总结为：同一作品在不同媒介形式上的"首次公开"，只有第一次在媒介上的公开是"发表"，除此以外的公开都不是"发表"。网络发表是指作品在网络上发表是首次公之于众，将从未公开的作品通过网络向公众传播。(叶继元等，2014)

广义的网络发表主要包括以下几个方面：传统期刊论文转化为网上信息、纯网络版本论文、纯网上信息转化为纸质或其他电子形式信息。狭义的网络发表则专指只有从论文的公布、传递等环节全部都是在网上进行的论文，其特点是在网上论文产生之前没有公开的相对应的纸质或其他任何电子形式的出现。(赵蓉英、李雪璐,2009)本节的网络发表仅指后者。

8.3.1 网络发表的途径

由于互联网的兴起和普及,出版业与网络关系越发密切,出现了网络发表的新方式。网络发表科技论文是目前传统纸质期刊发表科技论文的有效补充和未来科技论文发表的重要形式。(李祖超、刘欣,2013)

网络期刊按照其与纸质期刊的关系可分为纸质网络化期刊和纯网络期刊。

纸质网络化期刊,按其出版模式,又可进一步划分为数据库集成期刊和非集成纸质网络化期刊。数据库集成期刊,是指在一个数据库中集成的所有期刊,如中国期刊网、万方数字化期刊和重庆维普中文科技期刊数据库等收录的期刊,均为典型的数据库集成期刊。非集成纸质网络期刊,则是通过杂志社自身开发,或依靠主办单位网站,或本地信息港等方式放在网上的期刊。从内容上讲,纸质网络化期刊完全是相对应的纸质期刊的网络翻版。(赵蓉英、李雪璐,2009)

纯网络期刊,主要是指借助计算机网络,完全以电子化、数字化形式组稿、审稿、制作、出版、发布,并以计算机网络为传输工具,没有相应纸质印刷版或其他类型电子版的,定期或不定期地连续出版,每期均附有编号或日期标识的连续性电子出版物(阮建海,2003)。目前,国内外语言学领域的纯网络期刊不多,本节主要介绍纯网络期刊出版模式中的开放存取模式。

开放存取(Open Access),简称 OA,是 20 世纪 90 年代兴起的一种新型出版模式。《布达佩斯开放存取宣言》、《百斯达开放存取出版宣言》、《柏林宣言》等均对开放存取的概念做出了界定:文献可以在公共网络上被免费获取并传递,任意用户均可免费、无条件地阅读、下载文献,并进行复制、打印、传播、演示等,这些使用方式除网络本身出现障碍和出于对作者著作权保护的考虑外,不应受经济、法律和技术的任何限制。目前,国内的学术型开放存取门户网站有 7 家:

中国科技论文在线;

中国开放式教育资源共享协会;

中国预印本服务系统;

华东师范大学数学系预印本;

香港科技大学机构库;

NTIC 国外预印本门户;

奇迹电子文库。

根据《布达佩斯开放存取宣言》,实现开放存取有两种途径:一是自存档(Self-Archiving),即建立 OA 仓储(Open Access Repository),分为机构仓储(IR)和学科仓储(DR)。二是创办 OA 期刊(Open Access Journal,OAJ)。

开放存取的出版主要有以下两种形式(叶继元等,2014):

一是OA期刊,即基于OA出版模式的期刊。OAJ既可能是新创办的电子版期刊,也可能是由已有的传统期刊转变而来。开放获取期刊大都采用作者付费、读者免费获取方式。

二是开放存档(Open Repositories and Archives),即研究机构或作者本人将未曾发表,或已经在传统期刊中发表过的论文,作为开放式的电子档案储存。

这种基于互联网的交流方式:学者(付审稿费)——网络(评议出版)——读者(开放获取),取代传统的出版方式:学者(不付审稿费)——出版社(评议出版)——出版发行——读者(付费阅读),没有专门的出版发行的环节,文章提交到网络上即进入公共视野,可以开放获得,而且通过这种方式发表的文章传播速度更快。(马文哲,2007)

1. 开放存取期刊

开放存取期刊是基于开放存取出版模式的期刊,既可能是新创办的电子版期刊,也可能是由已有的传统期刊转变而来的期刊。开放存取期刊一般具有如下特点(赵蓉英、李雪璐,2009):

(1) 同行评议(peer review);

(2) 一般允许作者保留版权;

(3) 非营利性质与营利性质的期刊并存;

(4) 机构或作者在发表前期付费以确保期刊运转;

(5) 收费对象可能是作者所在高校、学会单位或作者本人,因为全部由学者付费则会降低开放存取期刊的认可度;

(6) 运作成本低于以订购形式销售的期刊。

在开放存取期刊发表语言学论文之前,可通过"开放存取期刊列表"(Directory of Open Access Journal,DOAJ)查询语言学类的国际开放存取期刊。DOAJ (http://www.doaj.org)由瑞典隆德大学(Lund University)图书馆创建,收录的均为学术性、研究性期刊,是目前国际收录开放存取期刊的权威指南。截至2016年3月,该网站已经收录了11000余种开放存取期刊,涵盖语言和文学、历史和考古学、法律和政治学、农业和食品科学、生物和生命科学、化学等17个学科。

DOAJ收录开放存取期刊具有严格的标准(张静,2009):

(1) 符合BOAI(《布达佩斯开放存取宣言》)对开放存取的定义,即允许用户"阅读、下载、复制、发布、打印、检索或连接"期刊所刊文章的全文;

(2) 所载文章必须经过同行评议或者编辑对其进行质量控制;

(3) 至少以每年一期的频率定期发布;

(4) 论文的OA发布无延迟:所载论文的在线版本的发布须与印刷版本同步,或早于印刷版本;

(5) 期刊的所有内容都可获取全文;

(6) 期刊有ISSN号。

登录DOAJ网站(见图8-2),以"linguistic"为关键词查询DOAJ收录的语言学类开放存取期刊,结果显示共39个。(截至2016年3月)

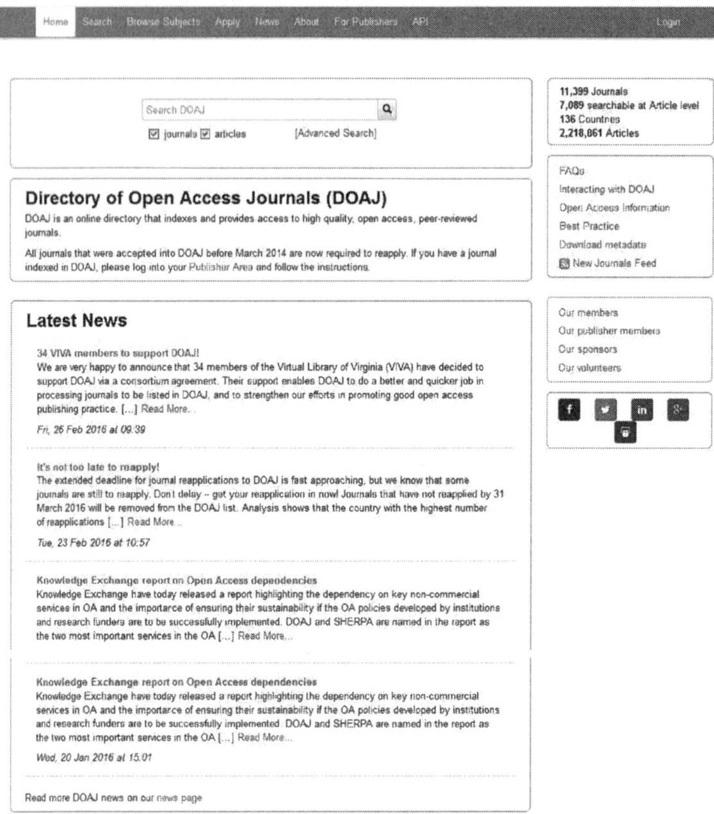

图 8 - 2 DOAJ 搜索界面

2. 开放存取仓储

开放存取仓储存放和发布的文献包括预印本(Preprint)、后印本(或勘误本,Postprint),正式发表或出版的论文、专著,传统上无法通过正规渠道出版的科学数据、技术报告、工作文件、机构记录等。开放存取仓储是重新组织科学和学术信息的新型出版平台和模式。通过开放存取仓储,语言学研究者可以安全、自由地存取与研究相关的各种资料和成果,大大方便了研究工作。(徐丽芳,2008)

根据DOAR(开放存取仓储目录)的统计数据,截至2009年12月19日,中国登记的开放存取仓储共8个,其中5个是香港地区大学主办的机构仓储,另外3个分别为:厦门大学创办的机构典藏库、中国科学院寒区旱区环境与工程研究所承担创办的机构仓储、中国西部环境与生态科学数据中心的机构仓储。目前,国内主要的开放存取数据库有中国科技论文在线、中国预印本服务系统和奇迹文库三个学科库。(黄先蓉等,2010)

本小节主要介绍美国arXiv、英国Springer Open Choice和中国科技论文在线三个开放存取仓储。

(1) arXiv

arXiv是美国国家科学基金会和美国能源部资助、1991年8月由美国洛斯阿拉莫斯(Los Alamos)国家实验室建立的电子预印本文献库,为出现最早、知名度最大的学科开放存取仓储。其建设目的在于促进科研成果的交流与共享,帮助科研人员追踪本学科最新研究进展,避免研究工作重复等。主站点设在康奈尔大学(http://arxiv.org/),在世界各地设有17个镜像站点。arXiv是原创科技论文的首发平台,就一个学科知识库而言,其功能是实现对学术文献的永久存取。(黄先蓉等,2010)

(2) Springer Open Choice

德国斯普林格(Springer-Verlag)出版社,是全球最大的学术与科技图书出版社,全球三大学术期刊出版社之一。1996年推出了全球第一个电子期刊全文数据库Springer Link,升级版本Springer Link 2.0收录的学术期刊近500种(其中近400种为英文期刊,且多为核心期刊),该系统提供在线期刊、在线电子书、在线参考书、在线丛书等多种格式的数字文档。(黄先蓉等,2010)

2004年,Springer-Verlag创建并实施"开放选择"(Springer Open Choice)的商业出版模式,网址为http://www.springer.com/cn。

(3) 中国科技论文在线

中国科技论文在线(http://www.paper.edu.cn),是2003年教育部批准、由教育部科技发展中心主办的科技论文网站,主要针对科研人员普遍反映的论文发表难、学术交流渠道窄等问题创建,有利于科研成果快速高效地转化为现实生产力。

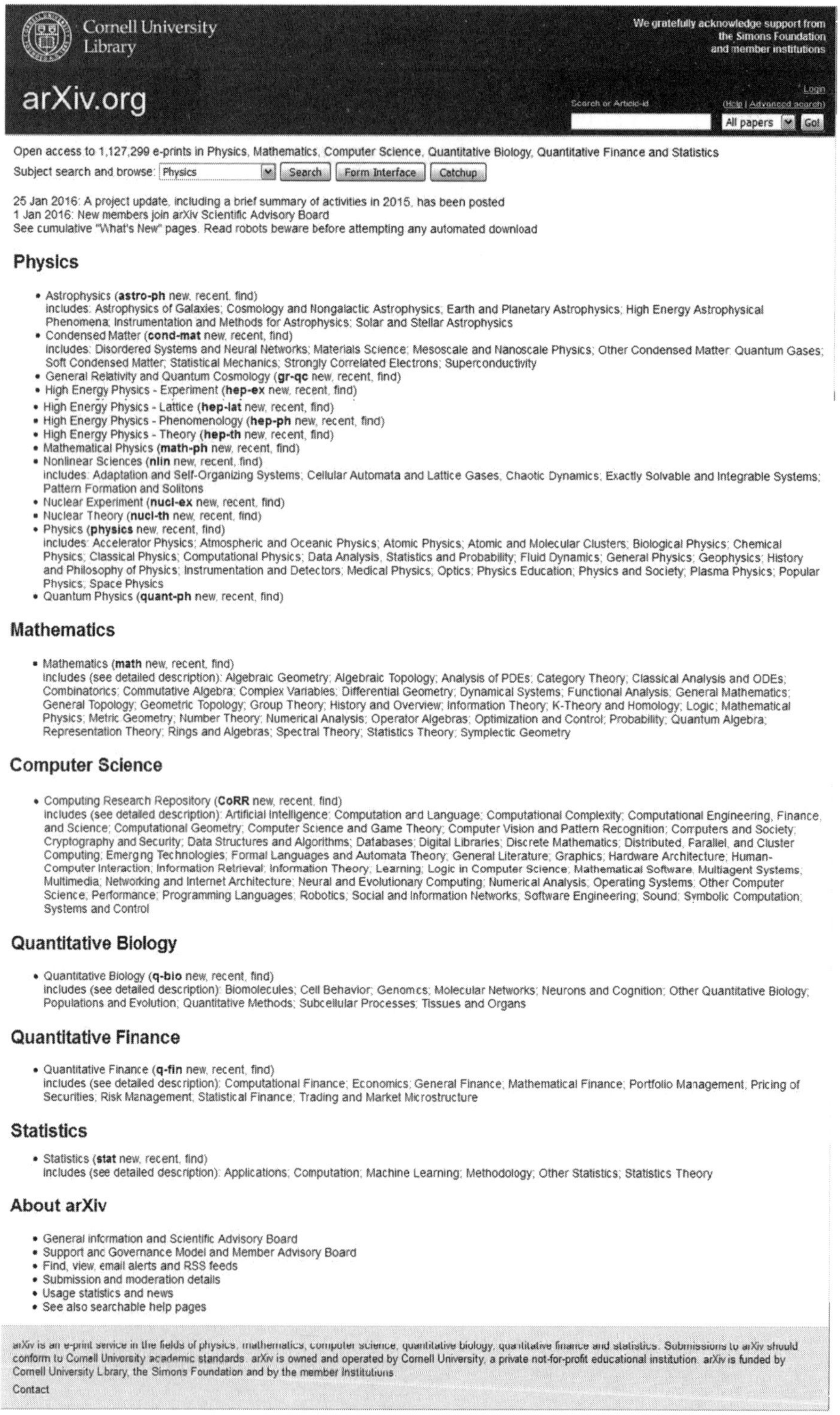

Cornell University Library

We gratefully acknowledge support from the Simons Foundation and member institutions

arXiv.org

Login
Search or Article-id
(Help | Advanced search)
All papers Go!

Open access to 1,127,299 e-prints in Physics, Mathematics, Computer Science, Quantitative Biology, Quantitative Finance and Statistics

Subject search and browse: Physics Search Form Interface Catchup

25 Jan 2016: A project update, including a brief summary of activities in 2015, has been posted
1 Jan 2016: New members join arXiv Scientific Advisory Board
See cumulative "What's New" pages. Read robots beware before attempting any automated download

Physics

- Astrophysics (**astro-ph** new, recent, find)
  includes: Astrophysics of Galaxies; Cosmology and Nongalactic Astrophysics; Earth and Planetary Astrophysics; High Energy Astrophysical Phenomena; Instrumentation and Methods for Astrophysics; Solar and Stellar Astrophysics
- Condensed Matter (**cond-mat** new, recent, find)
  includes: Disordered Systems and Neural Networks; Materials Science; Mesoscale and Nanoscale Physics; Other Condensed Matter; Quantum Gases; Soft Condensed Matter; Statistical Mechanics; Strongly Correlated Electrons; Superconductivity
- General Relativity and Quantum Cosmology (**gr-qc** new, recent, find)
- High Energy Physics - Experiment (**hep-ex** new, recent, find)
- High Energy Physics - Lattice (**hep-lat** new, recent, find)
- High Energy Physics - Phenomenology (**hep-ph** new, recent, find)
- High Energy Physics - Theory (**hep-th** new, recent, find)
- Mathematical Physics (**math-ph** new, recent, find)
- Nonlinear Sciences (**nlin** new, recent, find)
  includes: Adaptation and Self-Organizing Systems; Cellular Automata and Lattice Gases; Chaotic Dynamics; Exactly Solvable and Integrable Systems; Pattern Formation and Solitons
- Nuclear Experiment (**nucl-ex** new, recent, find)
- Nuclear Theory (**nucl-th** new, recent, find)
- Physics (**physics** new, recent, find)
  includes: Accelerator Physics; Atmospheric and Oceanic Physics; Atomic Physics; Atomic and Molecular Clusters; Biological Physics; Chemical Physics; Classical Physics; Computational Physics; Data Analysis, Statistics and Probability; Fluid Dynamics; General Physics; Geophysics; History and Philosophy of Physics; Instrumentation and Detectors; Medical Physics; Optics; Physics Education; Physics and Society; Plasma Physics; Popular Physics; Space Physics
- Quantum Physics (**quant-ph** new, recent, find)

Mathematics

- Mathematics (**math** new, recent, find)
  includes (see detailed description): Algebraic Geometry; Algebraic Topology; Analysis of PDEs; Category Theory; Classical Analysis and ODEs; Combinatorics; Commutative Algebra; Complex Variables; Differential Geometry; Dynamical Systems; Functional Analysis; General Mathematics; General Topology; Geometric Topology; Group Theory; History and Overview; Information Theory; K-Theory and Homology; Logic; Mathematical Physics; Metric Geometry; Number Theory; Numerical Analysis; Operator Algebras; Optimization and Control; Probability; Quantum Algebra; Representation Theory; Rings and Algebras; Spectral Theory; Statistics Theory; Symplectic Geometry

Computer Science

- Computing Research Repository (**CoRR** new, recent, find)
  includes (see detailed description): Artificial Intelligence; Computation and Language; Computational Complexity; Computational Engineering, Finance, and Science; Computational Geometry; Computer Science and Game Theory; Computer Vision and Pattern Recognition; Computers and Society; Cryptography and Security; Data Structures and Algorithms; Databases; Digital Libraries; Discrete Mathematics; Distributed, Parallel, and Cluster Computing; Emerging Technologies; Formal Languages and Automata Theory; General Literature; Graphics; Hardware Architecture; Human-Computer Interaction; Information Retrieval; Information Theory; Learning; Logic in Computer Science; Mathematical Software; Multiagent Systems; Multimedia; Networking and Internet Architecture; Neural and Evolutionary Computing; Numerical Analysis; Operating Systems; Other Computer Science; Performance; Programming Languages; Robotics; Social and Information Networks; Software Engineering; Sound; Symbolic Computation; Systems and Control

Quantitative Biology

- Quantitative Biology (**q-bio** new, recent, find)
  includes (see detailed description): Biomolecules; Cell Behavior; Genomics; Molecular Networks; Neurons and Cognition; Other Quantitative Biology; Populations and Evolution; Quantitative Methods; Subcellular Processes; Tissues and Organs

Quantitative Finance

- Quantitative Finance (**q-fin** new, recent, find)
  includes (see detailed description): Computational Finance; Economics; General Finance; Mathematical Finance; Portfolio Management; Pricing of Securities; Risk Management; Statistical Finance; Trading and Market Microstructure

Statistics

- Statistics (**stat** new, recent, find)
  includes (see detailed description): Applications; Computation; Machine Learning; Methodology; Other Statistics; Statistics Theory

About arXiv

- General information and Scientific Advisory Board
- Support and Governance Model and Member Advisory Board
- Find, view, email alerts and RSS feeds
- Submission and moderation details
- Usage statistics and news
- See also searchable help pages

arXiv is an e-print service in the fields of physics, mathematics, computer science, quantitative biology, quantitative finance and statistics. Submissions to arXiv should conform to Cornell University academic standards. arXiv is owned and operated by Cornell University, a private not-for-profit educational institution. arXiv is funded by Cornell University Library, the Simons Foundation and by the member institutions.
Contact

图 8-3 arXiv 主页

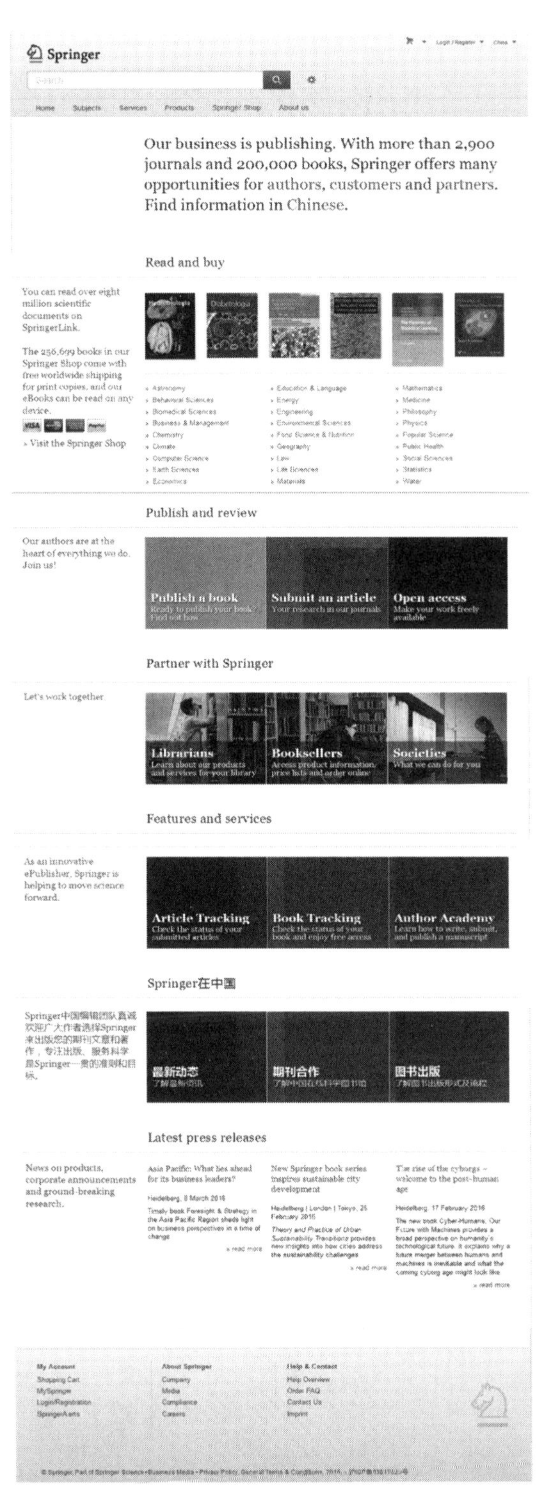

图 8－4　Springer 主页

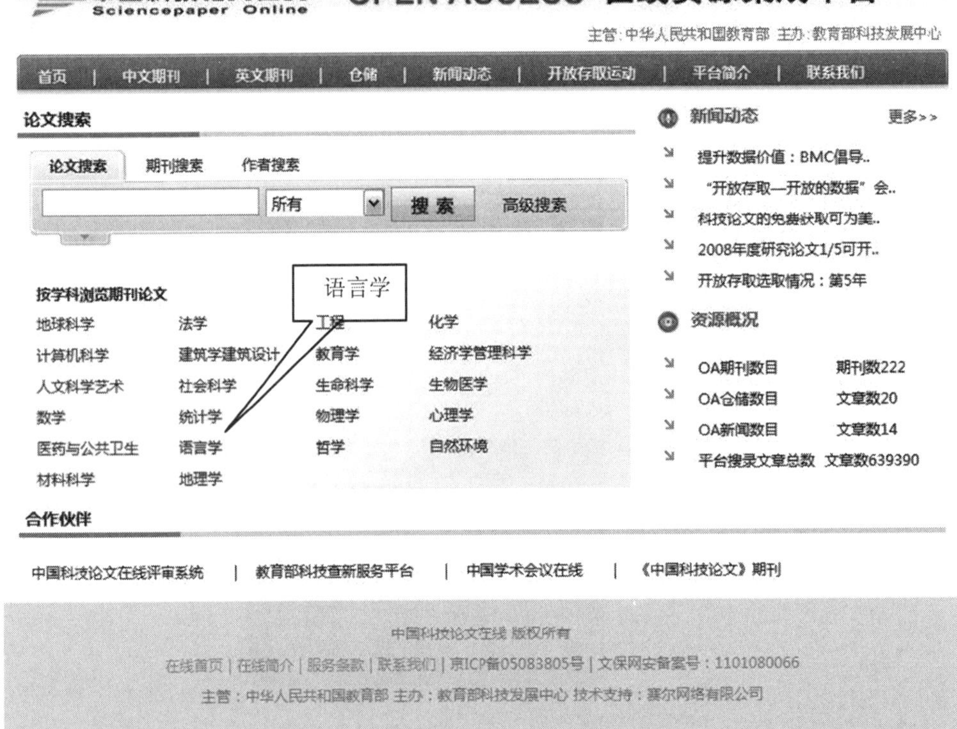

图 8－5　中国科技论文在线 OA 资源界面

中国科技论文在线的部门设置请见图 8－6。

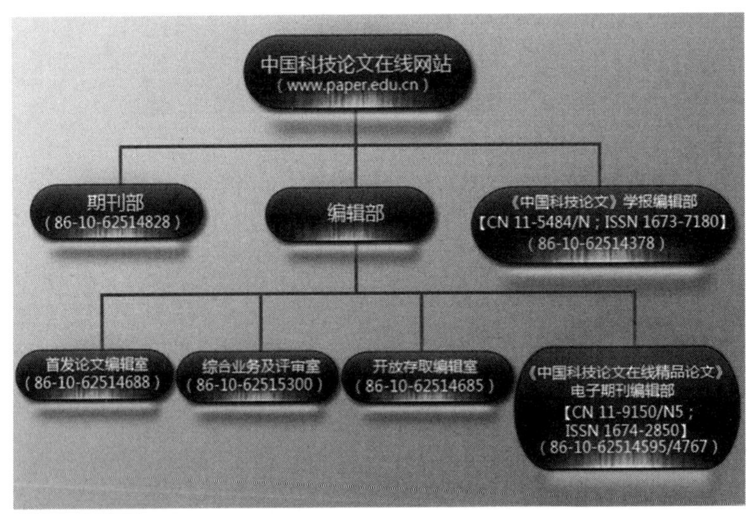

图 8－6　中国科技论文在线网站部门设置图

此外，还有一些开放存取仓储资源。下文做简要介绍，以供参考。

(1) OpenDOAR(the Directory of Open Access Repositories)

OpenDOAR(http://www.opendoar.org/)，由英国诺丁汉大学和瑞典兰德大学于2005 年共同创办，是开放存取仓储的权威目录。截至 2011 年 2 月，OpenDOAR 收录的开放存取知识库达 1851 个(于双成主编，2012)。OpenDOAR 由 7 部分组成，包括：① 主页(Home)；② 查询(Find)；③ 推荐(Suggest)；④ 工具(Tools)；⑤ 常识问答(FAQ)；⑥ 关于我们(About)；⑦ 联系方法(Contact Us)。

(2) Cogprints

Cogprints(http://cogprints.org/)，由英国南安普顿大学的电子学与计算机科学学院于 1997 年创建，采用开源软件 EPrints 3，收录 20 世纪 50 年代至今的 3600 多篇预印本，主要涉及语言学、哲学、心理学、神经学、计算机科学和生物学等领域，文献类型包括书的章节、会议论文、科技报告、电子期刊、学位论文以及报纸等。(于双成主编，2012)

(3) eScholarship

eScholarship 是美国加利福尼亚大学国际和区域数字馆藏研究项目，可分成 eScholarship Editions 和 eScholarship Repository 两部分。eScholarship Editions 收录 1400 多种加利福尼亚大学出版社出版的教材和专著，eScholarship Repository 主要提供已出版的期刊论文、未出版的研究手稿、会议文献及其他连续出版物上的文章，均可免费阅读。(彭莲好、王勇，2014)

(4) NDLTD(Networked Digital Library of Theses and Dissertations)

NDLTD 是由美国国家自然科学基金支持的一个网上学位论文共建共享项目，为用户提供免费的学位论文文摘，及部分可获取的免费学位论文全文。目前，全球有 170 多家图书馆、7 个图书馆联盟、20 多个专业研究所加入了 NDLTD，其中 20 多个成员已提供学位论文文摘数据库 7 万条，可以链接到的论文全文大约有 3 万篇。(彭莲好、王勇，2014)

8.3.2　投稿流程

常见的投稿系统有：ScholarOne Manuscripts、Editorial Manager、Elsevier Editorial System、EJPress、Open Journal Systems(OJS)等。也有些出版者倾向于自己开发投稿系统，这些在线投稿系统虽然界面风格各有不同，但总体功能十分相似，极大地方便了编者、作者、审稿人之间的联系与沟通，对于提高出版效率、降低出版成本具有非常重要的作用。(任胜利，2012)本小节以国内的“中国科技论文在线”为例，介绍、说明网上发表的投稿流程。

1. 注册。登录“中国科技论文在线”进行注册，见图 8-7。注册时应准确填写相关信息，尤其是姓名、联系方式等。

2. 在线投稿。注册完成后，登录个人空间提交论文。根据网站投稿要求，投稿前须下载论文模板，一般 word 稿件及其他格式文档均无法被识别和读取。使用模板写好论

注册信息填写

说明：*为必填项；用户注册完成后所填的邮箱会收到一封系统发送的电子邮件，通过该邮件的提示来完成账户的激活。所以，请正确填写邮箱地址，并且，您的个人信息会严格保密。

用户名： *
请使用常用电子邮箱地址作为用户名，忘记密码时可以通过邮箱找回密码。
由于中国雅虎邮箱将于2013年8月19日停止服务，请勿使用雅虎邮箱进行注册。
密码： *
建议使用数字与字母组合
密码确认： *
两次输入密码需一致

真实姓名： *
请填写真实姓名，填写后将不可修改，请保证邮箱的使用者与此姓名一致
性别： ⊙男 ○女
出生日期： 1950-01-01 *
教育程度： ---请选择--- *
省份： ---请选择--- *
工作单位（学校）： ---请选择--- □其他单位 *
菜单项中不包含的单位请勾选后面的"其他单位"进行填写
所在部门（院系）： *
职称： ---请选择--- ---请选择--- *
感兴趣的学科领域： □数理化学 □资源环境 □医药健康 □生命科学 □工程技术 □能源材料 □信息科学 □经管科教 *
我们将以您选择的感兴趣的学科领域为您定期发送电子杂志，最多选择两项

固定电话：
传真：
手机：
请输入正确的手机号码，便于稿件正式录用时及时与您取得联系
联系地址：
邮政编码：
证件类型： ○身份证 ○军官证 ○护照
证件号码：
请输入正确的证件号码，便于忘记注册信息时用于身份核对
自我介绍：

提交 重置

图 8－7 “中国科技论文在线”注册页面

文后，选择文章语种、学科、是否评审等内容，即可上传论文。论文成功提交后会显示在“待审阅论文列表”中，通过初审并编辑后即可发布在网上。

3. 打印刊载证明。在个人空间“已发论文列表”中，点击“刊载证明”对应的“打印”按钮，即可自行打印刊载证明。打印前请确保使用的电脑装有 flash 插件，否则证明内容无法正常显示。

4. 同行评议，打印星级证明。作者如在投稿时选择“同意评审”，则中国科技论文在线将请同行专家对论文进行综合评议（等级为 1—5 颗星）。作者可在个人空间“已发论文列表”中，点击“星级证明”对应的“申请”按钮。中国科技论文在线则为作者打印并邮寄星级证明。

5. 提交正式发表情况。论文在线发布后，如文章被其他期刊收录，可登录个人空间填写并提交收录情况。

8.3.3 评审机制

网络发表学术论文日益成为学术交流的重要渠道和主流趋势，而科学合理的学术评审制度，是确保论文数量质量并重、推动其健康发展的重要保障。网络发表论文的评审制度是在传统纸质期刊评审制度的基础上制定的，是为提高网络发表论文的质量与学术价值、实现资源共享、激励社会公众积极参与而制定的一系列在线评审规则和标准。其主要特点有[①]：

第一，评审主体的多元化与互动性。论文通过网络发布后，同行专家及所有对论文内容感兴趣的读者，都可以在网站注册后登录参与评论，与作者进行互动交流。

第二，评审系统的自动化与规范性。借助在线投稿和查稿系统、专家编委审稿系统、编辑管理系统及读者评论等，实现评审的统一自动化管理，使评审更加规范、高效。

第三，评审意见的客观化与动态性。在网络平台上，评审专家、读者等可实名或匿名评论，评审意见更加客观公正，并可即时更新专家和读者对文章的评审意见。

兹以“中国科技论文在线”为例，说明学术评审过程、评审专家队伍和评审指标，并对比国外网络发表平台的评审情况。

1. 中国科技论文在线

(1) 评审过程

采用“先公布、后评审”的评审方式，周期一般为3周，通常比论文在线公布时间滞后1个月。论文在线公布后，“中国科技论文在线”会请1—2名同行专家进行评审。整个论文评审过程包括两个部分：第一，由网站进行初审，通过初审的稿件将进行公开发布，此时作者可以打印刊载证明；第二，由网站聘请同行专家对选择“同意评审”的稿件进行综合评价，给出星级评分，此时作者可申请打印星级证明。(叶继元等，2014)

(2) 专家队伍

“中国科技论文在线”网络发表学术论文的评审队伍主要分为两部分：第一部分是网站本身的编辑，第二部分是评审专家库。网站的编辑人员对分管专业或学科的论文稿件进行初步审查和评价，只有通过网站编辑初审的论文才能在“中国科技论文在线”上发表，然后送给专家评审。评审专家主要来源于教育部博士点专项科研基金的评审专家库，包括科技发展中心向国内近300所知名度较高的大学征集的57000余名在职专家，其中教授占95%。其他部分来源于特聘专家，全部是在某学科领域较有影响力和较高学术地位的学者。(叶继元等，2014)

(3) 评审指标

“中国科技论文在线”学术评审内容及其权重和对应分值请见表8-2。

---

① 详见别雪君、张利勤：《中外网络发表科技论文评审制度比较》，《中国高校科技》，2011年第10期，第55—57页。

表 8-2 “中国科技论文在线”学术评审表

选项及权重		选项内容			
		10 分	8 分	5 分	1 分
内容审查	论文题目(1%)	贴切	较贴切	欠贴切	文题不符
	中文摘要(3%)	简明扼要	较精炼	欠精炼	需重写
	英文摘要(3%)	规范	较规范	欠精炼	需重写
	科学创新(7%)	强	较强	一般	无
	研究方案(6%)	合理	较合理	欠合理	不合理
	数据处理(6%)	可靠	较可靠	欠可靠	不可靠
	文字表达(3%)	简练流畅	较流畅	欠精炼	表述不清
	参考文献(1%)	引用恰当	引用较恰当	过多/不够	引用不合理
	学术价值(10%)	高	较高	一般	无
综合意见	优先发表(60 分)	同意发表(50 分)	较小修改后发表(40 分)	较大修改后发表(40 分)	不宜发表(0 分)

注:不同分值对应不同的星级:85 分(包含 85 分)—100 分对应五星,表示同行专家对该论文的综合评价为优秀;70 分(包含 70 分)—85 分对应四星,表示同行专家对该论文的综合评价为良好;60 分(包含 60 分)—75 分对应三星,表示同行专家对该论文的综合评价为较好;40 分(包含 40 分)—60 分对应二星,表示同行专家对该论文的综合评价为一般;0 分—40 分对应一星,表示同行专家对该论文的综合评价为较差。

2. 国外网络发表平台

国内外网络发表平台在评审内容、方式、周期和评审专家等方面均有所不同,具体如下(别雪君、张利勤,2011):

(1) 评审内容

“中国科技论文在线”专家的评审内容,包括论文题目、中英文摘要、科学创新、研究方案、数据处理、文字表达、参考文献等 9 项,主要从独创性、科学性和规范性三方面进行量化评价,注重论文的形式审查。而英美国家的网络发表论文评审,一般包括审查原创性、创新性、组织结构、内容与主题符合性、图表及论证等,注重论文的原创、创新和写作严谨性。

(2) 评审方式

“中国科技论文在线”采用“先公布、后评审”的方式,实行单盲或双盲评审。英国 BMC 网站利用网络平台快捷和交互的特性,充分发展了“开放同行评议制度”,即在作者、评审人员及读者之间开展出版前交流讨论活动,将各自意见公开化,力求评议过程快速、透明。美国 PLoS One 对网上发表论文采用“轻度”同行评审,即投稿论文被发向编委会,由其亲自审稿或将文章发给选择的审阅人,每篇论文至少由一位编委会成员评审,评审人员署名或匿名评审,编辑根据反馈情况进行鉴别并推介。

(3) 评价标准

这里主要指在线论文发表后的同行用户评审。“中国科技论文在线”以同行专家评

审意见为基础，统计论文浏览量、收藏数、推荐数及评论意见和条数等，作为论文质量评审的参考指标。英美国家主要将用户注释、评论、评级、文章下载次数及是否有顶级科学家阅读等，作为论文质量评审的标准。

（4）评审周期

“中国科技论文在线”的评审周期为3周。美国有许多学术期刊网络发表平台未限定具体评审时间，从投稿到论文发表一般要2个月以上。英国的同行评审1个月左右，在线投稿到发表一般3个月左右。国际权威的纯网络期刊评审周期比一般网络期刊长3—6个月左右。

（5）评审专家

中国评审专家库主要由国内专家构成，如“中国科技论文在线”评审专家主要由国内300所知名度较高的大学5700多名在职专家组成。但建库时间较短，尚未制定明确的更新规则，更新速度相对较慢。英国网络评审人员由高校及研究机构专家、诺贝尔奖获得者及资深教授等组成。美国网络评审人员则由不同国家的高校或科研机构、各领域的研究人员组成。

8.3.4 注意事项

1. 网络发表的版权问题

学术论文网络发表的出版模式创造了全新的版权模式，目前大致有4种，具体如下：

（1）作者保留版权模式

该模式下，作者保留版权，版权公告声明课堂使用免费，但其他用途必须获得作者许可；期刊需要获得第一出版人的授权许可；当在其他平台再版论文时，作者有义务将开放存取期刊作为源刊。早期的开放存取期刊常常由学术机构自己出版，不涉及出版商和出版机构。（黄先蓉等，2010）

（2）创作共用模式

这种模式保障了作者的署名权，同时又允许以多种形式来使用和重复使用，甚至包括商业用途。这种许可方式可以最大限度地扩大作者和论文的影响，如美国科学公共图书馆和英国医学出版中心，都采用这种模式，在发表前会与作者签署“创作共用许可协议”。（黄先蓉等，2010）

（3）部分转让版权模式

这种模式让作者保留版权，但是作者将所有的商业利用权利转移给出版商，即出版商将版权留给作者，只要求专用许可保证论文首发权，并主张所有商业利用权利。另外，如果开放存取出版商，就作者的论文进行商业再版或者再发行时，将给予作者一定比例的版税。（黄先蓉等，2010）

（4）全部转让版权模式

采取这种模式的出版社会与作者签署“版权转让协议”，作者须将全部版权转让给出版者。

2. 投稿注意事项[①]

(1) 注意查询拟投稿期刊的最新要求，遵循期刊规定的程序和格式，准确填写或添加投稿信息，如投稿信、摘要、文件类型、辅助信息、建议的审稿人等。

(2) Email 地址必须准确，有些期刊要求主要作者和通信作者有相互独立的用户名和密码，并且主要用来与通信作者进行投稿及投稿后的联系，这也是在投稿时需要注意的。

(3) 在投稿系统注册以后作者便拥有自己的网页，该网页通常分为几个区域，如投稿、查询已投稿件的状态、继续已经开始的投稿、传送修改稿、已录用稿件的出版阶段等，因此，对特定的期刊(群)，应尽量保持自己用户名和密码的唯一性，以免混乱。

3. 网络与纸质期刊同时发表的问题

一般来说，如果论文通过在线期刊发表，就视同已经公开出版，不可以再将其投稿给纸质期刊。但如果论文是通过电子预印本文库或在线仓储形式首发，则可以再将其投给纸质期刊。例如，“中国科技论文在线”根据文责自负的原则，只要作者所投论文遵守国家相关法律法规，限于学术范围内的讨论，有一定学术水平，且符合基本的投稿要求，可在一周内发表，并可为作者提供论文发表时间的证明，以保护原创作者的知识产权，并允许作者同时向专业学术刊物投稿。(叶继元等，2014)

8.4 学术交流与合作注意事项

学术的发展和进步从来都不是单一化和封闭的，交流和碰撞才是促使其不断前行的动力。(赵永超、邱远棋，2008)学术交流与合作的模式多种多样，如考察访问、参加学术会议、邀请专家学者讲学、合作研究等。本节主要介绍学术交流与合作的类型、注意事项等。

8.4.1 学术交流

学术交流是指专门的、有系统的学问和创新思想的交流，是学者们切磋研讨、相互启迪、开拓思维的行为方式，是获得新思想、新理论、新方法、新技能的重要途径，是得到同行认可的重要方式。(苏祺、林巍，2009)

1. 学术交流的特点[②]

(1) 平等性

学术交流崇尚的是真理，学者们凭借真知灼见、学术造诣得到学界认可，而非身份、地位、年龄。真理面前人人平等，不崇拜权威和资历。

(2) 自由性

学术交流多探讨尚未形成定论或有新发现的学术问题，不受任何理论和学派的约

① 参见叶继元等：《图书馆学学术规范与方法论研究》，科学出版社，2014 年，第 175—176 页。

② 参见中国科协学会学术部编：《学术建设与自主创新》，科学技术文献出版社，2007 年，第 5—6 页。

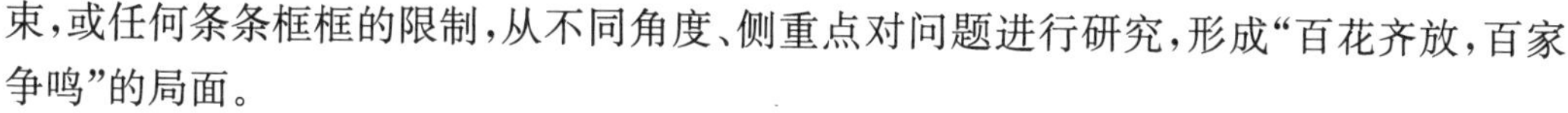

束,或任何条条框框的限制,从不同角度、侧重点对问题进行研究,形成"百花齐放,百家争鸣"的局面。

(3) 开放性

封闭环境中的学术交流,无法从外界获取更多信息,人们的思想和认识必然局限在狭小的范围之内,不易全面、动态、客观地把握事物。因此,研究者要具有开放的眼光,跳出本学科、行业、领域的圈子,与外界充分进行信息交换,获取各个方面的资源,了解到研究对象的现状和趋势,做出正确的判断和评价。

(4) 互动性

学术交流的参与者,在学术交流这个平台上,互相影响、互相作用。通过思维的交流、碰撞和启迪,对探讨的问题产生更明确的认识,参与者都能够从中获取有益的营养,形成互惠共赢的良好局面。

(5) 包容性

所谓包容具有两层含义:第一层是容许,即鼓励不同的理论和学派进行交流、沟通,允许不同学术观点的存在和发展,不允许有学术霸权的出现;第二层是融合,学术交流应兼收并蓄,消化吸收不同的思想,不断补充、完善自己的理论和学说。

(6) 质疑性

怀疑是科学的生命,是促进学术前进和发展的助推器。研究者既应经常审视自己的研究,提出看法、做出探讨,还应对其他学说的解释进行思考、提出疑问。在质疑的过程中,帮助自己获得新的认识和见解。

2. 学术交流的分类

(1) 直接交流和间接交流

直接交流指通过人与人之间的直接接触表达思想、获取信息,如学术座谈、讲座、培训、讨论等。直接交流能够深入、全面地探讨问题,促进学术创新,是研究成果获得认可、扩大学术影响的重要途径。

间接交流指借助媒体途径实现知识、信息的交流与传递,包括网络、书刊、影视等。现代高科技的发展、交通的便捷,以及计算机网络的信息高速化,为间接学术交流创造了更好的条件,极大地提高了信息交流的效率。

(2) 横向交流和纵向交流

横向交流指跨学科的学术交流活动。针对某个领域、专业或研究问题,从不同角度、不同切入点进行深度交流,发现不同问题,提出不同看法,产生新思路。纵向交流指同一学科、同一领域的学术交流活动。通过交流使知识和研究不断深入,认识不断深化,以促进学科的不断发展。

(3) 层次交流

根据学术交流人员的层次和结构,可分为院士交流、专家学者交流、学生论坛。各学科、专业根据需要,可邀请专家学者进行学术交流,介绍该学科或领域最新研究成果和研究动态。学生论坛可根据学生的学术能力,由学校或学院主管学术交流的部门,或学生自治的学术交流组织，通过报告会、座谈会、学术沙龙等形式，进行学术交流，以扩大学生视野，提高学术水平。

(4) 需求交流

根据学校师生对学术交流的不同需求，分为出国进修、参加国际国内会议、发表高水平论著、举办学术会议、报告会、座谈会、读书会、讲座、讲演、学术沙龙等。(李华，2014)

3. 学术交流的形式

(1) 学术会议

学术会议是一种高效的学术交流形式，特别是国际会议，集聚学术界的精英。通过参加学术会议，可以在广泛的学术领域中掌握各方面的前沿知识和技术，跟上学科发展的步伐。[①] 许多语言学期刊常刊登学术会议通知，如《中国语文》、《方言》等，语言学人应长期关注，积极参与。

(2) 访学

学习是知识积聚的过程。通过访学、跟从名师学习，参加高水平国际学术活动，研究者有机会接触世界一流学者，了解前沿学术信息，开阔自己的研究视野。访学能够让研究者学习国内外的新思想、新知识，有利于针对自己的科研领域开展研究。(蒋玉梅、刘勤，2015)

仅靠从与他人交流获得研究信息和资料是不够的，应多提出自己的新思想和新发现，引导双向式的交流，才能相互促进，共同进步。

4. 网络环境下的学术交流

网络的发展和普及，为研究者们创立了一个全新的交流空间，极大地促进了学术互动。学术交流不再受时间、空间的限制，不再受各种人为制造的“围墙”阻隔。

信息搜索速度的提高，使学术信息发布更为快捷、及时，极大地方便了人们对学术资源的认知和获取，也给予学术信息网络受众更从容的时间和空间对学术信息进行消化理解，使得学术交流结果得到更有效的集成反馈。[②] 当然，网络环境下的学术交流也有其缺陷，例如，存在网络安全问题(非法入侵、线路干扰、黑客攻击等)和知识产权风险等。

5. 学术交流注意事项

在正式或非正式的学术交流中，可能发生未发表成果的抄袭或剽窃问题。

目前国内外学术会议通常要求参会论文是未公开发表的，参会者在学术会议上公开宣读和讨论学术成果存在被抄袭或剽窃的风险。在进行学术讨论时，他人或多或少会知晓自己的学术思想或思路。从理论上讲，参与讨论的研究者都存在抄袭或被抄袭的可能性。

网络环境下的学术交流应重视信息质量问题。研究者不应篡改或盗窃他人著作、匿名制作和传播虚假信息，以防信息失去原始性、真实性和完整性。此外，一方面要增强知

---

① 参见中国科协学会学术部编:《学术建设与自主创新》，科学技术文献出版社，2007 年，第 4—5 页。

② 参见中国科协学会学术部编:《学术交流质量与科技研发创新研究》，中国科学技术出版社，2009 年，第 118 页。

识产权保护意识，另一方面要注意避免无意识的网络侵权行为。

8.4.2　学术合作

所谓学术合作，是指在学科综合化、相互渗透的背景下，学术研究人员要及时与相关学科、相关领域的同行合作，联合攻关。网络的出现，为研究人员的合作提供了一个十分理想的平台，大大减少了时间和空间造成的不便。学术合作的形式多种多样，如实验设备和科研文献的共享、人员间的相互借用、科研资金的共享、观点的及时沟通等。（叶继元等，2005）

学术合作注意事项如下：

1. 研究成果的署名

学术合作最显著的表现形式是合著论文或著作，联合署名发表学术论文或出版著作需要确定合理的署名顺序和规范。（叶继元等，2014）关于学术论著的署名问题，第 6 章已详细论述，此不赘述。

2. 合作对象的选择

（1）关注合作对象的学术志趣、眼界和个人修养。合作对象的志趣决定了合作的水平和成就，其学术眼界和个人修养对合作成果也有重要影响。

（2）协调成本。潘士远（2005）指出，在合作研究中，研究者在获得收益的同时，也需要承担一定的成本，即协调成本。协调成本受团队规模和合作者等方面的影响。团队规模扩大，传递信息的链条变长，使得协调成本增加。因此，在组建学术合作团队时，应合理控制团队规模。此外，合作者间的信任、合作者的知识水平和学术评价体制等，也都会对学术合作的协调成本产生影响。

附录 8－1　学术期刊评价参考工具

下面介绍几个重要的学术期刊评价参考工具。

1. 科学引文索引

《科学引文索引》（Science Citation Index，SCI）由美国科学信息研究所（Institute Scientific Information，ISI）创建，是目前国际上三大检索系统中最著名的综合性科技期刊文献检索工具。不仅可以从文献引证的角度评估文章的学术价值，还可以迅速方便地组建研究课题的参考文献网络。SCI 创刊于 1961 年。经过几十年的发展完善，从开始时单一的印刷型发展成为功能强大的电子化、集成化、网络化的大型多学科、综合性检索系统。SCI 收录的文献类型包括期刊、会议录、图书、科技报告和专利文献。收录全世界出版的数、理、化、农、林、医、生命科学、天文、地理、环境、材料、工程技术等自然科学各学科的核心期刊 3700 多种。

SCI 是目前国际上公认的最具权威的科技文献检索工具，许多国家和地区均以被

SCI收录及引证的论文情况来作为评价学术水平的一个重要指标。其独特的科学参考价值表现在引文索引:通过严格的选刊标准和评估程序挑选刊源,使SCI收录的文献能够覆盖全世界最重要和最有影响力的研究成果。SCI按来源期刊数量划分为SCI和SCI-E。SCI指来源刊为3700多种的SCI印刷版和SCI光盘版(SCI Compact Disc Edition,SCI CDE)。SCI-E(SCI Expanded)是SCI的扩展库,可通过国际联机或因特网进行检索。

SCI其他系列出版物:

① 社会科学引文索引(Social Science Citation Index,SSCI),即社会科学引文索引,亦由美国科学信息研究所创建,是目前世界上可以用来对不同国家和地区的社会科学论文的数量进行统计分析的大型检索工具。

② 艺术与人文科学引文索引(Arts & Humanities Citation Index,A&HCI)。

③ 期刊引文报告(Journal Citation Reports,JCR),每年单独出版。对4700种期刊(包括SCI收录的3700多种核心期刊)之间的引用和被引用数据进行统计、运算,按每种期刊定义的"影响因子"(impact factor)等评价指数加以报道,提供按学科、出版国等排序的期刊刊源信息,是期刊评估的重要参考工具。

美国科学情报研究所出版发行的科学引文索引是目前世界上极有影响力的、可以定量评价科研绩效的工具之一。提供独特的文献引证关系,涉及学科范围全面,涵盖国家地区广泛,改变了过去人们对科研绩效评价只能定性粗略估计的状况,受到全世界科学家、科研机构和政府行政管理部门的普遍重视。目前,涵盖自然科学领域内最重要、最有影响力的期刊达6000多种,SCI收录各学科高质量的研究论文,代表各学科领域的世界水平。依据所提供的科技论文被收录及引用情况,利用科学计量学的方法,可以较为客观公正地评价高等院校、科研院所和科研人员的国际学术地位与研究水平。

2. 工程索引

《工程索引》(Engineering Index,EI)创刊于1884年,由美国工程信息公司(Engineering Information Inc.)出版,报道整个工程技术领域,包括全部工程学科和工程活动,每月出版1期。收录文献包括50多个国家和地区、15个语种的工程技术类3500余种期刊和1000余种会议记录,90%为英文文献,覆盖工程技术各个领域,包括动力、电工、电子、自动控制、矿冶、金属工艺、机械制造、土木建筑、水利等。1992年开始收录中国期刊。该数据库每年新增50万条工程类文献。EI把它收录的论文分为两个档次:① EI Compendex标引文摘。收录论文的题录、摘要,以主题词、分类号进行标引深加工。判断论文是否被EI正式收录的唯一标志:有没有主题词和分类号;② EI Page One题录。主要以题录形式报道。有的也带有摘要,但未进行深加工,没有主题词和分类号。Page One带有文摘不一定算作正式进入EI。

3. 科技会议录索引

《科技会议录索引》(Conference Proceedings Citation Index-Science, CPCI-S),原名ISTP(Index to Scientific & Technical Proceedings),由美国科学情报研究所(ISI)编辑出

版,1978年创刊,是一种综合性科技会议文献检索工具。每年报道会议录4000余种,20多万篇。印刷版有月刊、年刊两种形式,电子版有光盘、网络版。收录生命科学、物理化学、农业、生物和环境科学、临床医学、工程技术、应用等领域的会议论文,包括一般性会议、座谈会、研究会、讨论会、发表会等。其中工程技术与应用科学类文献约占35%。收录论文的多少与科技人员参加的重要国际学术会议多少或提交、发表论文的多少有关。

SCI和EI对稿件内容和学术水平的要求:① SCI主要收录数学、物理、化学等学术理论价值高并具有创新的论文;EI要求具有较高的学术水平的工程论文,如工程管理、矿业与冶金、材料工程、机械与电子工程、化学与化工、生物技术、土木建筑工程、海洋与水利工程等,它一般不收录数理化、生物学、医药、农林等学术理论论文。② 国家自然科学基金资助项目、科技攻关项目、"863"高技术项目等。③ 论文已达到国际先进水平。

三大检索系统收录期刊标准、论文入选原则:① 共同点。自然科学领域里,符合国际期刊出版规范的重要期刊和重要的学术会议、著名的学术年会、学会会刊上的水平较高的学术论文,尤其是英语语种论文。② 不同点。信息源刊物方面,EI选刊只限于工程技术,SCI侧重自然科学领域,但选刊数量少,CPCI-S重点在会议论文;EI与CPCI-S对源刊的论文是有选择的获取,取优质文章,SCI对源刊论文全取;从论文的语言地区而言,三者皆偏重英语,但EI选用中文论文较多。

4. 中文核心期刊要目总览

《中文核心期刊要目总览》又称"北大核心期刊",由北京大学图书馆编辑发布。该书由各学科核心期刊表、核心期刊简介、专业期刊一览表等组成,不仅可以查询学科核心期刊,还可以检索正在出版的学科专业期刊。采用了被索量、被摘量、被引量、他引量、被摘率、影响因子、获国家奖或被国内外重要检索工具收录、基金论文比、Web下载量等9个评价指标对国内学术期刊进行定量评价。为图书情报部门对中文学术期刊的评估与订购、为读者导读与投稿等提供参考依据。

5. 中国科学引文索引

《中国科学引文索引》(China Science Citation Index,CSCI)由中国科学院国家科学图书馆(原中国科学院文献情报中心)编辑出版,收录了国内出版的315种最主要的科技期刊,内容涉及数、理、化、天、地、农、医及工程技术领域。目前出版形式包括印刷版和光盘版。与《科学引文索引》大致相同,CSCI总体上也分为引文、来源两大部分,有引文索引、来源索引、机构索引和轮排主题索引四大索引。将论文与引文融为一体,无子库,一次性可检索近年的论文及引文情况,根据用户实际需要再用时间段限制。可通过《中国科学引文索引》进行项目统计分析,是目前我国科研评价的重要参考依据之一。

6. 中文社会科学引文索引

《中文社会科学引文索引》(Chinese Social Sciences Citation Index,CSSCI),由南京大学中国社会科学研究评价中心开发研制的数据库,用来检索中文社会科学领域的论文收录和文献被引用情况。作为社会科学文献信息检索工具,它不仅给出来源文献的文献目录信息,同时还提供丰富的引文信息,以及与源文献有共同引文的相关文献信息;提供我国各社会科学研究机构、高校、地区乃至学者个人的发表论文数量，论文、学者个人被引用情况，以及各种排序；自动生成社会科学学术期刊的文献计量指标等。教育部已将CSSCI数据作为全国高校机构与基地评估、成果评奖、项目立项、人才培养等方面的重要考核指标。CSSCI数据库已被北京大学、清华大学、中国人民大学、武汉大学、吉林大学、山东大学、南京大学等100多个单位购买使用，并作为地区、机构、学术、学科、职称、项目、成果评价与评审的重要依据。

7. 中国科技论文与引文数据库

《中国科技论文与引文数据库》(Chinese Science and Technology Paper and Citation Database，CSTPCD)，1996年由中国科技信息研究所(ISTIC)开发。CSTPCD分为论文库和引文库。主要功能有：① 科技文献检索功能。② 论文统计分析功能，用户可以对本部门、本系统、本地区和本单位的各项数据进行纵向比较，以了解论文发表情况的年度变化，也可以按部门、系统、地区、单位分别检索，以进行部门、系统、地区、单位之间的横向对比分析，找出自己工作中的不足，确定自身近期的努力目标和方向。③ 引文统计分析功能，可以从作者、机构、学科、地区和基金资助论文等各个角度，对论文被引用情况进行分析，评定各期刊的质量、水平及其在学术界的地位。

8. 中国科技期刊引证报告

《中国科技期刊引证报告》(Chinese Journal Citation Reports，CJCR)是中国科技信息研究所(ISTIC)受国家科学技术部委托，以《中国科技论文与引文数据库》为依据，按照《期刊引证报告》(JCR)的模式，结合中国科技期刊发展的实际情况而编辑出版，其中进入核心版的期刊即为“中国科技论文统计源期刊”，近年来又称为“中国科技核心期刊”，与北大图书馆编辑的《中文核心期刊要目总览》相呼应。共设立17项评价指标，包括总被引用次数、影响因子、即后指标、期刊被引半衰期、期刊引用半衰期、期刊载文量的地区分布数、期刊刊载的基金论文数、自引总引比、期刊的国际化程度(海外作者来稿数)等。引证报告中将统计期刊分学科，按影响因子大小排列，每年公布。为中国广大科技工作者、期刊编辑部和科研管理部门能够快速地评价期刊，客观准确地选择和利用期刊提供了依据，也为广大科研人员和科技期刊了解自身的学术影响力，提供了公正、合理、客观、科学的评价依据。

附录8-2 学位论文作假行为处理办法

中华人民共和国教育部令第34号

第一条 为规范学位论文管理，推进建立良好学风，提高人才培养质量，严肃处理学位论文作假行为，根据《中华人民共和国学位条例》、《中华人民共和国高等教育法》，制定本办法。

第二条 向学位授予单位申请博士、硕士、学士学位所提交的博士学位论文、硕士学位论文和本科学生毕业论文(毕业设计或其他毕业实践环节)(统称为学位论文)，出现本办法所列作假情形的，依照本办法的规定处理。

第三条　本办法所称学位论文作假行为包括下列情形：

（一）购买、出售学位论文或者组织学位论文买卖的；

（二）由他人代写、为他人代写学位论文或者组织学位论文代写的；

（三）剽窃他人作品和学术成果的；

（四）伪造数据的；

（五）有其他严重学位论文作假行为的。

第四条　学位申请人员应当恪守学术道德和学术规范，在指导教师指导下独立完成学位论文。

第五条　指导教师应当对学位申请人员进行学术道德、学术规范教育，对其学位论文研究和撰写过程予以指导，对学位论文是否由其独立完成进行审查。

第六条　学位授予单位应当加强学术诚信建设，健全学位论文审查制度，明确责任、规范程序，审核学位论文的真实性、原创性。

第七条　学位申请人员的学位论文出现购买、由他人代写、剽窃或者伪造数据等作假情形的，学位授予单位可以取消其学位申请资格；已经获得学位的，学位授予单位可以依法撤销其学位，并注销学位证书。取消学位申请资格或者撤销学位的处理决定应当向社会公布。从做出处理决定之日起至少 3 年内，各学位授予单位不得再接受其学位申请。

前款规定的学位申请人员为在读学生的，其所在学校或者学位授予单位可以给予开除学籍处分；为在职人员的，学位授予单位除给予纪律处分外，还应当通报其所在单位。

第八条　为他人代写学位论文、出售学位论文或者组织学位论文买卖、代写的人员，属于在读学生的，其所在学校或者学位授予单位可以给予开除学籍处分；属于学校或者学位授予单位的教师和其他工作人员的，其所在学校或者学位授予单位可以给予开除处分或者解除聘任合同。

第九条　指导教师未履行学术道德和学术规范教育、论文指导和审查把关等职责，其指导的学位论文存在作假情形的，学位授予单位可以给予警告、记过处分；情节严重的，可以降低岗位等级直至给予开除处分或者解除聘任合同。

第十条　学位授予单位应当将学位论文审查情况纳入对学院（系）等学生培养部门的年度考核内容。多次出现学位论文作假或者学位论文作假行为影响恶劣的，学位授予单位应当对该学院（系）等学生培养部门予以通报批评，并可以给予该学院（系）负责人相应的处分。

第十一条　学位授予单位制度不健全、管理混乱，多次出现学位论文作假或者学位论文作假行为影响恶劣的，国务院学位委员会或者省、自治区、直辖市人民政府学位委员会可以暂停或者撤销其相应学科、专业授予学位的资格；国务院教育行政部门或者省、自治区、直辖市人民政府教育行政部门可以核减其招行计划、并由有关主管部门按照国家有关规定对负有直接管理责任的学位授予单位负责人进行问责。

第十二条 发现学位论文有作假嫌疑的,学位授予单位应当确定学术委员会或者其他负有相应职责的机构,必要时可以委托专家组成的专门机构,对其进行调查认定。

第十三条 对学位申请人员、指导教师及其他有关人员做出处理决定前,应当告知并听取当事人的陈述和申辩。

当事人对处理决定不服的,可以依法提出申诉、申请行政复议或者提起行政诉讼。

第十四条 社会中介组织、互联网站和个人,组织或者参与学位论文买卖、代写的,由有关主管机关依法查处。

学位论文作假行为违反有关法律法规规定的,依照有关法律法规的规定追究法律责任。

第十五条 学位授予单位应当依据本办法,制定、完善本单位的相关管理规定。

第十六条 本办法自 2013 年 1 月 1 日起施行。

附录 8-3 语言学最有学术影响的百家出版社

王东波、周冰清(2011)以 2000—2007 年间在 CSSCI 语言学论文中被引总频次在 102 次以上的出版社为标准,整理出 100 家对语言学研究最有学术影响的大陆地区出版社。

出版社名称	所在地
安徽教育出版社	合肥
巴蜀书社	成都
北京出版社	北京
北京大学出版社	北京
北京师范大学出版社	北京
北京语言大学出版社	北京
东北师范大学出版社	长春
东方出版社	北京
法律出版社	北京
凤凰出版社	南京
福建人民出版社	福州
复旦大学出版社	上海
高等教育出版社	北京
广东教育出版社	广州

续　表

出版社名称	所在地
广东人民出版社	广州
广西教育出版社	南宁
广西民族出版社	南宁
广西人民出版社	南宁
贵州人民出版社	贵阳
汉语大词典出版社	上海
河北教育出版社	石家庄
河南大学出版社	开封
河南人民出版社	郑州
黑龙江人民出版社	哈尔滨
湖北教育出版社	武汉
湖北人民出版社	武汉
湖南教育出版社	长沙
湖南人民出版社	长沙
湖南师范大学出版社	长沙
华东师范大学出版社	上海
华夏出版社	北京
华语教学出版社	北京
华中师范大学出版社	武汉
吉林教育出版社	长春
吉林人民出版社	长春
暨南大学出版社	广州
江苏教育出版社	南京
江苏人民出版社	南京
江西教育出版社	南昌
教育科学出版社	北京
科学出版社	北京
辽宁教育出版社	沈阳
辽宁人民出版社	沈阳
民族出版社	北京

续 表

出版社名称	所在地
内蒙古人民出版社	呼和浩特
南京大学出版社	南京
南开大学出版社	天津
齐鲁书社	济南
青岛出版社	青岛
清华大学出版社	北京
人民出版社	北京
人民教育出版社	北京
人民文学出版社	北京
三联书店	北京
山东教育出版社	济南
山东人民出版社	济南
山西高校联合出版社	太原
山西人民出版社	太原
陕西人民出版社	西安
商务印书馆	北京
上海辞书出版社	上海
上海古籍出版社	上海
上海教育出版社	上海
上海人民出版社	上海
上海书店出版社	上海
上海外语教育出版社	上海
上海文艺出版社	上海
上海译文出版社	上海
社会科学文献出版社	北京
生活·读书·新知三联书店	北京
书海出版社	太原
四川辞书出版社	成都
四川民族出版社	成都
四川人民出版社	成都

续　表

出版社名称	所在地
天津人民出版社	天津
外语教学与研究出版社	北京
文物出版社	北京
文字改革出版社	北京
武汉大学出版社	武汉
厦门大学出版社	厦门
新疆人民出版社	乌鲁木齐
学林出版社	上海
译林出版社	上海
语文出版社	北京
岳麓书社	长沙
云南民族出版社	昆明
云南人民出版社	昆明
浙江教育出版社	杭州
浙江人民出版社	杭州
中国大百科全书出版社	北京
中国对外翻译出版公司	北京
中国青年出版社	北京
中国人民大学出版社	北京
中国社会科学出版社	北京
中国书店	北京
中华书局	北京
中山大学出版社	广州
中央编译出版社	北京
中央民族大学出版社	北京
重庆出版社	重庆

附录 8-4　关于进一步加强学术著作出版规范的通知

新出政发〔2012〕11 号

各省、自治区、直辖市新闻出版局，新疆生产建设兵团新闻出版局，解放军总政治部宣传部新闻出版局，中央和国家机关各部委、各民主党派、各人民团体出版单位主管部门，各有关行业协会，中国出版集团公司，中国教育出版传媒集团有限公司，中国科技出版传媒集团有限公司：

为了进一步提高我国学术著作出版质量，推动学术著作出版繁荣发展，树立良好的学术风气，提升我国学术著作的创新能力，促进国内外学术交流，根据《出版管理条例》、《图书出版管理规定》、《图书质量管理规定》等法规规章的规定，现就进一步加强学术著作出版规范的有关事项通知如下：

一、学术著作是作者根据某一学科或领域的研究成果而撰写的作品。这些作品或在理论上有创新见解，或在实践中有新的发明，或具有重要的文化积累价值。本通知所指学术著作包括哲学社会科学、自然科学等学科的研究型著作，通俗理论读物、科普读物等不在其列。

二、学术著作出版必须坚持为人民服务、为社会主义服务的方向，贯彻“百花齐放、百家争鸣”的方针，促进学术创新、学术交流、学术积累，有益于经济发展和社会进步，有益于提高民族素质，弘扬优秀文化，促进国际文化交流。

三、出版单位应加强学术著作选题论证，组织相关学科领域专家学者，对学术著作的学术水平、创新成果、出版价值等进行认真评估，积极探索实行同行匿名评议等评审办法，提高学术著作出版质量。

四、引文、注释、参考文献、索引等是学术著作不可或缺的重要组成部分，体现了学术研究的真实性、科学性与传承性，体现了对他人成果和读者的尊重，是反映学术著作出版水平和质量的重要内容，必须加强出版规范，严格执行国家相关标准。

引文是引自他人作品或文献资料的语句，对学术著作的观点起支持作用。引文要以必要为原则，凡引用的资料都应真实、详细、完整地注明出处。

注释对作品中某些特定的内容、术语等起到必要的补充、解释或说明作用。注释应力求客观、准确、详实。

参考文献是为撰写或编辑著作而引用的有关文献信息资源，是学术研究依据的重要体现，对研究内容起到支持、强调和补充作用。参考文献应力求系统、完整、准确、真实。

索引是指向文献或文献集合中的概念、语词及其他项目等的信息检索工具，有助于学术内容的检索、引证、交流和传播。索引的编制应力求实用、简明、便捷、完备。

学术译著应尊重原作者研究成果，力求准确完整，不应随意删改原著的引文、注释、参考文献、索引等内容。

五、学术著作的出版必须弘扬科学精神，杜绝学术抄袭、剽窃；必须保障内容、编校、装帧设计、印制质量；必须符合《出版管理条例》、《图书出版管理规定》、《图书质量管理规定》和国家相关法律、法规、规章和标准。

六、学术著作出版规范的执行情况将作为中国出版政府奖评奖、国家级优秀图书推荐、国家重大出版项目和国家出版基金申报与验收，以及出版单位年检、等级评估等工作的重要条件。

七、出版单位应安排具备较强学科背景的专业编辑人员担任学术著作的责任编辑。责任编辑应积极主动了解相关学科领域的学术信息，加强与相关学科领域专家学者的联系和沟通，对学术著作中的学术信息进行必要的查证、核实，确保学术质量。

出版单位要认真落实学术著作出版规范工作，加强学术著作出版人才的培养，定期对从事学术著作出版的编辑人员进行培训，制订符合学术著作出版规范的编辑出版流程和考评体系，鼓励支持优秀学术著作的出版。

出版单位要积极探索数字出版背景下有利于加强学术著作出版规范建设、提高学术著作出版质量的各种途径。

八、有关学会、行业协会和有条件的出版单位，应结合自身特点，制定符合不同学科发展规律、适合不同学科领域的学术著作出版规范细则，逐步形成系统完整的具有中国学术著作出版特点、可与国际国内学术同行交流对话的学术著作出版规范体系。

九、各省、自治区、直辖市新闻出版局及各出版单位主管部门要从提高民族创造力、提升国家文化软实力、建设社会主义文化强国的战略高度，充分认识进一步加强学术著作出版规范工作的重要性，结合各地各部门实际制定实施办法，引导和鼓励出版单位出版更多学术精品，促进学术著作出版繁荣发展。

新闻出版总署

2012年9月4日

附录8－5　国家科学技术学术著作出版基金管理办法

国科发财字〔1997〕104号

为支持优秀科技学术著作出版，繁荣科技出版事业，促进科技事业发展，国家财政拨出专款，建立国家科学技术学术著作出版基金。为加强出版基金的管理，国家科委、财政部、新闻出版署共同制定了《国家科学技术学术著作出版基金管理办法》，现印发施行。

第一章　总　则

第一条　为支持优秀科技学术著作出版，繁荣科技出版事业，促进科技事业发展，特设立国家科学技术学术著作出版基金（以下简称学术著作出版基金），并制定本办法。

第二条 学术著作出版基金面向全国，专项用于资助自然科学和技术科学方面优秀的和重要的学术著作的出版。

第三条 科技学术著作出版工作要按照党的出版方针、政策，坚持为人民服务，为社会主义服务的方向。努力为加速科技进步，促进经济发展，提高国民素质服务。

第四条 学术著作出版基金的使用以国家科技发展政策为导向，与国家科学研究和人才培养计划相结合，实行自由申请、公平竞争、专家评议、择优支持的办法。

第五条 学术著作出版基金由国家科学技术学术著作出版基金委员会管理。在科技方面接受国家科委的指导。在出版业务方面接受新闻出版署的指导。经费管理工作由国家科委归口并接受国家财政、审计部门的指导和监督。

第二章 组织机构和职责

第六条 由国家科委、财政部、新闻出版署、国防科工委、中国科协、中国科学院、中国工程院、国家自然科学基金委员会等部门和单位的管理专家、科技专家和科技出版专家组成国家科学技术学术著作出版基金委员会(以下简称出版基金委)。出版基金委设主任一人，常务副主任一人，副主任及委员若干人。出版基金委的职能和主要工作任务是组织制定科技学术著作基金资助出版工作规划，发布年度资助项目指南，审定年度工作计划和工作总结，批准年度资助项目方案和出版基金预算、决算。

第七条 出版基金委委员实行聘任制，由中国科学院、中国工程院、国家自然科学基金委员会等单位共同提出委员推荐名单，经与有关部门协商一致后由国家科委和新闻出版署聘任。委员任期以三年为一届，每次换届应至少有半数成员继续连任，但委员连任不超过三届。

第八条 出版基金委委托权威评审机构(暂由国家自然科学基金委员会负责)负责学术著作出版基金资助项目的评审工作。

第九条 出版基金委下设办公室(暂由国家科委委托有关机构管理)，负责基金的日常管理工作。主要任务是组织项目的申请和评审，监督检查资助项目的执行情况，草拟年度工作计划和工作总结，审核基金预算和决算，管理科技学术著作出版的成果等。

第十条 出版基金财务部门(暂由国家科委委托有关机构管理)负责出版基金的预算、决算及资金收支等各项财务管理工作。

第三章 基金来源和使用

第十一条 学术著作出版基金主要来源：

1. 国家财政专项补助。
2. 各级政府部门、单位、社会团体和个人的赞助或捐赠。
3. 存款利息及各种收益。
4. 受资助的专著出版后的盈利上交部分。
5. 其他收入。

第十二条 学术著作出版基金全额存入指定的国家银行，每年的资助金总额和评审管理费以当年基金利息为限。

第十三条 出版基金资助金用于弥补受资助的学术著作在出版过程中所发生直接费用的不足部分。

第十四条 学术著作出版资助项目的资助金额最高不超过10万元。

第十五条 评审管理费用于学术著作出版基金管理和评审工作所必需的办公费用。评审管理费的提取比例由国家科委会商财政部核定。

第十六条 出版基金本息不得用于购买股票、风险债券，以及进行生产经营和房地产等风险性投资。

第十七条 受资助的学术著作发行后如有盈利，出版单位应按有关规定返还受资助的出版资金。为鼓励出版单位多出书、出好书，将给予出版单位返还受资助出版资金一定比例的奖励。

第四章 基金资助范围

第十八条 学术著作出版基金资助范围包括：

1. 学术专著，即作者（或所在单位）在某一学科领域内从事多年系统深入的研究，撰写的在理论上有重要意义或在实验上有重大发现的学术著作。

2. 基础理论著作，即作者汇集国内外某一学科领域的已有资料、前人成果，经过分析整理，撰写的具有独到见解或新颖体系，对科学发展或培养科技人才有重要作用的系统性理论著作。

3. 应用技术著作，即作者把已有科学理论用于生产实践或者总结生产实践中的先进技术和经验，撰写的给社会带来较大经济效益的著作。

第十九条 下列情况暂不属于资助范围：

1. 译著、论文集；

2. 科普读物；

3. 教科书、工具书。

第五章 申 请

第二十条 申请者必须具备下列条件：

1. 申请者必须是著作权所有者。受委托申请者须持有著作权所有者的委托书或法律证据；著作权属多人时，须有全体人员的签署意见。

2. 申请者须在已完成全部书稿或大部分书稿之后方可提出申请。

3. 申请者确属无学术著作出版经费来源，或在出版时经费确有困难。

4. 申请者在申请学术著作出版基金资助前，须持有与有关出版单位的协议书。

5. 申请者在申请时，必须附有3名具有教授、研究员、编审或相应的高级专业技术职务同行专家的推荐书。

第二十一条　申请者须填写《国家科学技术学术著作出版基金申请书》一式四份，并附相应材料，如：书稿的“前言”和“目录”（至少到节一级），能反映书稿水平和特点的部分样稿（一章或若干节），主要参考文献（注明出处、时间）和其他可反映水平的材料（奖励情况、鉴定证书、学术评价）等。

第二十二条　学术著作出版基金的申请由出版基金委办公室受理。

第二十三条　出版基金委办公室每年接受申请一次，受理时间为三月一日至五月三十一日。

第六章　评议和审批

第二十四条　出版基金委办公室对申请项目进行形式审查，形式审查时间为六月一日至六月三十日。出版基金委办公室将符合申请条件的学术著作送交评审机构进行评审。

第二十五条　评审工作必须采取回避制度。专家或直系亲属如有申请项目送交评审时，专家本人一律回避评审活动。

第二十六条　出版基金委办公室将评审机构提交的评审结果报送出版基金委委员评议后，编制资金项目方案，提交出版基金委审批。出版基金委在审定资助项目方案时，委员出席人数必须超过委员总人数的三分之二，委员总人数半数以上通过有效。

第二十七条　资助项目方案批准后，九月三十日前，出版基金委将获得资助的学术著作名单在有关报刊上予以公布，同时通知著作申请人，著作申请人根据获准资助项目的通知与出版单位签订正式出版合同，并将出版合同复印件报送出版基金委办公室备案。

第七章　基金管理和监督

第二十八条　出版基金委办公室根据每年资金来源、项目资助指南和基金委年度工作计划，审核基金财务管理部门编制的当年本息收入和资助金及评审管理费的预算，并根据基金预算，拟定资助方案，一并报出版基金委审批。

第二十九条　基金财务管理部门根据基金委批准公布的资助项目名单，按计划进度向指定出版单位拨款。财务管理部门根据出版基金年度执行情况，编制资助金和评审管理费年终决算，经出版基金委办公室核准后，报出版基金委审批。

第三十条　财务管理部门要严格执行国家有关财经法规和财务制度的规定，接受上级财务管理部门的检查、监督。

第三十一条　受资助的出版单位，必须指定专门银行账号，单独建账，专款专用。

第三十二条　出版基金委办公室负责监督和管理项目执行情况，对承接著作出版任务的出版单位进行定期审计和专项审计。

第三十三条　出版单位须在受资助著作印刷出版后一个月内，将样书三本（套）送交出版基金委办公室。如遇不能按期按质完成出版任务，出版基金委办公室可向基金委提出撤销资助和中止出版的建议，出版基金委审批后，出版基金办公室通知著作权人和出版单位，并由基金财务部门收回资助金。

第八章　附　则

第三十四条　学术著作出版基金资助出版的科技学术著作在出版时，须在扉页标注"国家科学技术学术著作出版基金资助出版"。

第三十五条　本办法自公布之日起实行。

科技部、财政部、新闻出版广电总局
1997年3月11日

附录8-6　中国科技论文在线学术监督管理办法(2013修订版)

教技发中心函〔2013〕79号

第一章　总　则

第一条　为维护良好的网络发表科技论文学术氛围，保护论文作者知识产权，加强学术监督，根据《中华人民共和国著作权法》(以下称《著作权法》)、《中华人民共和国专利法》(以下称《专利法》)、《中华人民共和国国家保密法》(以下称《保密法》)等相关法律法规，制定本办法。

第二条　本办法适用于参与及使用中国科技论文在线及旗下各级网站，和相应移动平台所提供的各项服务的所有用户(以下简称"用户")。

第三条　用户应当坚持实事求是的科学精神和严肃认真的科学态度，严格遵守国内外公认的论文写作规范，秉承客观、严谨、自律的论文创作理念，诚实、求真，尊重他人知识产权，遵守国家有关法律法规。

第四条　论文撰写、署名、引用文献、投稿等行为必须遵守《著作权法》、《专利法》和《保密法》等有关法律法规，防止和杜绝发生剽窃、在他人作品上署名、伪造数据、泄露他人技术秘密等学术不端及违法犯罪行为。

第五条　对违反本办法的学术不端行为，任何单位和个人均可向中国科技论文在线网站举报，一经查实，中国科技论文在线网站有权对学术不端行为责任人进行严肃处理。

第二章　学术要求及著作权规则

第六条　在中国科技论文在线网站投稿的科技论文须具有科学性和创新性。课题研究应以科学思想为指导，以事实为依据，要求论文基本理论依据正确，实验设计规范合理，数据图表真实可信，计算过程完整准确，论证充分，引文合理，格式规范，具有独特的、新颖成分的见解，有一定学术水平和发布价值。作者享有知识产权。论文无著作权隐患。

第七条 在中国科技论文在线网站投稿的科技论文须具有独创性。论文是作者独立创作完成，论文内容真实准确，不是对现有作品的复制、抄袭、剽窃或者机械模仿，防止和杜绝粗制滥造、改头换面、重复发表、自我抄袭等学术不端行为。

第八条 在中国科技论文在线网站投稿的科技论文必须是未以任何形式公开发表过的研究成果，即论文全文或论文核心思想未在任何媒介的纸版、电子版及在线版等版本上公开发表过。论文由中国科技论文在线网站做首次发布。

第九条 作者投稿的科技论文应遵循中国科技论文在线网站著作权要求，投稿前须仔细查看本网站的著作权说明。投稿论文如果属于合作作品的，投稿行为须征得该论文所有作者同意。投稿完成后，视同全部作者已经阅读并认可中国科技论文在线的著作权说明，并同意将论文发布在中国科技论文在线网站。

第十条 论文提交中国科技论文在线网站发布，即视为著作权人将该论文不可撤销的、非专有使用权(包括但不仅限于复制权、信息网络传播权、翻译权、汇编权等)许可给科技论文在线网站。中国科技论文在线允许并鼓励作者向专业学术刊物投稿，若稿件确认已通过专业学术刊物审核并接收，本网站同意只保留非专有信息网络传播权。

第十一条 在中国科技论文在线网站上发布的科技论文，由论文提交人与本网站签署论文著作权授让协议。论文发布后，本网站可为作者提供相应的刊载证明，证明论文的首发信息以保护作者的知识产权。

第十二条 在中国科技论文在线网站上发布的科技论文未经论文全部作者及本网站许可，任何媒体不得以任何形式擅自转载，不得擅自隐去作者姓名及论文来源，不得擅自修改论文内容、破坏文件原貌，不得用于商业用途，一旦发现此类行为，中国科技论文在线网站有权追究行为人的相应责任。

第三章　署名规则

第十三条 论文署名应符合著作权法的规定。以作者身份署名只限于参与研究设计、实践、论文撰写等创作工作，并且能对论文内容负责者。不可故意遗漏具备署名资格的合作者，也不得添加不具备署名资格的人员。仅为他人创作进行组织工作，提供咨询意见、物质条件，或者进行其他辅助工作的有关单位或者个人不得以作者的身份署名，可作为致谢对象在论文中的致谢部分进行说明。

第十四条 作者署名须用真实姓名，不得注以笔名、网名、化名或绰号等。

第十五条 第一作者是最先提出论文内容构思、主持研究设计、承担主要研究工作，并对关键性学术问题的解决起决定性作用的人；其他合作者则依据其在研究工作中具体承担工作的多少和实际贡献的大小而顺次排名；通信联系人是论文研究工作的负责人，担负论文可靠性的责任，负责统筹处理投稿，承担答复审稿意见等工作。

第十六条 网络发布科技论文，相应产生论文提交人身份。论文提交人必须为论文作者之一，在本站注册时填写的个人信息须真实有效。论文提交人投稿前应确保论文全部作者知情并同意投稿行为，确保投稿文件无版权隐患、无低级错误、版本正确、尚未首发。论文提交人须确认已获得全部作者授权，可代表全部作者与本网站签署论文著作权授让协议等文件。

第十七条 作者工作单位是指作者从事该论文工作期间的所属单位。单位名称应准确、真实、完整，单位名称需保密者可用规定的代称或代号。第一作者和通信作者工作单位已变动时应在脚注说明论文投稿期间的工作单位，以便联系。

第十八条 科技论文在投稿到中国科技论文在线网站前，须经所有署名人审阅并同意，署名者应对论文研究成果承担相应的学术责任和法律责任。论文一经在中国科技论文在线发布，无合理理由不得更改署名或者撤销稿件。若发现投稿论文存有权利瑕疵及相关学术问题，通信联系人或论文提交人须及时通知本网站并提交相关证明材料，由本网站核实证明材料并作出相应处理。

第四章 引文规则

第十九条 参考文献是指为撰写或编辑论著而引用的有关资料，包括正式发表或已接收待发表的纸印本文献、电子印本文献和网络文献。非公开发表文献不宜作为参考文献，可紧跟在引用内容之后进行注释。不可公开的内部资料不能作为参考文献，也不能作为注释列出。

第二十条 作者必须亲自认真阅读所引参考文献全文，且所引参考文献应与所撰写论文密切相关。引用时要忠实于原文，不可肆意更改或断章取义。引用他人研究成果，包括观点、数据、公式、表格、图片、程序、结论等，必须注明原始文献出处，所有参考文献应该在文后按参考文献标注规范全部详实列出，参考文献著录格式完备，类型标识正确。避免遗漏和错误。

第二十一条 引用的内容不能成为作者论文的主要部分或实质部分，引用待发表文献，须征得著作权人的同意，并在文中相应位置标注。自引文献比例不宜过高。引用文献应注意时效，尽量避免引用陈旧文献。

第二十二条 引用网络文献须确保引文内容真实可信。文献来源应明确，来源单位应具有真实性和权威性，包括官方数据库、权威学术网站、电子期刊上正式发表的文章、政府机构网站等。

第二十三条 引用网络文献须著录网络发表日期和首发此网络文献的平台中指向具体文献的 URL 地址。网络文献已分配有唯一数字标识符(DOI)的须同时给出 DOI 码。

第二十四条 网络文献须能被他人获取并可以查证及使用，不得随意或不实书写引文来源，不得将无授权的二级转载网页地址作为引文来源，不得随意删减必要的著录要件。

第五章 相关责任

第二十五条 本网站发布的论文若存在侵犯他人著作权、名誉权等情况，责任人须依照相关法律法规承担相应的法律责任。

第二十六条 若发现在中国科技论文在线网站发布的论文存在学术不端问题，本网站将在学术监督栏目发表声明，公开点名谴责，并撤销其已发布的论文，相关发表证明失效，同时将作者列入有学术不端行为者名单，通知其所在单位，建议根据相关法律法规对其进行相应处理。

第二十七条 科技论文存在学术不端问题，所有署名者都须承担相应责任。科研单位有义务定期核查本机构人员学术行为，若有学术不端行为发生，相应科研单位须负主要查处责任。中国科技论文在线网站若发现本网站上网用户学术不端行为，署名者所在科研单位有责任配合本网站采取适当的处理措施，防止和杜绝再次发生学术不端行为。

第二十八条 本管理办法(修订版)自公布之日起执行，原《中国科技论文在线学术监督管理办法》废止。

教育部科技发展中心
中国科技论文在线
2013 年 7 月 4 日

第 9 章

语言学学术批评与评价规范

本章界定语言学学术批评、学术评价的概念，归纳学术批评和学术评价的类型、基本原则，明确学术批评的基本要求，介绍语言学书评，为建立语言学学术批评与评价体系提供参考，以对语言学研究者有借鉴和启迪的作用。

9.1 基本概念

9.1.1 学术批评

学术批评指“遵循一定学术规范，分析、议论研究成果的得与失、长处与不足。通俗地说，就是以学术问题为对象，不同观点间的讨论、商榷、评析、赞同、表扬、批评与反批评”[①]，主要由批评对象(以学术著作、学术思想为代表)、批评主体(以学术批评者、学者为代表)、批评方法(以形式逻辑、辩证法为代表)三者组成。(张茂泽，2001)

在语言学发展史上，学术研究与学术批评始终相伴相随。批评主体对理论、方法或学术思想进行重新审视和检验，辨析合理成分，识别不合理成分，提出修正意见或做出新的解释，从而推进学术研究的发展。(叶继元，2005)

近年来，语言学学术批评成果丰硕，有对重大学术创新成果的推介，有对重要学术观点的商榷，也有对某些学术现象的评议，还有对弄虚作假、粗制滥造、低水平重复等学风问题和学术腐败现象的批评等。(叶继元，2005)。

9.1.2 学术评价

学术评价指“根据一定的标准，采用一定的方法，对学术机构或人员的学术目的、学术过程、学术成果、学术媒体而展开的价值判断活动”[②]。

学术评价的行为主体包括评价委托方、受委托方和被评价方。委托方指提出评价需

---

① 叶继元等编著：《学术规范通论》，华东师范大学出版社，2005 年，第 263 页。

② 叶继元等编著：《学术规范通论》，华东师范大学出版社，2005 年，第 211 页。

求的一方，主要包括各级政府部门（如教育部、各省教育厅等）、学术管理部门或其他负有管理学术活动职责的机构（如社会科学基金委员会，高校科技处、社科处）、学术共同体（中国语言学会、全国汉语方言学会）、学者个人等。受委托方指受评价委托方委托，组织或实施评价活动的一方，主要包括专业的评价机构（如南京大学中国社会科学研究评价中心）、评价专家委员会或评价专家组（如国务院学科评议组）、专家个人等。被评价方指申请、承担或参与委托方组织实施的学术评价活动的机构、组织或个人等。学术评价的委托方、受委托方和被评价方是既有区别又有联系的整体，在一定条件下互相转化。比如，学术机构有时是委托方，有时又是被评价方；学者个人有时是受委托方，有时又是被评价方。（叶继元，2005）

语言学学术成果凝结着研究者的智慧和汗水，是人类社会的宝贵财富。给予研究者及其研究成果客观、公正的价值评定，是尊重劳动、尊重知识、尊重人才、尊重创造的行为。开展科学有效的语言学学术评价，有助于树立良好的学术风气，提升研究质量和创新能力，优化研究资源配置，对构建科研管理制度、促进语言学繁荣发展有重要意义。

9.1.3 学术批评与学术评价的异同

广义上，学术批评也是一种学术评价，它们都要遵循一定的学术规范，既可以提出优点与长处，也可以指出缺点与不足。狭义上，它们的区别主要有以下三点（张宝生，2006）：

1. 学术评价具有社会性而学术批评具有个体性；
2. 学术评价具有权威性，学术批评个人行为的特点比较明显；
3. 学术评价遵循民主原则，学术批评遵循自由原则。

学术批评和学术评价二者不可偏废。正是在这种批评与反批评、挑战与应战的学术争鸣中，理论得到锤炼，思想碰出火花，语言学学术研究得以不断发展。

9.2 学术批评的类型

语言学学术批评，可按批评方式和批评态度分为不同的类型。

9.2.1 按批评方式分

按批评方式，可分为书面批评和口头批评（叶继元 2005）：

1.书面批评包括书评、学者间的通信式批评、文献述评等。书评、文献述评一般会公开发表，是语言学学术批评的常见方式。语言学书评的介绍，详见下文 9.6。语言学文献述评指对某时期或某专题的语言学论著进行综述和评论，“述”是“概述”，重点在“评”，或说明其理论意义和应用价值，或指出进一步研究方向，或揭示其失当之处。文献述评应建立在充分研究学术成果的基础上，力求客观、公正。

2. 口头批评包括学术会议、座谈会的交流发言，学者间的学术探讨等。口头批评可以及时、高效地集中各家批评意见，便于营造良好的学术争鸣氛围。

9.2.2　按批评态度分

按批评态度，可分为推荐式批评、切磋式批评和批判式批评（叶继元，2014）：

1. 推荐式批评，对批评对象的态度倾向于肯定和赞扬，并积极向公众推荐。

2. 切磋式批评，是与批评对象之间的讨论、商榷和争鸣，是语言学学术批评的主流和重心所在。

3. 批判式批评有两种。一种是对研究成果的学术观点倾向于否定，是学术观点和见解的不同。另一种是对抄袭、剽窃等学风问题进行批判，主要针对学风问题。

9.3　学术评价的类型

按评价对象，语言学学术评价可分为学术计划评价、学术项目评价、学科评价、学术人员评价、学术成果评价、学术媒体评价等。

9.3.1　学术计划评价

主要对国家或地方重大语言学学术计划（含“工程”和“专项”，如“中国语言资源保护工程”等）的设立和实施效果进行评价，包括前期评价、中期评估和绩效评价。

前期评价，是对拟设立的学术计划的必要性、可行性及其定位、目标、任务、投入、组织管理等进行评价，为战略决策、计划设计和组织实施提供依据。中期评估，是对学术计划的进展情况和存在问题等进行评价，为学术计划的后续安排和调整提供依据。绩效评价，是对学术计划目标的实现程度、完成效果与影响、经费投入的效益、组织管理的有效性等进行评价，为学术计划的滚动实施、调整或终止提供依据。①

9.3.2　学术项目评价

指对语言学各类课题项目的完成情况、实施效果、影响意义等方面的评价。重大项目评价包括立项评审、中期评估和结题验收；一般性项目评价侧重立项评审和结题验收，实行年度进展报告制度。②

（1）立项评审，可从以下方面进行评价：

① 选题，主要考察选题的学术价值或应用价值，对国内外研究状况的总体把握程度。

② 论证，主要考察研究内容、基本观点、研究思路、研究方法、创新之处。

---

① 参见中华人民共和国国家知识产权局编：《知识产权现行法律法规汇编》，知识产权出版社，2004，第 131 页。

② 参见中华人民共和国国家知识产权局编：《知识产权现行法律法规汇编》，知识产权出版社，2004，第 132 页。

③ 研究基础，主要考察课题负责人的研究积累和成果。

(2) 中期评估，可从以下方面进行评价：

① 研究进展情况。包括研究计划总体执行情况及各子课题进展情况，调查研究及学术交流情况，成果宣传推介情况，研究中存在的主要问题、改进措施、研究心得、意见建议，其他需要说明的问题等。

② 研究成果情况。包括代表性成果简介、阶段性成果清单等。

③ 下一步研究计划和经费预算。包括本项目首次资助经费金额、已拨付经费开支情况、未支出经费预算、下一步研究计划、经费缺口情况等。

(3) 结题验收，可从以下方面进行评价：

① 总结报告。包括研究计划执行情况综述，研究成果主要内容概述，相对于本领域已有研究成果的独到贡献，研究成果的社会影响和本课题组对研究成果的评价，研究成果的主要不足及其原因等。

② 阶段性成果。包括应用对策性成果的应用价值和社会效益，基础性研究成果的学术价值和社会影响，已发表阶段性成果须备注发表刊物、年份和期数等。

③ 最终成果简介。包括该项研究的目的和意义，研究计划执行情况，研究成果的主要内容、重要理论观点、对策建议，研究成果的学术价值和应用价值等。

9.3.3 学科评价

学科评价指"科研管理机构对某一学科(专业)的教学与科研进行评估"①。我国学科评估由教育部学位与研究生教育发展中心(以下简称学位中心)，按照国务院学位委员会和教育部颁布的《学位授予和人才培养学科目录》的学科划分，对具有研究生培养和学位授予资质的一级学科进行整体水平评估，并根据评估结果聚类排位。公布评估结果旨在为参评单位了解学科现状、促进学科内涵建设、提高研究生培养和学位授予质量提供客观信息；为学生选报学科、专业提供参考；同时，也便于社会各界了解有关学校和科研机构学科建设状况。

国家重点学科是国家根据发展战略与重大需求，择优确定并重点建设的培养创新人才、开展科学研究的重要基地，在高等教育学科体系中居于骨干和引领地位。到目前，我国共组织了三次重点学科的评选工作(1986—1987 年、2001—2002 年、2006 年)。重点学科建设对于带动我国高等教育整体水平全面提高，提升人才培养质量、科技创新水平和社会服务能力；满足经济建设和社会发展对高层次创新人才的需求，建设创新型国家提供高层次人才和智力支撑；提高国家创新能力，建设创新型国家具有重要的意义。2006 年中国语言文学国家重点学科名单见下表。

---

① 董琳、刘清：《国外学科评价及其文献计量评价指标研究》，《情报理论与实践》，2008 年第 1 期，第 37 页。

表 9-1 中国语言文学国家重点学科名单①

类别	学科代码及名称	学校名称
一级学科	0501 中国语言文学	北京大学 北京师范大学 复旦大学 南京大学 四川大学
二级学科	050102 语言学及应用语言学	北京语言大学
	050103 汉语言文字学	安徽大学 华中师范大学
	050104 中国古典文献学	浙江大学
	050105 中国古代文学	首都师范大学 南开大学 华东师范大学 中山大学 陕西师范大学
	050106 中国现当代文学	南京师范大学 福建师范大学 山东师范大学 武汉大学
	050107 中国少数民族语言文学	中央民族大学 内蒙古大学 新疆大学
	050108 比较文学与世界文学	上海师范大学

表 9-2 国家重点(培育)学科名单②

类别	学科代码及名称	学校名称
二级学科	050101 文艺学	华中师范大学
	050102 语言学及应用语言学	南开大学
	050104 中国古典文献学	山东大学
	050105 中国古代文学	武汉大学
		西北师范大学

① 中国学位与研究生教育信息网 http://www.chinadegrees.cn/xwyyjsjyxx/zlpj/zdxkps/zdxk/,2017年1月16日。

② 中国学位与研究生教育信息网 http://www.chinadegrees.cn/xwyyjsjyxx/zlpj/zdxkps/zdxk/,2017年1月16日。

9.3.4 学术人员评价

指对从事语言学研究的专职研究人员、高校教师等的评价，包括其代表作、创新潜力和学术道德等。（叶继元，2005）学术人员评价以学术贡献或学术创新评价为核心，目的是通过评价鼓励学者潜心研究，弘扬学术精神，形成自由和谐的学术氛围，建立规范、公平、有序的竞争机制。（张希华、张东鹏，2013）学术人员评价主要有两个方面：

（1）职称评价

职称评价指对语言学学术人员进行职称评定，如讲师、副教授、教授，助理研究员、副研究员、研究员等职称级别。职称评定的主体为申请人所属的各高校、科研院所等学术机构，被评价方为提出申请各类职称的申请人。

（2）社科人才评价

社科人才评价，指教育部、各省社科院、各高校依据国家有关政策，以及相关评定标准，对符合一定条件的语言学研究者进行评价，授予一定的荣誉称号。语言学学科领域常见的社科人才类别有：教育部层面的"长江学者"特聘教授、"新世纪优秀人才支持计划"以及享受国务院政府特殊津贴专家等；省级层面，以江苏省为例，有"333 高层次人才培养工程"、"青蓝工程"等；此外还有"中国社会科学院吕叔湘语言学奖"、"王力语言学奖"、"罗常培语言学奖"等专项语言学奖。

9.3.5 学术成果评价

在对学术成果进行评价时，既要遵循一般标准，又要充分考虑各评价客体的特点和功用，运用不同的标准，具体如下（叶继元，2005）：

（1）内容评价指标

① 创新性，指学术成果的选题、观点、论证、方法等，是否有所发明、有所创造。

② 科学性，指学术成果的理论前提是否科学，知识结构系统是否完整，资料是否准确充实，研究方法是否科学适当，概念是否明确，逻辑是否严密等。

（2）形式评价指标

① 写作规范，指论文写作的格式要求。如引证是否规范，所引用资料、观点来源是否清楚。

② 表达方式，主要看论文在论证过程中是否结构清晰、层次分明、重点突出、语言简练。

（3）其他指标

① 出版发表层次。如果是在出版社或期刊上发表的学术成果，要分析出版社和刊物的质量级别。如果是在正式学术会议上发表，要看学术会议的层次。

② 获奖情况。如果学术成果在某范围内是获奖作品，要看其得奖的层次和级别。语

言学学术成果的奖项主要有:国家图书奖、哲学社会科学优秀成果奖、中华优秀出版物奖等。

③ 是否与人合作。学术论文中有的是个人独立完成,有的是多人合作,有的是跨学科、跨领域的合作。这些合作在一定程度上可以反映研究的广度和深度。

④ 是否是基金资助项目。能够得到国家和省市有关资金资助的论文,一般对国家的科技、社会、经济等影响力较大。

专著、论文、研究报告的评审细则,可参考《国家社科基金通讯评审》。

9.3.6　学术媒体评价

学术媒体指传播学术讯息、承担学术交流的载体。从传播媒介的形态来看,学术媒体可细分为图书、期刊、报纸,以及依托网络和移动设备所产生的新兴学术媒介。(许志敏、高亢,2014)学术媒体评价,指期刊、报纸、网络等学术性载体在传播学术成果时,产生的影响和形成的地位,以及被学术共同体认可的程度,包括学术期刊评价、学术网站评价等。(叶继元,2005)

9.4　学术批评与学术评价的基本原则①

广义的学术评价包括学术批评,学术评价的相关原则对学术批评同样适用。语言学学术评价和批评,需遵循导向性,学术性,定性与定量相结合,客观、公正、公开等原则。

9.4.1　导向性原则

学术评价的导向性即学术评价的目标导向。语言学学术评价是为了营造百花齐放、百家争鸣的学术氛围,保证学科共同体运行良好,促进学术研究的蓬勃开展,为顺利实施学术研究和将学术研究成果转化成社会实践,提供强有力的科学依据。

语言学学术评价可以使科学的研究方法或程序、优秀的研究成果,受到全社会的广泛关注和效仿。学术评价,能够帮助肃清学术研究中的不正之风,倡导积极向上、健康有序、科学规范的学术思想和氛围,促进学术成果尽快转化为生产力。

9.4.2　学术性原则

语言学学术评价要以学术为中心,以理服人,体现学术性。学术性原则要求做到以下三点:

1. 评价活动的参加者都应从学术的视角看问题,用客观的态度对待学术评价。

---

① 本小节主要参考叶继元等:《学术规范通论》,华东师范大学出版社,2005年。

2. 评价者和被评价者需有语言学学术修养，对相关领域有深入研究。

3. 批评的方法要符合逻辑和历史的辩证统一。

9.4.3 定性与定量相结合的原则

语言学学术评价是对评价对象的学术影响、学术成就、学术贡献等的评价，这些方面有的可以定量分析，有的则很难用精确的数据来表示，因此，应坚持定性与定量相结合的原则。

定性评价指“评价者根据其价值观与历史观对研究成果进行概括性评价，如优、良、中、差等”[①]。定量评价指“评价者根据数据对研究成果进行具体精细的评价”[②]。在科学研究领域，定性研究和定量研究如同“车之双轨”、“鸟之双翼”。《教育部关于进一步改进高等学校哲学社会科学研究评价的意见》(2011)指出，要坚持定性评价与定量评价相结合的评价方式。以《国家社科基金项目成果通讯鉴定表》为例，评价标准中既有量化的评估指标，又有对成果质量的综合评价和总体意见，符合定性与定量相结合的原则。

9.4.4 客观、公正、公开的原则

《高等学校哲学社会科学研究学术规范(试行)》第十七条指出：“学术评价应坚持客观、公正、公开的原则。”[③]

客观，指学者在对科研项目、学术成果、学术机构和人员等进行评价时，按照事物的本来面目考察，不掺杂个人偏见，对评价对象的人文价值、学术价值和经济内涵进行实事求是的分析。客观原则要求：

1. 从整体上进行评价，避免学术评价失之偏颇，或以偏概全；

2. 掌握详细资料，从理论基础、逻辑结构、学术创新和学术贡献等方面对评价对象进行客观评价。

公正，指评价者应根据预先确定的方案进行评价，公平正直，不因个人情感、喜好等影响评价结果。公正原则要求：

1. 建立评价规则，规范评价者的行为；

2. 建立专家库，从中随机选择专家，以避免评价主、客体之间的私下接触；

3. 建立信息畅通、规范有效的监督体系，接受申诉并负责查处。

公开，指增强学术评价活动的透明度。公开原则要求：

1. 广泛公开评价程序、方法或指标体系，使评价主、客体都清楚自己所应遵循的学术

① 叶继元等编著：《学术规范通论》，华东师范大学出版社，2005年，第222页。

② 叶继元：《学术期刊的定性与定量评价》，《图书馆论坛》，2006年，第26卷第6期。

③ 教育部社会科学委员会：《高等学校哲学社会科学研究学术规范(试行)》，http://old.moe.gov.cn/publicfiles/business/htmlfiles/moe/s3103/201001/xxgk_80540.html，2016年3月25日。

规范；

2. 评价的目的和时间要公开，使评价主客体信息尽量对称，都明白各自的努力方向；

3. 评价结果及时公开，便于接受公众监督，亦便于被评价者及时申诉；

4. 事后适度公开评价者，无原则的公开会给评价者带来人为干扰，产生不必要的纠纷和矛盾。

客观、公平、公正的原则对语言学学术评价具有指导作用。目前语言学学术评价中的答辩制度、回避制度、公示制度、反馈制度、申诉制度等能够在一定程度上保证语言学学术评价的客观、公平、公正，确保语言学学术评价活动有序进行。

9.5　学术批评的要求

《高等学校哲学社会科学研究学术规范（试行）》指出："应大力倡导学术批评，积极推进不同学术观点之间的自由讨论、相互交流与学术争鸣。学术批评应该以学术为中心，以文本为依据，以理服人。批评者应正当行使学术批评的权利，并承担相应的责任。被批评者有反批评的权利，但不得对批评者压制或报复。"[①]语言学学术批评的要求包括对批评者的要求、被批评者的要求以及对学术媒体的要求等三个方面。

9.5.1　对批评者的要求

作为批评者，在进行语言学学术批评时，应注意以下几点（叶继元，2005）：

1. 对国内外相关研究有深入全面了解，保证语言学学术批评的客观和公正。

2. 充分尊重他人的研究成果。无论是对他人学术研究成果的肯定还是批评，都应该以促进学术发展为唯一目的，非学术因素，如私人恩怨、人身攻击等，都超出了学术批评的范畴，均应在学术批评时禁绝。

3. 批评时要注意方式、方法。批评者要围绕学术成果展开批评，以事实为依据，用词恰如其分，不可随意夸大、贬低学术成果。

9.5.2　对被批评者的要求

被批评者应该保持虚心学习、从善如流、有则改之无则加勉的心态，需注意以下几点（叶继元，2005）：

1. 以平和的心态对待学术批评。学术批评是学术研究的一个重要环节，批评者与被批评者互相探讨、商榷的过程正是逐渐接近真理的过程。

---

① 教育部社会科学委员会：《高等学校哲学社会科学研究学术规范（试行）》，http://old.moe.gov.cn/publicfiles/business/htmlfiles/moe/s3103/201001/xxgk_80540.html，2016年3月25日。

2. 被批评者应认真阅读批评文章,反思自己的学术成果。如果批评者指出的问题或错误是研究中确实存在的,则应虚心接受批评,并向批评者表示感谢。如果认为批评者的批评没有实事求是,则可以坚持自己的观点,进行解释或反驳。

9.5.3 对学术媒体的要求

学术媒体具有监督性强、传播范围广、影响力大等特点,在评价过程中应注意以下几点:

1. 明确目标,发挥导向作用。学术批评是以探求真理为目的,引导学术批评健康发展。1988 年,李行建先生在《语文建设》上发表了《开展学术争鸣,促进语言学的繁荣》一文,提出了一些很有价值的建议。他希望"国内几家有较大影响的刊物,如《中国语文》、《语文建设》、《民族语言》、《方言》、《语文研究》等,能引导大家在一些重要的学术问题上开展不同意见的讨论,经常发表一些有不同的新意的文章。与此同时,能在刊物上经常发表一些对已出版的文章或专著的评论,对活跃学术空气促进学术争鸣也是很有好处的"①。

2. 平等对待批评者和被批评者。学术媒体作为学术批评的重要平台,应为批评者和被批评者提供平等交流的机会,尊重双方的话语权。此外,对学术批评文章还应严格把关,剔除其中的非学术性成分。

9.6 书评制度的建立与完善

9.6.1 语言学书评概述

书评,是评论或介绍书刊的文章。② 语言学书评就是对语言学论著进行介绍、评述、评价的文章。语言学著作浩如烟海,对研究者而言,如何在众多的学术成果中寻找学术水平较高、具有一定含金量的研究专著非常重要。一篇好的书评,既是客观评价,又是重要参考。建立并完善语言学书评制度,对语言学研究意义重大。

1. 书评分类

语言学书评,按内容可分为介绍性书评和评论性书评。

(1) 介绍性书评

对某一语言学专著进行介绍的书评,包括作者、书名、主要学术观点、思想体系、内容框架等,重在介绍,不评论。

---

① 李行健:《开展学术争鸣促进语言学的繁荣》,《语文建设》,1998 年第 2 期,第 61 页。

② 中国社会科学院语言研究所词典编辑室:《现代汉语词典》(第 6 版),商务印书馆 2012 年版,第 1202 页。

介绍性书评的主要表现形式是书讯。对某一即将发布的语言学专著进行概要性介绍，如《方言》2015 年第 3 期，封 4 的书讯《中国分省区汉语方言文献目录(稿)》。

《中国分省区汉语方言文献目录(稿)》出版

张振兴、李琦、聂建民辑录的《中国分省区汉语方言文献目录(稿)》由中国社会科学出版社于 2014 年 11 月出版。

本书包含了截至 2010 年止，除西藏自治区以外 33 个省市区的十类方言文献目录，反映了百年来，尤其是最近几十年来中国汉语方言学飞速进展的历程，展示出这个时期汉语方言调查研究的总体面貌。使用者可以根据这个文献目录知道有关省市区内，各种方言已有的文献及其出处，可供方言工作者(包括参加语言资源调查的工作者)根据相关信息查找资料，判断文献的重要性和价值，以为进一步调查研究的参考。

本书在近十年的整理工作中，自始至终得到了国家语委和教育部语言文字信息管理司和华中师范大学语言与语言教育研究中心的支持。

此外，还有提要(概要)、阅读报告等介绍性书评。

(2) 评论性书评

在对某一语言学专著进行介绍的基础上，对该书的主要或部分内容进行评论，或对专著的学术观点、研究方向等进行进一步的思考，既“述”且“评”。

例 9 - 1

评介《广州话方言词典》

例 9 - 2

《唐五代语言词典》读后

《唐五代语言词典》读后

张永言　董志翘

一

现代语言学意义上的近代汉语研究创始于 20 世纪 40 年代前期吕叔湘先生撰写的一系列论文，重点是虚词和句法。由于起点甚高，他人一时难乎为继。直到 70 年代末，这种研究工作才由几位中青年学者重寻坠绪，并逐渐蔚为风气。重要的著述有刘坚的

《近代汉语读本》，刘坚、江蓝生等的《近代汉语虚词研究》，蒋绍愚的《近代汉语研究概况》，曹广顺的《近代汉语助词》，以及刘坚、蒋绍愚主编的《近代汉语语法资料汇编》，等等。同时，吕先生草创于40年代后期的专著《近代汉语指代词》也由江蓝生整理补充，出版面世，成为这一学术领域的楷模。与此平行，蒋礼鸿先生成功地把史的观念引进训诂学，并更新了研究方法，以见于敦煌文书的口语词和俗语词为对象，从"纵的方面，联系起各个时代的语言来看它们的继承、发展和异同"，撰写了历经四次增订的《敦煌变文字义通释》，在另一个方向上为近代汉语研究树立了丰碑。经过郭在贻及其门人多年不懈的努力，这方面的工作已是波澜壮阔，成绩斐然。

近代汉语研究是一种断代的研究，而正如江蓝生所指出的，"断代的研究是汉语史研究的基础"，"对于建立科学的、系统的、完备的汉语史是必不可少的环节"①。为了承前启后，开创汉语史研究的新局面，理应总结几十年来已有的成果以资利用，而这种总结工作的方式之一就是编撰新型的断代语言词典。这样的词典在外国早已有之，例如日本的多卷本《时代别国语大辞典》就是一个好例。而在我国除了80年代出版过龙潜庵的《宋元语言词典》外，十余年间一直没有其他断代语言词典问世，这不能不说是汉语史领域的一大缺憾。

可喜的是我们读到了刘坚、江蓝生主编的"近代汉语断代语言词典系列"之一——江蓝生、曹广顺编著的《唐五代语言词典》(上海教育出版社，1997年11月。以下简称《词典》)，深有空谷足音之感。欣喜之余，我们愿意写下一点读后感，以就正于二位编著者和广大读者。

二

展读《词典》，胜义纷呈；优点甚多，约举如次。

第一，收词丰富，涵盖面广。全书共收词语4500多条，以唐五代出现和使用的口语词、方言词为主，也酌收名物词和其他类别的词语，单词和短语兼收，实词与虚词并重，比较全面地反映了这一时期的语言面貌。这是迄今为止所有的大型词典和研究唐五代词语的专书都未能做到的。例如："阿"字头下收词语31条，"可"字头下收词语19条。其中"阿孩儿"、"阿剌剌"、"阿那边"、"阿那个"、"阿那朋"、"阿尼师"、"阿武婆"、"阿与"等条与"可要"、"可少"等条均为现有词典、专书所未收。他如"大拍"、"对匹"、"对值"等大量条目亦复如此。当然，可以增列的词语还有不少。……

……

无论是介绍性书评，还是评论性书评，都是对读者阅读的一种引导，因此介绍性书评离不开带有倾向性的评论，评论性书评也离不开原书有关内容的介绍。

(3) 书评的特殊形式——序、跋

书评一般发表在专业报刊上，也有以序、跋的形式呈现。"序"即序文、序言，"写在著作正文之前的文章。有作者自己写的，多说明书写宗旨和经过；也有别人写的，多介绍或评论本书内容”[①]。由别人写的序属于书评。跋，指“写在书籍、文章、金石拓片等后面的短文，内容大多属于评介、鉴定、考释之类”。[②] 目前序仍然沿用，而跋已经被“后记”替代，后记一般为作者自己撰写，现在多数后记不属于书评范畴。

如《通泰方言音韵研究》的书序《学术是链——序顾黔〈通泰方言音韵研究〉》，将“述”的部分融入“评”的过程之中，述中有评，评中有述。先概述通泰方言研究史，将其比为一条长链，指出《通泰方言研究》“是这长链上的一环”，认为“这是迄今为止的通泰方言研究的总结性著作，可以立于方言学之林”。其后，介绍该书的主要内容，概述作者的贡献：首次对通泰方言内部进行分区，发现通泰区很多村镇声母除 ts、tsʰ、s 外，还有 tʂ、tʂʰ、ʂ 一套；提出“通泰方言与赣、客、晋西南方言同出一源”的重要观点。也指出该书的不足之处并报以厚望，认为“比较起来，密于今学而稍疏于古”。此外，鲁先生还对语言学科，或扩而大之，部分人文学科的治学方法提出思考。

9.6.2 书评制度的建立与完善

书评是学术批评的主要载体之一，在宣传图书、指导读者阅读方面起导向作用。构建语言学书评制度，是推动语言学发展的重要举措。建立和完善语言学书评制度，应做到以下几点：

1. 多刊书评，鼓励学术批评

语言学学术评价和批评不断发展，近年来出现了不少书评。《中国语文》就经常刊登书评。1996 年刊登了 6 篇，1998 年 3 篇，2014 年 2 篇。

《读〈山东方言志丛书〉六种》(岩田礼，1996)

《〈中国现代语言学史〉读后》(董琨，1996)

《〈中国现代语言学史〉读后(二)》(孙玉文，1996)

《评〈中国语言学大辞典〉》(陈满华，1996)

《读〈汉语集稿〉》(睟子，1996)

《〈佛学大辞典〉罅漏例举》(梁晓虹，1996)

《语法学史上有价值的一部专著——读易作霖〈国语文法四讲〉》(高更生，1998)

《〈声韵语源字典〉读后记》(何九盈，1998)

《〈李新魁音韵学论集〉评介》(林伦伦，1998)

《当理论面对事实：生成句法学在汉语语境下的本土化尝试——〈汉语句法学〉评介》(张和友，2014)

《时代性与针对性的有机结合——简评一部通行于港澳台地区的现代汉语教材》(江蓝生，邵敬敏，2014)

---

① 中国社会科学院语言研究所词典编辑室：《现代汉语词典》(第 7 版)，商务印书馆 2017 年，第 1480 页。

② 中国社会科学院语言研究所词典编辑室：《现代汉语词典》(第 7 版)，商务印书馆 2017 年，第 19 页。

《中国语文》每年都整理篇目索引，供读者查找，通常刊登在该年度的最后一期或者下一年度的第一期。读者如需查看某一年的书评，可以通过索引查找。

语言学学术期刊，可以开辟书评栏目，为语言学者提供更多的交流平台。邀请知名学者撰写书评，介绍和评价重要的语言学专著，引导和推动语言学发展。

2. 制定相关规范，保障批评主体的权益

语言学界可以制定相关规范，对书评的撰写、发表，以及权利、义务做出规定，营造自由、民主、开放的学术环境。被批评者在接受合理批评的同时，也保有对不实批评进行"反批评"，甚至申诉的权利，保障书评真正推动语言学学术争鸣。

3. 提高书评的学术地位，培养书评人才

语言学界一向重论文轻书评，一些学者认为书评不属于研究成果，不愿意撰写。书评通过评介分析书刊读物，引导读者合理选择相关著作。1985 年，中央宣传部规定："要提倡和鼓励写书评。书评写作是一项艰苦的、创造性的劳动。书评写作应该受到尊重。……有研究、有见解、有影响的书评应视为科研、学术论著。"（杨玉圣、张保生，2004）各高校、科研院所应当承认书评的学术性，提高书评的学术地位，充分调动研究者撰写语言学书评的积极性。与此同时，应鼓励有学术成就的专家参与书评建设，培养书评人才，形成良好的学术氛围。

9.7 建立科学的学术评价体系

语言学学术评价体系，包括学术评价主体、学术评价标准、学术评价程序等构成要素。各要素有具体的要求。

9.7.1 明确同行评价专家的素质要求

语言学界科研项目、科研成果评审的一种基本方法是同行评议，即 Peer Review。同行评议属于共识决策，包含审查、价值评议、判定、建议和评估等。同行评议是最传统的评估方法，也是学术评价的重要形式，早已成为学术界的惯例，在学术评审中具有重要地位。（叶继元等，2014）严格选择专家，保证评价人在所涉及学科领域确有造诣，通过一定的规范约束机制完善同行评议制度，对语言学学术规范有重要意义。

语言学评价专家应当具备良好的语言学素养，了解相关领域的理论体系、研究现状、发展趋势等，长期从事该领域研究，能对成果的学术水平、研究深度做出客观准确的判断。职称一般在副高以上，承担过国家级或省部级重要学术项目，在重要期刊上发表过高水平学术成果，出版过研究专著等。

9.7.2　制定合理的学术评价标准

理论上，学术评价标准可分为：

1. 实体标准（胡志斌，2014）

实体标准包括具体标准和抽象标准。具体标准，是评价主体对评价事项做出定性化和定量化判断所应遵守的评价依据，不能随意违反或自由裁量。抽象标准是概括性、宏观性的，不是具体或量化的，有一定的自由裁量空间。多用于科研项目的评价，例如"选题是否新颖"、"论证是否充分"、"是否具有理论意义及应用价值"等属于抽象标准。

2. 程序标准

学术评价的程序标准，指评价程序设计和执行中应坚持的依据，通常包括阶段性标准和时间标准等。

3. 价值标准

指学术评价的价值取向，通常决定实体标准和程序标准及指标的设计。价值标准通常包括学术自由、客观公正、效率效益等。

设定学术评价标准时要尊重学术规律，实事求是。既要有利于学术管理，也应助推学术活动。

9.7.3　执行公正的学术评价程序

学术评价在执行过程中应当做到有序、高效、透明等。（胡志斌，2014）

学术评价应当按阶段、分步骤进行。无论何种学术评价，程序步骤应包括评价主体的遴选、评价事项的审读、评价表决、评价结果公示等环节。

评价应力求高效。效率是公正的内在要求和具体体现，"迟来的正义非正义"。学术评价要有时间上的预先设定，严格按照时间要求完成。

学术评价应公开透明，彰显权威性和公信力。一是评价程序和时间公开，便于接受社会监督。二是评价主体公开，以便被评价主体决定是否对评价主体资格提出异议。三是评价结果公开，包括结论的公开和评价依据的公开。

第 10 章

语言学学术规范与创新

创新，是社会进步和经济发展的强大推动力量，是知识经济时代的典型特征，在人类历史的演进中发挥至关重要的作用。那么什么是学术创新？语言学学术创新的原则是什么？语言学学术创新与语言学学术规范两者是怎样的关系？又有哪些基本要求？本章详细论述这些问题。

10.1 语言学学术创新概述

10.1.1 学术创新的概念

奥地利经济学家约瑟夫·阿罗斯·熊彼特 1912 年首次提出有关创新的理论，从经济领域的视角阐述创新的相关概念、类型和基本功能。继熊彼特之后，人们不断扩大创新研究的领域，如今已经涉及政治领域、文化领域、科技领域、教育领域等。不同领域的创新活动，造就了当今的文明体系。但有关创新一词的内涵与外延，却众说纷纭，仁智各见，主要是因为人们的社会分工、思维模式不同，不同语境中“创新”的含义有别。《现代汉语词典》对“创新”的解释是“① 抛开旧的，创造新的；② 创造性，新意”。

创新可按不同的标准划分：根据学术成果的首创性，可分为原始创新和改良创新；根据创新的时空域，可分为绝对创新和相对创新；根据创新活动的不同领域，可分为经济创新、政治创新、文化创新、科技创新、教育创新等。

学术创新是指在学术研究过程中，基于前人研究，发现新问题、新材料，提出新观点、新理论，探索新方法、新领域等。发现新问题、新材料，弥补原有研究成果的欠缺，使之更加充实和全面，增强其科学性；提出新观点、新理论，帮助人们正确认识事物的现象、本质和规律，提高人们认识社会与自然的能力；探索新方法、新领域，从新的思维视角发掘研究客体所蕴含的思想意义和潜在内容，推进学科发展。学术的本质就是创新，学术的生机与活力也在于创新，创新是学术得以绵延的生命。

10.1.2　语言学学术创新的原则

语言学学术创新是在语言学研究过程中进行的创新。一部语言学史就是语言学学术创新的历史。语言学学术创新是推动语言学学科发展的动力，贯穿于语言学研究的整个过程。例如，实验语音学的诞生为语言学提供了新的研究方法，提升了语言学学科的准确性和科学性。语言学学术创新有助于语言学适应社会发展的需要，促进语言学学科的深入发展。语言学学术创新应遵循新颖性原则、科学性原则、公益性原则、继承性原则、和实践性原则。

1. 新颖性原则

新颖性是语言学学术创新的主要原则。语言学创新必须对原有事物有所突破、超越和改进，包括思维方式、技术手段、实践应用等。语言学要与时俱进，用新理论重新阐释语言学的基本问题，研究语言学领域出现的新问题，将新的经验与传统结合起来。20 世纪 30 年代初，“中国现代语言学之父”赵元任先生首创汉语声调的“五度标记法”，用五度竖标来标记调值，根据音高升降变化的形式，制成五度标调符号，调值的描写从此走上科学的道路。普通话调值的“五度标记法”见图 10-1。

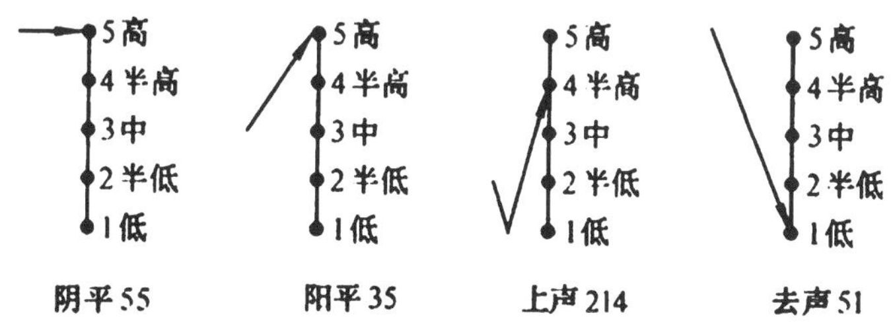

图 10-1　普通话调值“五度标记法”

2. 科学性原则

语言学学术创新必须秉承科学精神，采用科学方法，遵循客观规律，实事求是地创新。例如，中国社会科学院语言研究所编纂的《方言调查字表》，科学选取常用字 3700 多个，按果、假、遇、蟹、止、效、流、咸、深、山、臻、宕、江、曾、梗、通等十六摄排列，同摄的韵先分开合口，再分一二三四等，声母分三十六类，收字依据广韵，参考集韵。初步研究汉语音韵的人，可以通过该书的音韵系统得到《广韵》和等韵的基本知识。方言学者用此表调查方言，可以归纳方言音系，得出古今对应关系及演变规律。详见图 10-2。

3. 公益性原则

语言学学术创新应符合国家、民族、社会的整体利益、长远利益和公共利益。病理语言学就是运用医学技术和语言学方法，探索语言功能紊乱和言语障碍的治疗途径，使失语症、失读症、失写症、口吃等疾病的治疗更有效、更科学，进而减少语言障碍者及其家人的痛苦，减轻社会压力。神经语言学的研究不仅对深化脑与认知科学研究意义重大，而且可对失语症的临床诊断、治疗和康复提供指导和帮助。近年来，在帕金森症、阿尔茨海

通三

	通合三：钟烛			
	平	上	去	入
	钟	肿	用	烛
非	封			
敷	峰蜂锋	捧		
奉	逢缝缝衣服	奉	俸缝一条缝	
微				
端				
透				
定				
泥(娘)	浓			
来	龙	陇垄		绿录
精	踪纵纵横[		纵放纵	足
清	从从容]			促
从	从随从			
心		怂		粟
邪	松		诵颂讼	俗续
知		冢		
彻		宠		
澄	重重复]	重重要]		
照庄				
穿初				
床崇				
审生				
照章	钟锺盅	种种类肿	种种树	烛嘱
穿昌	冲			触
床船				赎
审书	舂			束
禅				蜀属
日	茸	冗		辱褥
见	恭供供不起	拱巩	供供养]	锔
溪		恐	供让小孩坐着	曲
群			共	局
疑				玉狱
晓	胸凶吉凶凶凶恶			
匣				
影	雍痈	拥	壅壅肥	
喻云				
喻以	容蓉镕庸	甬勇涌	用	欲慾浴

图 10-2 《方言调查字表》通摄合口三等

默症、亨廷顿氏症、威廉姆斯综合征等其他语言障碍患者的语言能力的研究方面取得了重要成果,直接造福社会、造福人类。

4. 继承性原则

继承是语言学学术创新的前提和条件。但继承不是全盘照搬,而是批判的继承。民族语言学者陈士林先生(2008:172)指出:“重视学术的继承性,努力在旧说的基础上百尺竿头更进一步……旧东西经过研究者的批判继承,扬弃糟粕,汲取精华,旧说往往成为新说的生长点。我们治学抓创新，就得重视批判继承。继承与创新是辩证的统一。"[①]

例如，北方话拉丁化新文字[②]在设计上继承了清末切音运动中刘孟阳《中国音标字书》的做法，运用 b、d、g 三个字母来表示清音声母[p]、[t]、[k]，而将字母 p、t、k 用来表示送气清音声母[pʰ]、[tʰ]、[kʰ]，这一点后来又被《汉语拼音方案》所继承。（刘振平，2013）

语言学学术创新应将传统语言学的知识、经验等经过消化吸收，结合自己的创造，在继承的基础上不断深化，借鉴相关学科的理论与方法，使之适应新的形势、新的要求。社会语言学、方言地理学，就是在传统方言学、音韵学的基础上，结合社会学、地理学方法，吸收西方语言学理论，逐步发展起来的。

5. 实践性原则

实践是语言学学术创新的基础。实践既是激发理论创新的源泉，又是检验理论正确与否的标准。我国汉语方言和民族语言的研究历来有田野调查的传统，通过实践可从汉语方言和民族语言中获取第一手语料和数据，取之不尽、用之不竭，可以弥补仅依靠文献资料做研究的不足。在此基础上，有所突破，不断创新。

赵元任先生"在清华和史语所两处发表和整理的材料，其间关于汉语方言的调查研究，特别是声、韵、调的系统，都是他亲自下点或带领助手，在多次田野工作中取得经验而建立法则的。这些成就，至今已成为语言研究、方言调查的圭臬，具有跨世纪'管理风骚'的生命力"[③]。

吴宗济先生和李方桂先生 1935 年调查广西壮语时，尚在内战，只能绕道走，有时是水路，有时是山区，行李、仪器，人挑马驮，带着一套上百斤重的"流动实验室"（唱片灌制机），亲赴当地，调查目的地东至柳州、武鸣，西至龙州、百色，历时四个多月，获得了大量的第一手资料。后来，李先生写出《武鸣壮语》，吴先生写出《武鸣壮语中汉语借字的音韵系统》，为民族语言研究提供了宝贵的经验和资料。（吴宗济，2008）

马学良先生和李方桂先生研究彝族撒尼语时，同样亲赴当地实地调查，一遍遍地核对记音。在大量的语音调查后，发现撒尼语 a 和 ɒ 不是一个音位。为了确认该调查结果，李先生又把所有带 a 的词重新听一遍，最终确定 a 和 ɒ 是两个对立的音位。（马学良，2008）

类似这样的语言田野调查，李方桂先生曾多次进行。他从 1930—1942 年亲自调查研究了中国境内的云南、广西、贵州属侗台语族的壮、布依、傣、侗、水、佯僙、莫等约 20 种语言和方言，还到泰国调查了泰语，积累了大量原始材料，对他在汉藏语系研究方面取得的成果具有重要作用。

江蓝生先生在强调实践对学术创新的重要性时，指出"我过去研究元明时代北方汉语与蒙古语等阿尔泰语的接触问题，局限在文献考察和第二手方言资料的引用，虽然也

① 陈士林：《治学·创新》，奚博先编《著名语言学家谈治学经验》，商务印书馆，2008 年，第 172 页。

② 1921 年，瞿秋白草创《拉丁化中国字》，1928 年与吴玉章、林伯渠、萧三以及苏联汉学家郭质生等多次探讨，发表《中国拉丁化字母方案》，后又多易其稿，最终于 1931 年正式通过"北方话拉丁化新文字"。

③ 吴宗济：《赵元任语言学论文集·序》，商务印书馆，2002 年。

有所发现，但观察问题的深度和广度以及结论的真实性、可靠性都很有限。现在同行中有些学者已开始到西北地区进行实地调查，把文献资料与活的西北方言相对照，有许多新发现，对汉语与阿尔泰语的接触历史和规律有了更深的认识"[①]。由此可见，实践性对于语言学学术创新至关重要。

这五个原则互相补充，作用于语言学学术创新的各个方面。新颖性原则是语言学学术创新的主要原则，决定了语言学学术创新的力度；科学性原则是语言学学术创新的指南，确保语言学学术创新的方向；公益性原则是语言学学术创新的价值导向，确保语言学术创新符合社会利益；继承性原则是语言学学术创新的前提和条件，奠定了语言学发展的基础；实践性原则是语言学术创新的基本原则，检验语言学理论的正确性。

10.1.3 语言学学术创新与规范的关系

语言学学术规范与创新相辅相成，规范是创新的前提和条件，创新则是规范的依据。创新是学术研究的灵魂，制定学术规范的根本目的是鼓励学术创新，促进学术新人成长。（俞吾金，2010）

规范是创新的前提和条件，规范指导人们创新活动中的行为，调整人们在创新活动中的各种关系。规范是一种指导性的通用规则，为创新提供评价标准。规范的显著特征是带有普适性，为创新提供了合理预测的依据，可以避免创新走弯路。

创新为规范的形成和制定提供准则。创新需解放思想，敢于质疑，及时调整不合时宜的规范，解决新问题，开拓新境界。例如，美国语言学家肯尼斯·派克（Kenneth L. Pike），考察了几百种语言，初步概括出几项普遍原则；随着调查深入，每考察一种新语言，就对已有原则加以修正。因此，他的原则越来越概括化、普遍化，最后归纳出四条原则，不仅适用于语言行为，也适用于人类其他行为。

10.2 语言学学术创新的基本要求

语言学学术创新须遵循一定的基本要求，包括有一定的学术积累、培养创新思维、打破学科壁垒、培养创新人才、恪守学术道德五个方面。

10.2.1 一定的学术积累

学术积累是学术创新的基础和条件，决定了学术创新的潜力和后劲。创新源自积累，任何创新都并非从零开始，都是在继承的基础上向前推进的。从时间上分，学术积累可分为前期积累和后期积累。前期积累主要是知识的积累和研究能力、方法的积累，后期积累主要是资料的积累。详见图 10-3。（杨海濒，2001）

---

① 江蓝生：《谈学术创新——基于语言学个案及人文视角的解读》，《苏州大学学报》，2013 第 3 期。

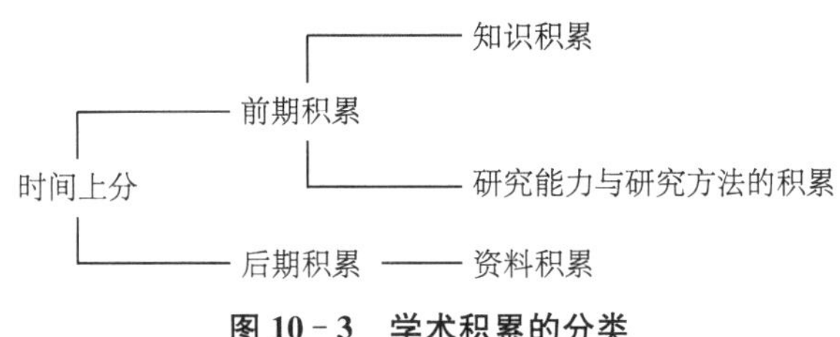

图 10－3 学术积累的分类

"学术积累，一要博览群书，所谓书本知识；一要自己动手，即所谓实践知识。比如调查研究一个语言，先要弄清它的语音，不仅要从书本或课堂听讲学习语音知识，还要调查实际语言，练习记音的准确性。因此，研究语言首先要从语音的基本功抓起，加强语言学理论的学习和实践经验，奠定坚实的学术积累基础。"①

吕叔湘先生有一句名言，叫作"切忌一切'从我开始'"。学术新人做研究的时候，如果对前人的研究成果了解不够全面，就容易重复或者低水平重复已有研究成果。所以，语言学学术创新要求语言学工作者具备扎实的语言学功底，深谙语言学科的基本理论，掌握研究课题的理论背景、已取得的成果和发展方向、当下学界研究的热点和前沿问题等。尽可能多地阅读前人的学术成果，反复研读，融会贯通，厚积薄发，在继承的基础上发展创新，推动学术进步和学科繁荣。(江蓝生，2012)

王力先生是中国现代语言学的奠基人之一。在音韵、训诂、词汇、语法、方言、诗律、汉语史以及辞书编纂和语言理论等方面，都有成系统的专著；在语法、汉语史、诗律方面也做出了开创性的贡献。王先生之所以能取得巨大的学术成就，是因为王先生有深厚的文字、音韵、训诂的底子，他既吸收了中国小学的优良传统，又受到西方语言学的训练，能吸收和运用新的语言学理论以新的视角来看待与评述那些已有的学术传统，同时又不生搬硬套西洋语法和国外理论，很注意汉语特点的挖掘和揭示。(陆俭明，2010)

10.2.2 培养创新思维

语言学学术创新首先是思维的创新，要求语言学研究者培养问题意识，具有批判精神，突破思维定势，提高独立思考能力。

问题是思维的起点和动力，是创新的开端。问题性思维促使语言学研究者不断发现问题、解决问题，进而总结规律、升华理论，促进学术创新与理论进步。在回答"是什么"、"为什么"、"怎么做"的过程中，研究者能充分发挥观察力、记忆力、判断力、动手能力，提高原有的认知水平，获得探究问题的技巧和方法，培养和发展创新能力。批判精神是科学实证的创新精神。要求语言学研究者突破思维定势，敢于怀疑、否定、挑战权威，克服约定俗成的观念和从众心理，以逆向思维和发散思维的方式重新思考问题，寻找新视角，提出新观点，注入新材料，收获创新成果。

① 杨海濒：《前沿意识、学术积累与学术创新——社科类学术论文写作应注意的几个问题》，《江苏理工大学学报》(社会科学版)，2001 年第 4 期。

一些汉字的读音随时间的推移发生变化。南北朝以后的人读周秦两汉韵文感到不押韵，就临时改变其中一个或几个韵脚的读音，使之押韵和谐。这是由于不懂古今语音演变所致。明朝陈第不盲从前人观点，根据语言事实，提出“时有古今，地有南北，字有更革，音有转移”的观点，认为所协之音实为古本音，每字只有一个古音，不应随文改读，推动了语言学的进步。

创新思维需要前沿意识。前沿意识指研究者时刻关注着某一学科、领域的研究特点和学术动态，把握该学科、领域最新研究成果。作为语言学研究者，要充分利用现代化信息技术，全面、及时地掌握语言学领域的研究信息，甄别筛选，去伪存真。在此基础上，了解语言学研究的最新进展，把握语言学的热点和前沿问题，并对其未来的发展趋势做出前瞻性的判断。（杨海濒，2001）

10.2.3 打破学科壁垒

跨学科研究是推动语言学学术创新的重要途径。语言学兼具社会科学和自然科学的双重属性，研究者需要具备多学科知识，不仅要掌握语言学的基本理论和方法，还要了解其他社会科学和自然科学的基本理论和方法，如文学、哲学、逻辑学、社会学、心理学、数学、物理学、地理学等。王力先生曾说过“自然科学重要极了。学了自然科学可以增长知识，更重要的是可以训练我们的头脑。我们搞文科的人常常缺少科学头脑。在自然科学里，对就是对，错就是错，没有科学头脑就不行。搞语言学的人有了科学头脑，语言学就可以搞得好得多”①。

周有光先生是汉语拼音方案的主要设计者，有“汉语拼音之父”之称。50岁以前是经济学教授，50岁后从事语言学研究。他将经济学理论应用到汉语研究中，在考察汉字的使用频率时，对各家的统计结果进行分析比较，发现汉字使用频率是不平衡的，提出“汉字效用递减率”，即“汉字的使用效率是很不平衡的……最高频的1000字的覆盖率大约是90%，以后每增加1400字大约提高覆盖率十分之一”。（周有光，1997）

交叉学科研究可以使创新之路更加宽广。提倡真正的学术创新，就要鼓励学者自觉地拓宽学术的基盘，不能画地为牢，局限在窄而又窄的专业小天地里。进入21世纪以来，我国语言学研究出现了多学科融合发展的趋势。语言学与人文社会科学、自然科学一些学科的融合，符号学拥有的普遍语义学分析方法广泛运用于哲学、逻辑学、语言学、比较文学等领域，数学与语言学的紧密结合产生了数理语言学，心理学、医学、认知神经学与语言学的融合产生了以研究人脑和语言行为关系为目的的汉语心理语言学和神经语言学等。神经语言学是集语言学、神经科学、心理学和认知科学等为一体的新兴交叉学科，研究语言习得、生成和理解的神经机制，以及大脑如何产生、接收、存储和提取语言信息，探讨脑和语言的关系，充分体现了交叉学科在语言学学术创新中的重要作用，具有广阔的发展前景。（杨亦鸣，2002）

---

① 王力讲述、奚博先整理：《我的治学经验》，奚博先编《著名语言学家谈治学经验》，商务印书馆，2008年，第21页。

交叉学科研究促进了学术的创新。在语言学研究中，一些交叉学科给语言学注入了新的活力。比如实验语言学和语料库语言学。实验语言学采用实验的方法进行语言学研究，应用其他学科技能，如物理学、心理学、生理学、统计学的方法和原理来测定语言的物理、心理、生理的变化与定位。运用录音机、X 光机、声谱仪、气压气流器等设备，得到数据。通过语音格局的研究范式、语言数据量化分析的程序，分析各种语言材料，对各种语言现象做比较与描述，分析语言规律。（石峰，2011）语料库语言学采用一种自下而上的基本研究方法。研究者首先从语料库提取有关语言现象的数据，凭借工具自动或半自动地处理原始数据，获得必要的量化数据分布信息；然后对数据的总体特征和趋势进行观察和描述；再进一步检查具体语言形式的环境信息、意义和功能特征，对研究对象做出适当的概括和解释。（卫乃兴，2009）

10.2.4　培养创新人才

人才是语言学创新活动的主体。语言学学术创新需要培养一批具有敏锐的观察能力、严谨的思维能力、准确的判断能力，开拓进取，勇于实践，善于创新，有独立人格的创新型人才；培养通晓语言学、神经学、心理学等多种学科知识的复合型人才。

要培育和壮大创新人才队伍，需要吸引和凝聚各相关学科的研究者加入语言学的研究领域中来。语言学背景的学者在语言材料的把握和理论分析上具有优势，统计学、计算机科学、地理学、心理学、神经科学等背景的学者在数据处理、语言地图、病例收集、实验设计、仪器操作等方面具有优势，相互之间可以相互学习，取长补短。

此外，必须形成一个有效的选拔、培养、引进机制。完善创新人才评价标准，将创新实践、创新能力等纳入人才评价指标。探索建立多种人才培养模式，鼓励个性发展，建立学校教育和社会实践相结合、国内和国外联合培养的开放式培养体系，着重培养科学精神、创造性思维和创新能力。健全创新人才激励机制，有针对性地引进高水平人才，营造尊重人才的氛围，发挥人才积极性、创造性，建设一支富有创新精神和团队合作精神的人才队伍，为语言学学术创新打下坚实的人才基础。

10.2.5　恪守学术道德

学术道德是从事学术研究的基本伦理规范。语言学学术创新要求研究者坚守学术良知，具有敬业精神和奉献精神。研究者的学术修养和道德操守是实现学术创新的关键。

数学家华罗庚指出："科学的根是实。""实"就是诚实、实事求是，来不得半点虚假，否则就失去了科学的根基，不具备搞科学研究、学术研究的基本素质。道德失范的表现主要有：伪造数据，抄袭剽窃，虚拟参考文献，一稿多发，伪造申报信息，评审标准因人而异等，降低了社会对学界的良好评价和认可，造成不良的社会影响。

学者自律是任何时期都应该执守的规范，不能简单将学者的自律缺失归咎于社会环境与特殊历史阶段，学者应该执守学术良知。我们应该将自己的人生理想与学术理想结合起来，不断增强对国家、社会、人民的使命感和责任感，恪守学术道德，提高学术素养，严谨治学，摒弃心浮气躁、急功近利的不良风气，杜绝弄虚作假和学术不端行为。

总之，语言学学术创新要求我们做到：读万卷书，尽可能多地掌握前人的学术成果，融会贯通，在继承的基础上发展、创新；行万里路，重视语言现象的实际调查，在调查实践中不断发现新事实、新规律；打破专业壁垒，培养通才，促进学科间的贯通与融合，在学科交叉与融合中激发创新思维，推动学术的可持续发展；（江蓝生，2013）培养具有创新思维的复合型人才，恪守学术道德，促进语言学学科的长远发展。

索 引

T

W

X

Z

参考文献

一、著作

Kaplan R B, Baldauf R B. Language Planning: From Practice to Theory[M]. Philadelphia: Multilingual Matters, 1997.

白焕然.应用写作[M]. 北京:中国政法大学出版社,2005.

[美]布龙菲尔德. 语言论[M]. 袁家骅,等,译. 北京:商务印书馆,1980.

蔡元培. 中央研究院与中国科学研究概况[M]//蔡元培. 蔡元培全集. 北京:中华书局,1984.

曹志耘. 曹志耘语言学论文集.第1辑[M]. 北京:北京语言大学出版社,2012.

曹志耘. 地理语言学及其在中国的发展[M]//曹志耘. 北京语言大学汉语语言学文萃·方言卷. 北京:北京语言大学出版社,2004.

曹志耘. 南部吴语语音研究[M]. 北京:商务印书馆,2002.

岑运强. 语言学概论[M]. 北京:中国人民大学出版社,2015.

陈昌来. 应用语言学导论[M]. 北京:商务印书馆,2007.

陈第,康瑞琮. 毛诗古音考[M]. 北京:中华书局,1988.

陈士林. 治学·创新[M]//奚博先. 著名语言学家谈治学经验. 北京:商务印书馆,2008.

陈滢生,薛章林. 科技论文与应用文写作[M]. 成都:西南交通大学出版社,2014.

辞海编辑委员会. 辞海(缩印本)[M].上海:上海辞书出版社,2000.

岱峻. 风过华西坝:战时教会五大学纪[M]. 南京:江苏文艺出版社,2013.

戴庆厦. 论语言对比[M]//戴庆厦. 双语学研究:第2辑. 北京:民族出版社,2004.

戴庆厦. 语言调查教程[M]. 北京:商务印书馆,2008.

戴卫平. 语言学理论·语言教学[M]. 北京:世界图书出版有限公司,2014.

邓显鹤. 南村草堂文钞[M]. 长沙:岳麓书社, 2008.

丁邦新. 一百年前的苏州话[M]. 上海:上海教育出版社,2003.

[德] 法朗兹·葆朴. 论梵语动词变位系统,与希腊语、拉丁语、波斯语和日耳曼语的动词变位系统比较[M].1816.

范晔. 二十四史·后汉书[M]. 李贤,等,注. 北京:中华书局,2000.

范镇,宋敏求. 东斋记事[M]. 北京:中华书局,1980.

[瑞士] 费尔迪南·德·索绪尔. 普通语言学教程[M]. 刘丽,译. 北京:中国社会科学出版社,2009.

封演. 封氏闻见记[M]. 北京:中华书局,1985.

冯志伟. 现代语言学流派(增订本)[M]. 北京:商务印书馆,2013.

符淮青. 现代汉语词汇[M]. 第 2 版(增订本). 北京:北京大学出版社,2004.

高名凯,王安石. 语言学概论[M]. 北京:中华书局,1963.

高占祥,等. 中国文化大百科全书·综合卷(上)[M]. 长春:长春出版社,1994.

顾颉刚. 我与古史辨[M]. 上海:上海文艺出版社,2001.

顾黔. 通泰方言音韵研究[M]. 南京:南京大学出版社,2001.

郭璞. 方言注序[M]. 上海:上海古籍出版社,1984.

郭熙. 中国社会语言学[M]. 杭州:浙江大学出版社,2004.

国务院法制办公室. 期刊出版管理规定[M]//中华人民共和国法规汇编(2005 年 1 月—12 月). 北京:中国法制出版社,2006.

国务院学位委员会第六届学科评议组. 学位授予和人才培养一级学科简介[M]. 北京:高等教育出版社,2013.

汉语大词典编辑委员会汉语大词典编纂处. 汉语大词典(上卷)[M]. 上海:汉语大词典出版社,1997.

何九盈. 中国古代语言学史[M]. 北京:商务印书馆,2013.

洪诚. 中国历代语言文字学文选[M]. 南京:江苏人民出版社,1982.

侯精一. 晋语与官话方言研究[M]. 北京:中国社会科学出版社,2015.

胡阿祥,颜岸青. 历史学学术规范与方法论研究[M]. 南京:南京大学出版社,2018.

胡志斌. 学术不端行为的法律规制研究[M]. 北京:中国法制出版社,2014.

胡壮麟. 语言学教程[M]. 第 3 版. 北京:北京大学出版社,2007.

黄伯荣,等. 汉语方言语法类编[M]. 青岛:青岛出版社,1996.

黄伯荣,廖序东. 现代汉语[M]. 第 4 版. 北京:高等教育出版社,2007.

黄德宽,陈秉新. 汉语文字学史[M]. 第 2 版(增订本). 合肥:安徽教育出版社,2006.

黄弗同. 理论语言学基础[M]. 武汉:华中师范大学出版社,1988.

黄国文,辛志英. 什么是功能语法[M]. 上海:上海外语教育出版社,2014.

黄士毅编,徐时仪,杨艳校. 朱子语类汇校[M]. 上海:上海古籍出版社,2016.

江苏省如皋地方志编纂委员会. 如皋县志[M]. 香港:香港新亚洲出版社,1995.

蒋寅. 学术的年轮[M]. 南京:凤凰出版社,2010.

金立鑫. 语言研究方法导论[M]. 上海:上海外语教育出版社,2007.

[英] 克里斯特尔. 现代语言学词典[M]. 沈家煊,译. 北京:商务印书馆,2000.

李长海. 科学研究方法学习指导[M]. 天津:天津大学出版社,2012.

李德芳. 中国小学教学百科全书.语文卷[M]. 沈阳:沈阳出版社,1993.

李华. 地方高校青年教师专业发展研究[M]. 成都:西南交通大学出版社,2014.

李景峰. 信息与传播[M]. 北京:科学出版社,2004.

李景山. 社会科学研究方法[M]. 黑龙江:哈尔滨工程大学出版社,2011.

李喜民,孟顺英. 应用写作[M]. 北京:中国农业大学出版社,2005.

李行健. 中国语言学年鉴 1992[M]. 北京:语文出版社,2013.

李兴仁,王荣党. 毕业设计写作指导[M]. 北京:科学出版社,2008.

李延寿. 南史[M]. 北京:中华书局,1975.

李宇明. 语言学概论[M]. 北京:高等教育出版社,2000.

梁茂成. 语料库应用教程[M]. 北京:外语教学与研究出版社,2010.

辽宁省教育厅. 现行教育法律法规规章汇编[M]. 长春:吉林人民出版社,2013.

林焘,王理嘉. 语音学教程[M]. 北京:北京大学出版社,2013.

林燕萍. 中西医结合学科建设研究[M]. 北京:北京科学技术出版社,2011.

林玉山. 世界语言学史[M]. 长沙:湖南人民出版社,2009.

林祝敔. 语言学史[M]. 上海:世界书局,1943.

刘润清. 西方语言学流派[M]. 北京:外语教学与研究出版社,1995.

刘锡庆,等. 写作论谭[M]. 北京:中央广播电视大学出版社,1983.

刘昫,等. 旧唐书[M]. 北京:中华书局,1975.

刘颖. 统计语言学[M]. 北京:清华大学出版社,2014.

陆丙甫,等. 当代西方语言学要著研读[M]. 上海:上海教育出版社,2012.

陆俭明,沈阳. 汉语和汉语研究十五讲[M]. 北京:北京大学出版社,2003.

罗常培. 唐五代西北方音[M]. 北京:商务印书馆,2012.

吕叔湘. 吕叔湘语文论集[M]. 北京:商务印书馆,1983.

马波,齐瑞霞,张悦. 语言学基本理论与研究[M]. 济南:山东人民出版社,2013.

[德] 马克斯·韦伯. 社会学的基本概念[M]. 胡景北,译. 上海:上海人民出版社,2005.

南京大学图书馆. 南京大学图书馆俄文工具书分类目录[M]. 南京:南京大学图书馆,1986.

倪波,张志强. 文献学导论[M]. 贵阳:贵阳科技出版社,2000.

潘悟云,邵敬敏. 20 世纪中国社会科学(语言学卷)[M]. 上海:上海人民出版社,2005.

彭莲好,王勇. 现代信息检索基础教程[M]. 武汉:华中科技大学出版社,2014.

濮之珍. 中国语言学史[M]. 上海:上海古籍出版社,2002.

裘锡圭.文字学概要[M]. 北京:商务印书馆,2013.

[美] Richard VanNess Simmons,石汝杰,顾黔. 江淮官话与吴语边界的方言地理学研究[M]. 上海:上海教育出版社. 2006.

任胜利. 英语科技论文撰写与投稿[M]. 北京:科学出版社,2004.

阮元. 经籍籑诂[M]. 成都:成都古籍书店,1982.

阮元辑. 一切经音义[M]. 南京:江苏古籍出版社,1988.

邵敬敏. 新时期汉语语法学史(1978—2008)[M]. 北京:商务印书馆,2011.

史皓元. 汉语方言分区的理论与实践[M]. 顾黔,译. 北京:中华书局,2011.

[美] Richard Van Ness Simmons. 吴语文献资料研究[M]. 东京:好文出版社,2009.

朿定芳. 什么是语音学[M]. 上海:上海教育出版社,2014.

司马光,等. 类篇 [M]. 北京:中华书局,1984.

苏轼. 苏轼文集[M]. 北京:中华书局,1986.

孙国强. 管理研究方法[M]. 上海:上海人民出版社,2007.

索振羽. 语用学教程[M]. 北京:北京大学出版社,2000.

王春林. 科技编辑大辞典[M]. 上海:第二军医大学出版社,2001.

王德春. 语言学概论[M]. 上海:上海外语教育出版社,1997.

王力. 汉语语音史[M]. 北京:商务印书馆,2010.

王力. 王力文集(第十六卷)[M]. 济南:山东教育出版社,1990.

王力. 我的治学经验[M]//奚博先. 著名语言学家谈治学经验. 北京:商务印书馆,2008.

王力. 中国语言学史[M]. 北京:中华书局,2013.

王丽萍. 文献信息检索与利用[M]. 广州:华南理工大学出版社,2013.

王玲. 城市语言研究的理论与方法[M]. 北京:中国社会科学出版社,2012.

王念孙. 广雅疏证[M]. 北京:中华书局,1983.

王绍平,陈兆山,陈钟鸣,等. 图书情报词典[M]. 上海:汉语大词典出版社,1990.

王宪洪,王玉玫. 网络学术信息资源与大学生利用研究[M]. 北京:中国财政经济出版社,2014.

王寅. 什么是认知语言学[M]. 上海:上海外语教育出版社,2011.

王远新. 语言理论与语言学方法论[M]. 北京:教育科学出版社,2006.

王远新. 语言学教程[M]. 北京:中央民族大学出版社,2009.

魏收. 魏书[M]. 北京:中华书局,2011.

吴曾. 能改斋漫录[M]. 上海:上海古籍出版社,1979.

吴宗济. 赵元任语言学论文集[M]. 北京:商务印书馆,2002.

夏中华. 应用语言学范畴与现况(下)[M]. 上海:学林出版社,2012.

谢新观,丁新,刘敬发,等. 远距离开放教育词典[M]. 北京:中央广播电视大学出版社,1999.

邢福义,吴振国. 语言学概论[M]. 武汉:华中师范大学出版社,2010.

徐丽芳. 数字科学信息交流研究[M]. 武汉:武汉大学出版社,2008.

徐通锵. 历史语言学[M]. 北京:商务印书馆,1991.

徐志民. 欧美语言学简史(修订本)[M]. 上海:学林出版社,2005.

许慎,段玉裁. 说文解字注[M]. 上海:上海古籍出版社,1988.

《学术诚信与学术规范》编写委员会. 学术诚信与学术规范[M]. 天津:天津大学出版社,2011.

[法] 雅克·德里达.论文字学[M]. 汪堂家,译. 上海:上海译文出版社,1999.

[日] 岩田礼. 汉语方言解释地图(续集)[M]. 东京:好文出版社,2012.

颜元孙. 干禄字书[M]. 北京:中华书局,1985.

颜之推,王利器. 颜氏家训集解[M]. 北京:中华书局,1993.

杨惠中. 语料库语言学导论[M]. 上海:上海外语教育出版社,2001.

杨亦鸣. 杨亦鸣自选集[M]. 南京:凤凰出版社,2010.

杨玉圣,张宝生. 学术规范导论[M]. 北京:高等教育出版社,2004.

姚小平. 如何学习研究语言学[M]. 北京:北京大学出版社,2013.

叶蜚声,徐通锵. 语言学纲要[M]. 第 3 版. 北京:北京大学出版社,1997.

叶继元,等. 图书馆学学术规范与方法论研究[M]. 北京:科学出版社,2014.

叶继元,等. 学术规范通论[M]. 上海:华东师范大学出版社,2005.

游汝杰. 汉语方言学教程[M]. 上海:上海教育出版社,2004.

于根元. 路途和手段:语言学及应用语言学研究方法[M]. 北京:中国经济出版社,2004.

于双成. 科技信息检索与利用[M]. 北京:清华大学出版社,2012.

语言学名词审定委员会. 语言学名词[M]. 北京:商务印书馆,2011.

袁晖. 历代寓言·先秦卷[M]. 北京:中国青年出版社,2011.

曾天山. 中国社会科学研究质量标准体系研究[M]. 广州:广东高等教育出版社,2014.

张斌. 学术共同体中的特殊主义及其运行空间[M]// 潘懋元. 中国高等教育评论(第3卷). 北京:教育科学出版社,2012.

张蓉. 社会调查研究方法 [M]. 北京:高等教育出版社,2005.

张玉来,耿军. 中原音韵校本[M]. 北京:中华书局,2013.

张震泽. 扬雄集校注[M]. 上海:上海古籍出版社,1993.

章太炎. 国故论衡[M]. 北京:商务印书馆,2010.

赵元任. 现代吴语的研究[M]. 北京:商务印书馆,2011.

赵元任,等. 湖北方言调查报告[M]. 北京:商务印书馆,1948.

赵振铎. 中国语言学史[M]. 石家庄:河北教育出版社,2000.

中国大百科全书出版社编辑部. 中国大百科全书·语言文字[M]. 北京:中国大百科全书出版社,1988.

中国科协学会学术部. 学术建设与自主创新[M]. 北京:科学技术文献出版社,2007.

中国科协学会学术部. 学术交流质量与科技研发创新研究[M]. 北京:中国科学技术出版社,2009.

中国社会科学院语言研究所词典编辑室. 现代汉语词典(第 7 版)[M]. 北京:商务印书馆,2017.

中国社会科学院语言研究所词典编辑室. 现代汉语词典(第 6 版)[M]. 北京:商务印书馆,2013.

中华人民共和国教育部办公厅. 中国高等学校社会科学学报编排规范[M]//冯春明. 论文写作与编排规范手册. 石家庄:河北科学技术出版社,2008.

中华人民共和国国家知识产权局. 知识产权现行法律法规汇编[M]. 北京:知识产权出版社,2004.

中华人民共和国国家通用语言文字法[M]//教育部语言文字信息管理司组. 常用语言文字规范手册. 北京:商务印书馆国际有限公司,2016.

周有光:中国语文的时代演进[M]. 北京:清华大学出版社,1997.

周祖谟. 周祖谟语言文史论集[M]. 杭州:浙江古籍出版社,1988.

朱德熙. 语法答问[M]. 北京:商务印书馆,1985.

祝鸿杰. 学识宏赡方法精到——《徐复语言文字学丛稿》平议[M]//马景仑,薛正兴. 朴学之路:徐复教授 90 寿辰学术讨论会论文集. 南京:江苏教育出版社,2004.

祝畹瑾. 社会语言学译文集[M]. 北京:北京大学出版社,1985.

二、期刊论文

Currie H C. A Projection of Sociolinguistics: the Relationship of Speech to Social Status[J].Southern Speech Journal,1952,(18):28—37.

别雪君,张利勤. 中外网络发表科技论文评审制度比较[J]. 中国高校科技,2011,(10):55—57.

曹志耘.论方言岛的形成和消亡——以吴徽语区为例[J]. 语言研究,2005,(4):28—35.

曹志耘. 吴徽语入声演变的方式[J]. 中国语文,2002,(5):441—446.

柴省三. 关于 HSK 阅读理解测验构想效度的实证研究[J]. 世界汉语教学,2012,(2):243—253.

陈图文. 非法期刊的主要特征及其判别方法[J]. 科技情报开发与经济,2005,15(7):86—87.

陈振宇,袁毓林. 汉语亲属关系的语义表示和自动推理[J]. 中国语文,2010,(1):44—56.

戴庆夏. 论语言对比[J]. 中央民族大学学报,2004,31(1):102—104.

丁邦新. 汉语方言中的历史层次[J]. 中国语文,2012,(5):387—402.

董琳,刘清. 国外学科评价及其文献计量评价指标研究[J]. 情报理论与实践,2008,(1):37.

董志翘. 唐五代文献词语考释五则[J]. 中国语文,2000,(2):159—163.

范继淹,徐志敏. 关于汉语理解的若干语义、句法问题[J]. 中国语文,1981,(1):

21—26.

方世增. 现代汉语通用词研究的若干原则和方法[J]. 语文建设,1994,(4):36—38.

顾黔. 长江中下游沿岸方言“支微入鱼”的地理分布及成因[J]. 语言研究,2016,36(1):20—25.

顾黔. 南京方言宕江两摄入声韵的共时变异及历时演变研究[J]. 语言科学,2015,14(4):384—393.

顾黔. 通泰方言韵母研究——共时分布及历时溯源[J]. 中国语文,1997,(3):192—201.

顾黔,[美]R.V.Simmons,石汝杰. 江苏境内长江两岸江淮官话与吴语边界的同言线[J]. 语言研究,2007(3):14—25.

郭锡良. 先秦汉语名词、动词、形容词的发展[J]. 中国语文,2000,(3):195—204.

韩国秀. 规范科技论文编排抵制学术不端行为[J]. 编辑学报,2010,22(5):420—421.

何九盈.《中州音韵》述评[J]. 中国语文,1988,(5):374.

侯精一. 长治方言记略[J]. 方言,1983,(4):260—274.

侯瑞芬. 再析“不”“没”的对立与中和[J]. 中国语文,2016,(3):303—314.

胡明扬. 现代汉语词类问题考察[J]. 中国语文,1995,(6):381—389.

黄理兵,郭树军. HSK 阅读理解试题的语料和命题[J]. 世界汉语教学,2008,(2):135—144.

黄先蓉,林姿蓉,黄俊. 科技论文网络发表的版权问题[J]. 出版科学,2010,18(2):14—19.

江蓝生. 谈学术创新——基于语言学个案及人文视角的解读[J]. 苏州大学学报,2013,(3):120—124.

江蓝生. 语词探源的路径——以“埋单”为例[J]. 中国语文,2010,(4):291—298.

蒋玉梅,刘勤. 高等教育国际化视野下教师出国访学收益研究[J]. 开放教育研究,2015,21(1):62—70.

李蓝. 论“做”字的音[J]. 中国语文,2003,(2):121—130.

李小凡. 汉语方言连读变调的层级和类型[J]. 方言,2004,(1):16—33.

李昕烨. 开放存取期刊的版权问题分析[J]. 中外企业家,2013,(10):276—277.

李行健. 开展学术争鸣,促进语言学的繁荣和发展[J]. 语文建设,1988,(2):62—63.

李峣,赵春燕. 学术论文剽窃问题的认定标准及法律适用[J]. 法制与经济,2010,(7):73—75.

李宇明. 汉语的层级变化[J]. 中国语文,2014,(6):550—558.

李宇明. 论中国语言资源有声数据库的建设[J]. 中国语文,2010,(4):356—363.

李宇明. 唐志东. 三岁前儿童反复问句的发展[J]. 中国语文,1990,(2):91—96.

李祖超,刘欣. 网络发表科技论文及其学术评审制度的调查报告:以“中国科技论文在线”为例[J]. 图书情报论坛,2013,(3):49—55.

梁茂成. 语料库语言学研究的两种范式:渊源、分歧及前景[J]. 北京:外语教学与研究,2012.

林海清,翁志辉. 浅议学术期刊常用评价指标及其局限性[J]. 农业图书情报学刊,2010,(2):192—194.

刘大椿. 中国人文社会科学评价问题之审视[J]. 重庆大学学报(社会科学版),2009,(1):54—59.

刘丹青. 汉语中的非话题主语[J]. 中国语文,2016,(3):259—275.

陆俭明. 分析方法刍议——评句子成分分析法[J]. 中国语文,1981,(3):169—178.

陆俭明. 句法语义接口问题[J]. 外国语,2006,(3):30—35.

[美]罗杰瑞,[美]史皓元,张艳红. 汉语方言通音[J]. 方言,2011,(2):97—116.

吕冀平,戴昭铭. 当前汉语规范的几个问题[J]. 中国语文,1985,(2):81—90.

吕叔湘. 丹阳方言的声调系统[J]. 方言,1980,(2):85—122.

吕叔湘.《朴事通》里的指代词[J]. 中国语文,1987,(6):401—403.

吕叔湘,江蓝生. 评项楚《敦煌变文》选注[J]. 中国语文,1990,(4):307—312.

吕叔湘,饶长溶. 试论非谓形容词[J]. 中国语文,1981,(2):81—85.

马利. 社科学术论文中关键词的标引[J]. 中央民族大学学报(哲学社会科学版),2007,(4):133—136.

潘士远. 合作研究、协调成本与知识增长[J]. 北京大学学报(哲学社会科学版),2005,42(4):88—97,154.

钱曾怡,岳立静,刘娟,等. 山东沂山地区方言简志[J]. 方言,2015,(2):122—140.

邱均平,谭春晖. 中国人文社会科学评价的意义、体系与实践[J]. 重庆大学学报(社会科学版),2007,(5):61—67.

裘锡圭. 关于殷墟卜辞的命辞是否问句的考察[J]. 中国语文,1988,(1):1—20.

邵敬敏,朱晓亚. “好”的话语功能及其虚化轨迹[J]. 中国语文,2006,(5):399—407.

沈家煊. 语言的“主观性”和“主观化”[J]. 外语教学与研究,2001,(4):268—275.

施俊. 论南部吴语支脂之韵的读音层次[J]. 中国语文,2014,(5):428—442.

石锋,温宝莹. 汉语普通话儿童的元音发展[J]. 中国语文,2007,(5):444—454.

王波. 图书馆学论文写作与投稿全攻略(下)[J]. 图书馆工作与研究,2008,(2):15—18.

王东波,周冰清. 对语言学最有学术影响的百家出版社分析——基于 CSSCI(2000—2007 年度)数据[J]. 出版科学,2011,(1):66—71.

王临惠. 天津方言阴平调值的演变过程——兼论天津方言的源流关系[J]. 中国语文,2012,(1):68—76.

王曦. 玄应《一切经音义》唇音声母考察[J]. 中国语文,2016,(6):709—725.

王玉辉. 高校教师论文写作存在的问题、成因及解决对策[J]. 中国市场,2007,(39):

133—134.

魏钢强. 北京话的轻声和轻音及普通话汉语拼音的注音[J]. 中国语文,2005,(6):525—536.

文旭. 国外认知语言学研究综观[J]. 外国语,1999,(1):35—41.

谢寿光. 迈向2020:拥抱中国学术出版的美好时代[J]. 出版发行研究,2016,(8):11—13.

邢福义. 小句中枢说[J]. 中国语文,1995,(6):420—428.

邢福义,丁力,汪国胜等. 时间词"刚刚"的多角度考察[J]. 中国语文,1990,(1):15—23.

徐通锵. 宁波方言的"鸭"[ɛ]类词和"儿化"的残迹——从残迹现象看语言的发展[J]. 中国语文,1985,(3):161—170.

许志敏,高亢. 我国学术媒体国际传播能力构成要素分析[J]. 出版发行研究,2014(9):27—29.

杨海濒. 前沿意识、学术积累与学术创新———社科类学术论文写作应注意的几个问题[J]. 江苏理工大学学报(社会科学版),2001,(4):129—133.

杨焕典. 桂林方言词汇[J]. 方言,1982,(2):146—155.

叶继元. 人文社会科学评价体系探讨[J]. 南京大学学报(哲学·人文科学·社会科学),2010,(1):97—110,160.

叶继元. 学术期刊的定性与定量评价[J]. 图书馆论坛,2006,(6):54—58.

游汝杰. 上海话在吴语分区上的地位——兼论上海话的混合方言性质[J]. 方言,2006,(1):72—78.

袁丹,郑伟,徐小燕. 淳安威坪方言古全清平声字的声母浊化[J]. 方言,2015,(1):36—43.

袁毓林. "都"的语义功能和关联方向新解[J]. 中国语文,2005,(2):99—109.

袁周敏. 中国语境下"OK"语用变异的调查研究[J]. 语言教学与研究,2012,(2):96—103.

曾晓渝. 见母的上古音值[J]. 中国语文,2003,(2):109—120.

詹伯慧. 二十年来汉语方言研究述评[J]. 方言,2000,(4):317—324.

张保生. 学术评价的性质和作用[J]. 学术研究,2006,(2).

张静. 开放存取期刊目录(DOAJ)介绍与分析[J]. 数字图书馆论坛,2009,(11):32—36.

张炯. 科技期刊投稿系统的演变与发展——以《现代图书情报技术》为例[J]. 农业图书情报学刊,2007,19(10):143—145.

张茂泽. 论学术批评[J]. 学术界,2001(2):85—99.

张濮. 提高信息素养,落实学术著作出版规范[J]. 科技与出版,2013,(7):23—27.

张庆宗. 文献综述撰写的原则和方法[J]. 中国外语,2008,(4):77—79.

张希华，张东鹏. 高等学校学术评价体系构建研究[J]. 科技管理研究，2013(20)：88—91.

张治国. 由学术论文挂名现象引发的思考[J]. 中国出版，2009，(C2)：63—66.

赵日新. 中古音声韵徽语今读分析[J]. 中国语文，2003，(5)：444—448.

赵蓉英，李雪璐. 科技论文网络发表的发展及研究现状分析[J]. 情报科学，2009，27(2)：314—320.

赵永超，邱远棋. 学术交流新理念：学术信息域(AID)[J]. 情报资料工作，2008，(6)：37—39.

郑伟. 中古以后麻佳同韵的类型及其性质[J]. 中国语文，2015，(3)：254—265.

仲明. 社会科学研究中的文献利用与需求[J]. 情报资料工作，2001，(2)：9—12.

周毅. 研究生学位论文选题原则及方法[J]. 学位与研究生教育，2009，(10)：34.

朱德熙. 关于先秦汉语里名词的动词性问题[J]. 中国语文，1988，(2)：81—86.

竺家宁. 中古汉语的"儿"后缀[J]. 中国语文，2005，(4)：346—354.

庄初升. 试论汉语方言岛[J]. 学术研究，1996，(3)：66—69.

三、其他

复旦大学.中文系本科毕业论文工作管理办法 [A/OL]. [2016 - 07 - 12]. http://www.fdcollege.fudan.edu.cn/_s78/3e/3a/c9426a81466/page.psp

高珮雯. 粤方言韵尾交替式造词研究[D]. 北京大学硕士学位论文. 2014.

高赛. 汉语"走出去"是件大好事[N]. 光明日报，2010 - 8 - 29，(5).

国家标准局. CY/T 35—2001 科技文献的章节编号方法[S]. 北京：中国标准出版社，2011.

国家标准局. GB 6447—86 文摘编写规则[S]. 北京：中国标准出版社，1986.

国家标准局. GB 7713—87 科学技术报告、学位论文和学术论文的编写格式[S]. 北京：中国标准出版社，1987.

国家标准局. GB/T 15834—1955 标点符号用法[S]. 北京：中国标准出版社，1955.

国家标准局. GB/T 15834—2011 标点符号用法[S]. 北京：中国标准出版社，2011.

国家标准局. GB/T 15835—2011 出版物上数字用法[S]. 北京：中国标准出版社，2011.

国家标准局. GB/T 18317—2009 专题地图信息分类与代码[S]. 北京：中国标准出版社，2009.

国家标准局. GB/T 7713.1—2006 学位论文编写规则[S]. 北京：中国标准出版社，2006.

国家标准局. GB/T 7714—2005 文后参考文献著录规则[S]. 北京：中国标准出版社，1986.

国家标准局. GB/T 7714—2015 信息与文献参考文献著录规则[S]. 北京：中国标准出版社，2015.

教育部社会科学委员会.高等学校哲学社会科学研究学术规范(试行)[A/OL].(2008－04－25)[2016－03－25]. http://old.moe.gov.cn/publicfiles/business/htmlfiles/moe/s3103/201001/xxgk_80540.html.

李向军. 关于“学术研究规范”的思考——访葛剑雄[N]. 光明日报,1999－4－20,(2).

卢俊之. 基于语法功能匹配的句法分析算法[D]. 南京师范大学硕士学位论文. 2008.

马文哲. 学术信息的保存传播新模式——机构库研究[D]. 河北大学硕士学位论文. 2007.

南京大学.南京大学的本科毕业论文格式要求. 南京. http://jw.nju.edu.cn/ContentList.aspx?

MType＝PX－WZSY－ZXTZ&FType＝WZSY&id＝20150515－09363898～bf975034

任胜利. 科技写作漫谈(84):在线投稿一般注意事项.(2012－02－12)[2018－03－25]. http://blog.sciencenet.cn/blog－38899－536519.html.

阮建海. 纯网络杂志研究[D]. 武汉大学博士学位论文. 2003.

苏祺,林巍. 基于网络化环境下的学术交流策略与途径[A]. 中国科学技术协会学会学术部.

吴正水. 宿松方言语音研究[D]. 南京大学硕士学位论文. 2014.

徐娟娟. 丹阳方言语音层次与历史演变[D]. 南京大学博士学位论文. 2012.

杨俊芳. 汉语方言形容词重叠研究[D]. 复旦大学博士学位论文. 2008.

尹海良. 现代汉语类词缀研究[D]. 山东大学博士学位论文. 2007.

俞吾金. 学术规范的灵魂是学术创新[N]. 中华读书报,2004－11－24.

俞吾金. 也谈学术规范[N]. 文汇报,2000－8－26,(12).

詹卫东. 面向中文信息处理的现代汉语短语结构规则研究[D]. 北京大学博士学位论文. 1999.

郑芩. 汉语自闭症儿童隐喻和转喻理解研究[D]. 南京师范大学硕士学位论文. 2014.

中国社会科学杂志社. 中国社会科学杂志社关于引文注释的规定[A/OL].(2013－10－29)[2016－06－01]. http://www.cssn.cn/ts/ts_bdhd/201310/t20131029_753132.shtml.

图书在版编目(CIP)数据

语言学学术规范与方法论研究 / 顾黔著. —南京:南京大学出版社, 2018.9

(学术规范与学科方法论研究和教育丛书 / 叶继元主编)

ISBN 978-7-305-21111-9

Ⅰ. ①语… Ⅱ. ①顾… Ⅲ. ①语言学—方法论—研究 Ⅳ. ①H0-0

中国版本图书馆 CIP 数据核字(2018)第 242765 号

出版发行 南京大学出版社
社　　址 南京市汉口路 22 号　　　邮　编 210093
网　　址 http://www.NjupCo.com
出 版 人 金鑫荣

丛 书 名 学术规范与学科方法论研究和教育丛书
丛书主编 叶继元
书　　名 语言学学术规范与方法论研究
著　　者 顾　黔
责任编辑 郭艳娟

照　　排 南京紫藤制版印务中心
印　　刷 南京玉河印刷厂
开　　本 787×1092　1/16　印张 17.75　字数 389 千
版　　次 2018 年 9 月第 1 版　2018 年 9 月第 1 次印刷
ISBN 978-7-305-21111-9
定　　价 59.00 元

网　　址 http://www.njupco.com
官方微博 http://weibo.com/njupco
官方微信 njupress
销售咨询 (025)83594756